귀신 쫓는 신비한 경전과 부적

관정복마경과
灌頂伏魔經
한국부적신앙연구

활안 · 일무 共著

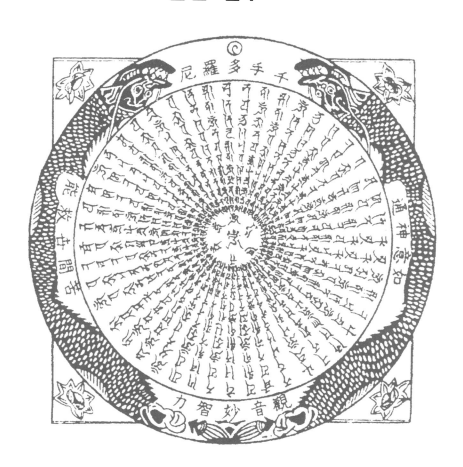

한국불교정신문화원

책을 열며 ㅣ

이 세상에는 아는 것보다는 모르는 것이 더 많다. 아는 것을 안다고 하고, 모르는 것을 모른다고 하는 것이 진리인데, 모르는 것 가운데서 더욱 알 수 없는 것은 귀신의 일이다.

이 세상의 언어·문자를 써서 상대방의 무지(無知)를 깨닫게 하는 것을 현교(顯敎)라 하고, 언어 이전 문자 이전의 기호를 가지고 사람들을 깨우쳐 주는 것을 밀교(密敎)라 한다.

수천 년 전 인도의 드라비다족이 배고프면 아무 말 없이 어머니가 젖꼭지를 물려주고, 비바람이 불면 섶 속에 몸을 감춰 뇌성벽력을 피하며 무엇이라 중얼중얼 하면 어느새 풍수액난이 소멸되어 편안해졌는데, 그 말이 나중에는 비밀 주문으로 나타나 마법·희생·대지·다산·풍요의 의식으로까지 발전하였다. 실로 원시신앙의 기본은 여기서 시작되었는데, 마침 내 티베트 본교(笨敎)에서는 이것을 받아들여 티베트 특유의 금강승불교(金剛乘佛敎)를 만듦으로써 세계적인 종교로 발전 시켰다.

사실 인도의 불교는 10세기경 무슬림의 침입으로 거의 없 어졌고, 겨우 남아있는 것도 스리랑카·미얀마·캄보디아·태 국·라오스 등지로 퍼져 나가 고사상태를 면치 못했다. 그래 도 그 중에서 남방불교, 테레바다(근본) 불교는 동남아 일대 에 가서 살아나고, 북방(파키스탄·아프카니스탄)불교는 히말 라야를 넘어 티베트, 중국으로 들어왔는데, 특히 모계 중심 의 밀교는 티베트에 이르러 금강승불교로 크게 발전하였다.

그런데 그 밀교가 수·당(隋·唐)시대를 지나 원·명(元·明) 시대에 이르러 몽골·만주·한국·일본 등 동북아시아로 번져

나가 알 것 같으면서도 알 수 없는 신비주의적 도교·유교·불교로 민속신앙으로 발전하였다. 그러니까 신라 때 밀본법사가 선덕여왕의 병을 고치고, 귀신 든 김양도를 구제하였으며, 혜통스님이 용을 항복받고 명랑스님이 비바람을 동원하여 당나라 군사를 물리친 일이 생기게 된 것이다.

최근에 한국의 무당이 30만 명을 넘어서면서 국가에서 '경신회'라는 종교단체를 만들어 법적 근거를 마련해 주었으나 여전히 신들린 사람들이 가정을 지키지 못하고 방황하고 있다. 이에 굿하지 않고도 신을 떼는 방법이 없느냐 물어와 밀교경전에 나오는 "관정복마경(灌頂伏魔經)" 이야기를 하였더니 급히 책을 내서 이들 고통중생들을 건지자 하여 몇 가지를 간추려 정리하고, 1968년 동국대학교에서 발표하였던 "한국부적신앙연구"를 뒤에 붙여 참고자료로 제공하게 되었다. 그러나 이것을 응용하는 자는 반드시 지도자의 가르침을 따라

감전(感電)되지 않도록 써야 한다. 잘못하면 부작용이 생길 염려가 있기 때문이다.

인생을 살다보면 이런 일도 생기고 저런 일도 생기게 되어 있다. 그러나 어리석은 중생은 그 원인을 깨닫지 못하고 천지 자연의 귀신과 조상선영의 박대로 인식하여 오히려 더 많은 죄를 짓고 있다. 무엇이든지 모르면 미신이요, 우상이다. 바로 알면 정법이 될 수 있으니 선지식을 찾아 바른 길을 걸어갈 수 있도록 가르침을 받기 바란다.

2015년 6월 10일

활안 정섭 씀

책을 열며 II

　나는 일찍이 일붕삼장대학에서 서경보 박사님을 뵙고 처음 불교를 접하게 되었다. 그러나 실제는 활안스님을 만나 바로 불교를 조금 이해하게 되었다. 그래서 항상 어려운 일이 있으면 상담하여 문제를 풀어가고 있다.

　실로 당시의 불교인들은 불교를 의지하여 부자 되는 방법을 찾고 신비 속에서 헤매었는데, 활안스님은 가난한 가운데서도 바른 불교를 가르치고 하심하면서 몸소 부처님의 행을 실천하고 있었기 때문이다.

　수년 전 사업도 실패하고 몸도 시원치 않아 방황하고 있을 때 찾아뵈오니,
　"나만을 위한 불교를 하지 말고 국가·사회·중생을 위해서

불사를 하라. 세계에서 가장 머리가 좋다는 대한민국 사람들이 남북통일 하나 이루지 못하고 서로 헐뜯고 살기를 반세기를 넘기고 있으니 조상 보기에도 부끄럽지 않느냐."

하시고,

"옛 사람들은 조상을 사당에 모시고 첨성대를 세워 천체물리학을 연구하였는데, 요즘 사람들은 눈앞의 돈, 명예에만 꺼둘려 수전노가 되어 있으니 참으로 기가 막힌 일이다."

하셨다.

그래서 나는 그날부터 작은 도량이지만 내 도량에 첨성대를 세우고 국조단군을 모시고 부처님의 가르침을 실천하기로 작정하였다.

나는 오래전부터 "관정경"을 통하여 돈 없이 고민하는 신들린 사람들을 지도하고 있었는데,

"이제는 그 책을 대중 앞에 내놓고 각자의 병을 각자가 알

아서 치료하는 것이 좋겠다."

생각하여 일찍이 서경보 박사님께 얻은 책을 활안스님께 갖다드렸더니 누구든지 보면 쉽게 알 수 있는 우리말로 정리하여 주셨으니 얼마나 다행한 일인지 알 수 없다.

신라 때 법척(法惕)스님은 구병시식을 하다가 6환장에 머리가 꿰어져 죽고, 법류사(法流寺) 스님도 귀신들의 쇠몽둥이에 맞아 죽은 일이 있으니, 이 책을 보는 사람은 아무렇게나 자기 생각대로 읽지 말고 아는 사람의 지도를 받고 자기 병에 꼭 맞는 경전을 선택하여 읽기 바란다.

똑같은 약이어도 눈약과 코약이 각기 다르기 때문이다.

불기 2559년 5월 25일
일무 창만 합장

일러두기

1. 이 책은 총 3편으로 구성되어 있다.

2. 제1편에서는 "관정경(灌頂經)과 약사경(藥師經)", "천수·능엄경"이 중심이고,

3. 제2편에서는 한국부적신앙연구의 논문이 간추려 정리되어 있다.

4. 그리고 제3편에서는 삼국유사 등에 나오는 설화를 간추려 정리하였다.

5. 모든 병에는 통치적인 것과 개별적인 의약이 있듯이 신들린 병에도 각기 2종류가 다르다. 문제는 정성이요, 업장이니 업장이 두터운 사람은 시간이 걸리고, 업장이 두터우면서도 정성이 지극한 사람은 귀신도 감동하여 쉽게 물러가게 되어 있다. 그러니 남을 원망하지 말고 자기 정성을 돌이켜볼 줄 아는 사람이어야 뿌리를 뽑고 다시 도지지 않는다.

6. 주문의 글귀는 인도말이나 티베트말을 그대로 쓰지 않고 이미 한문으로 굳어진 우리음을 중심으로 표기하였으니 그리 알고 읽으시기 바란다.

7. 도면으로 조직한 그림과 글씨는 인간문화재 후계자이신 박정자 여사 도록과 주재호 이순자 여사의 도록을 많이 인용하였다.

◆◆ 차 례 ◆◆

제3편 공덕이야기(功德說話)

〈 석가모니부처님 〉

〈 약사유리광부처님과 일광월광보살 〉

世尊若復有人持七佛名憶念彼佛本願功
經造七佛像并執金剛菩薩像皆於像身安
佛舍利於此像前如上所說種種供養禮拜
旋続於衆生處起慈悲心愛八戒齋日別三
時澡浴清淨三時衣別従白月八日至十五
日毎日誦呪一百八遍心無散乱我於夢中
即自現身共為言說随所求者皆令滿足時
大會中有諸菩薩皆唱言善哉善哉執金
剛此陁羅尼不可思議實為善說時七如来
作如是語我等護汝所說神呪爲欲饒益一
切衆生皆得安樂所求圓滿不令此呪隱沒

〈 약사유리광칠불본원공덕경 〉

〈 관세음보살 〉

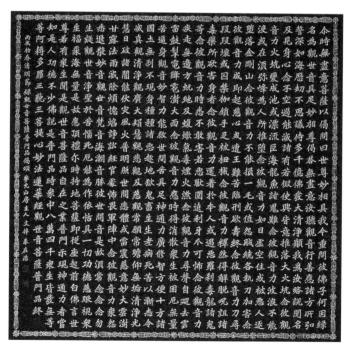

〈 관음경 게송 원문(법화경) 〉

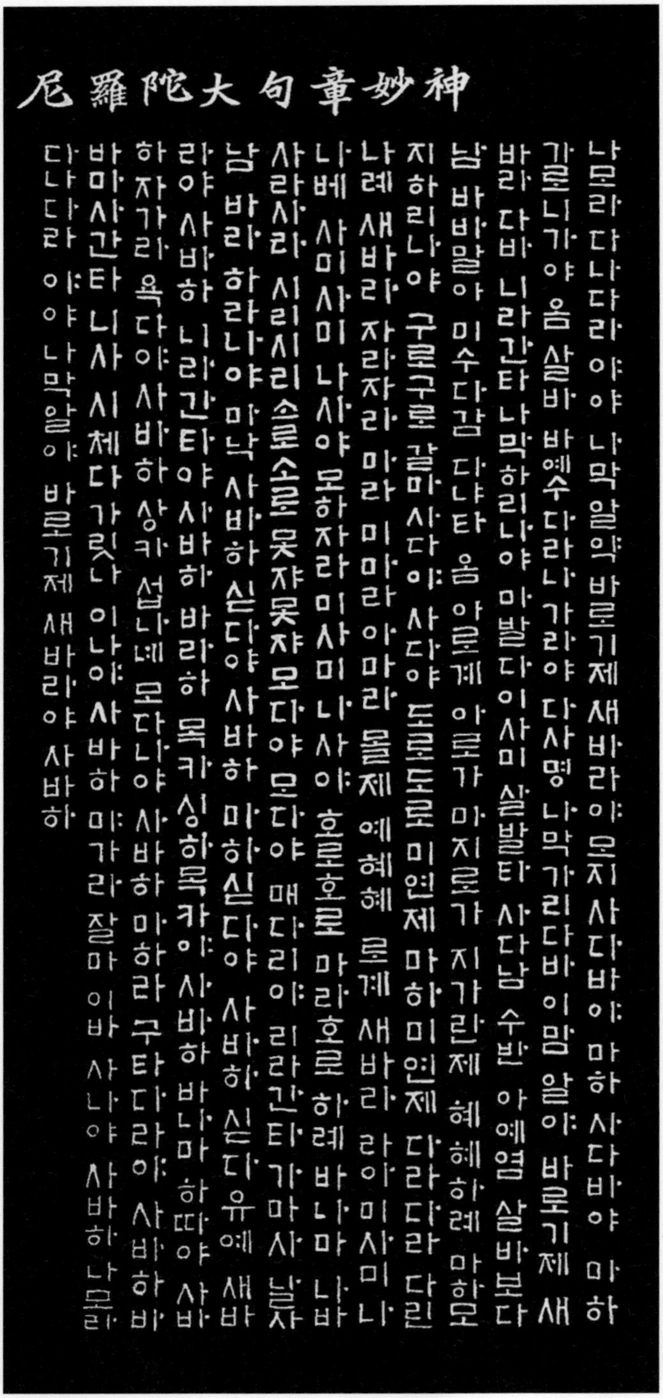

〈 신묘장구대다라니(대비주) 〉

〈 연화금강저 〉
중앙에 8정도를 상징하는 수레바퀴(法輪)가 있다.

제1편 귀신 떼는 경

1. 관정복마경(灌頂伏魔經)

부처님께서 성도한 것을 우리말로 "항마성도(降魔成道)"라 부른다. 마군이를 항복받고 깨달음을 얻었다는 말이다.

"마(魔)"는 "마라(魔羅)·파피아(pāpiya)"로 "마라"는 "장애자", "죽이는 자", "악"이라 번역하고, "파피아"는 파순(나쁜 법을 만들어 세상을 어지럽게 하는 자)라는 뜻이다.

이 세상의 장애는 죽음보다 더 큰 것이 없고, 그 죽음은 늙고 병드는데 있기 때문에 "늙고 병들고 죽는 것"을 큰 마로 보는 사람도 있다. 그러나 부처님은 그 늙고 병들고 죽음은 생이 없었다면 있을 수 없는 것이기 때문에 "생·노·병·사의 근원이 되는 업(有)을 큰 장애"라 불러왔다.

그러나 수도인에게 있어서는 "기쁘지 못한 마음·목마름·춥고 더운 것·수면·애착·애욕·공포·고독·의심·명예·이익·거만·성냄·우치" 등이 장애가 될 수 있으므로 현실적인 장애로 이 열네 가지를 들고, 이것은 결국 몸이 중심이 되어 일어나므로 "오온마(五蘊魔)·색마(色魔)·번뇌마(煩惱魔)"라 총칭하고 있다. 그러나 이것은 대개 우리의 눈·귀를 통해 느낄 수 있는 것이지만 전혀 생각치 못한 "천마(天魔)"도 있다.

하늘 또는 땅에 있는 귀신들이 사람의 마음을 현혹하는 경우가 있기 때문이다. 말하자면 하늘 음악이나 하늘의 부귀공명, 더 나아가서는 선정(禪定)의 열락(悅樂), 이런 것들의 유혹을 받아 천신의 노예가 되는 것이 천마이고, 지상에서 수·부·귀·사랑·자식 등 5욕락을 노래 부르다가 허공의 영귀(靈鬼)들에게 걸려 일생동안 그들의 노예가 되었다가 가는 사람도 있다. 이것이 귀신의 마다.

부처님 당시에 한 제자가 깊이 선정에 들었다가 나오니 자기 앞에 일찍이 세상에서 보지 못한 아름다운 여인이 서서 미소를 짓고 있었다. 자신도 모르게 따라 가니 어느 숲속에 죽은 지 얼마 되지 않는 암말이 짙은 향을 풍기고 있었다. 자기도 모르는 사이 그 흐르는 물 속에 제 몸을 넣었다. 그리고는 돌아서서 희열에 찬 노래를 불렀다.

"사랑엔 국경이 없다네."

수행자가 부처님께 나아가 이 사실을 고백하고 참회하였으나 이것이 본이 되어 불교계율 가운데 "수간(獸奸)에도 조심해야 한다"는 계율이 생기게 되었다.

돈이 필요한 사람에겐 돈, 명예가 필요한 사람에겐 명예를 주되 그 피해자를 자기의 종으로 부려먹는 것이 이 세상의 마이다. 부처님도 성도 직전 다미·열비·희소의 3마녀에게 유혹하였으나 미동도 하지 않았고, 마지막으로 마왕이 회유하고 3재(風·水·火) 8난(資·兵·賊·飢·渴·熱·寒·病)으로 온갖 고난을 퍼부었으나 끄떡하지 않고 마침내 항복받았다.

그러므로 귀신·천신의 올가미에서 벗어나고자 하는 사람은 이 같은 장애를 미리 알고 거기 현혹되어서는 안된다.

"그때 부처님께서 금강삼매(金剛三昧)에 들어 시방법계 중생들을 살펴보니 후박(厚薄)의 정도는 있지만 모든 중생들이 무명혹결(無明惑結)에 갇혀 생사에서 벗어나지 못하고 있었다. 그래서 속으로 조용히 외쳤다.

"옴 인 갈다갈다 아목인 훔훔훔."

이것이 '살제부다(殺諸部多)진언'이다.

다시 이 진언을 마음속으로 관하니 모든 천마 외도들이 몸에 열이 나고 머리가 아파 사시나무 떨듯 하였다. 영문을 몰라 고민하던 천신들이 정신을 차리고 보니 천마 외도들이 부처님의 성도를 방해하는 일이었으므로 다같이 부처님께 나아가 참회하였다. 그때 부처님께서 말씀하였다.

"그대들이 바른 법을 존중하고 중생들을 어여삐 여기는 마음을 내면 즉시 괜찮게 될 것이다."

그래서 마음을 돌리니 마치 파도가 가라앉듯 속이 편안해졌다.

이에 부처님께서 '살제부다진언'을 외웠다.

"옴 가양가양 살리바 마라야 바라 바여 훔바탁 훔가양 바탁."

그리고 본래 상태로 돌리는 '환명(還命)진언'을 외웠다.

"옴 가다가다 가리미리 다니바 바야거리."

그리고 자비삼매에 드시니 모든 천마들이 다같이 정상적으로 안정되고 상호가 원만해졌다.

또 '감로비밀진언'

"옴 바라 유시사라 경미."

를 외워 모든 천신들을 위로하고 바른 법을 설하시니 다같이 석·범·4천왕·8부신장들이 말세중생들을 보호할 것을 다짐하였다.

이에 부처님께서 이런 일을 하면서 술·고기·의약 등 일체 부정물(不淨物)에 물들지 않도록 경계하였다.

이에 석가모니 부처님만 그러한 것이 아니라 과거 7불인 유위(維衛) 부처님께서

"단서타 안타니 모하니 첨파니 탐파니 아난타 아파타 아파마아
비나양."

하는 주문을 외워주시고, 시기(式棄) 부처님도

"단서타 수마나 파화가 마타니 파타니 사파라 아승가 마가리양."

하고 주문을 외워주셨으며, 수엽(隨葉) 부처님도

"단서타 아파라모하 개사하란타 울다라 제파 아파라시다 아파시
구리 미담비하라 아사하리타양."

하셨고, 구루진(拘樓秦) 부처님도

"단서타 이리 미리 지리 희리 비리 아리 가리양."

하셨고, 구나함모니(拘那含牟尼) 부처님도

"단서타 이라 미라 지라 비라 마라 가라 니라양."

하셨고, 가섭(迦葉) 부처님도

"단서타 파류 휘류 사류 구류 주류 사류 마루양."

하셨고, 능인(能仁) 부처님도

"단서타 두비 라야 마하 미제 우가 파범 파타양."

이란 주문을 외워주시면서 말세 중생들을 위하여 외우라고 각각 가르쳐 주셨다.

그때 부처님께서 석제 환인(桓因)에게 말했다.

"이 49장구의 무상법문은 천하 만민을 위한 보배이니 만일 급한 액난을 당하거나 고난을 겪을 때 이 글귀를 일심으로 외우면 악마사신은 모두 물러가고 모든 장애는 소멸될 것이다."

그때 8부 금강 호법신장이

"내가 이제 금강의 세 가지 방편으로 몸이 다이아몬드와 같은 마음을 타고 반달 바람처럼 3계 모든 마왕들을 항복받고 정법에 귀의하여 항상 옹호하도록 하겠습니다."

하고 항마진언을 외웠다.

我以金剛三等方便　　나의 금강 3등 방편으로
身乘金剛半月風輪　　몸은 금강 같은 반달 바람
降伏三界諸魔王衆　　3계의 모든 마군중을 항복받아
歸順正法常擁護　　항상 옹호하게 하겠습니다.

"옴 소마니 소마니 훔 하리한나 하리한나 훔 하리한나 바나야 훔 아나야혹 바아밤 바아라 훔바탁." (3·7=21번 외움)

그때 4천왕들도 "호법제마장(護法除魔章)"을 외웠다.

"마마구구 누누라라 비비 누누라라 전타나가 마세치 가리연두 니 연파나령 오호노노 제파소모 마두라지 다라사나 건달바나 라왕문니사 니아무연타라 비파밀다라 수진타라 나여니하승부 루 수지파차파."

이 주문은 동방제두 뇌타천왕 호법단이 건달바중들과 함께 외운 주문이다.

다음은 172대신들이 출가한 스님들을 보호하는 호법장을 외웠고, 먼저 모든 용들을 거느리고 있는 남방 비로륵차천왕이 주문을 외우고 다음에 서방 비로박차천왕과 북방 비사문천왕이 순서적으로 외웠다.

"아혜 나타실나두 비사이파가대차 사파제제가비라 제파파가약리야 가비라섭파나가 아타가마천제가 아라파타 마아나가 비마나가다타타 여나가라사파가파가차 제파제라제비수대적사 비가사파영가파사 질다라속화니나구 아루유나가라여아사 수발라살제노 아가불타쇄."

"굴지발문가제 삼물제가수라아실타 파연지파삼파사 이제아타제파마천지 가리사마가비마 아수라타나비라타 비마질도루 수질제여파라가리 무니연우파 사리아세 발리불다라 비비루야나나미 살나미단파리세내 비리혜폐제예파유다타도."

"발누누사니 세제소진야탐가두 미다라파가라나이파아라파마천제여타 타사제사 가가자살 나란다라파 발나이지파 나타 아혜건대비구 나파미제파니 비뇌제보사가리 아갑지용미 나차제여부라식 기대아타만타라 비전대소파니초 제파아타전부라시대."

다음은 5탁악세에서 수도인을 보호하는 주문을 12대신왕이 외웠다.

① 도가 미가라 이히여

② 히여은비 아라비

③ 마비구파 뢰도아뢰사

④ 시구리 인제여비구피

⑤ 구라 수미자라 아라인

⑥ 아라야 아기파자

⑦ 야물 차지비 이아비

⑧ 구나시타 구미제도

다음은 물·불의 재앙을 없애는 진언을 12신장에 부탁하여
설한다.

① 사리 마하사리

② 사라니 우카목카

③ 사파제 아지화지

④ 나지 구나지 파나제

⑤ 제아 사라 파제

⑥ 아나파제 파나제

다음은 유행병(온역) 학질 등 병을 제거하는 주문을 10신
왕이 설한다.

① 가화니 마하가화니

② 아카니 카니 아카나

③ 아카니 아비라 만다라

④ 파타니 파제리가

다음은 도덕을 해치는 악마를 16신왕에게 부탁하여 설한다.

① 마가유라 가리구화

② 금원타월 아뇩삼보

③ 가리삼야 마하아수

④ 발타사라 만타라아

⑤ 가나국사 가가라라

⑥ 사사타타 마마가가

⑦ 발타사라 만타라라

⑧ 화화이이 야야가가

다음은 악귀를 물리치는 주문을 16선신이 설한다.

① 아파갈 증증갈 무다살

② 희지비지 점파점

③ 파가라후 룽무 인수무

④ 지수무 인대라 송화라

⑤ 심림라파 야월라라

⑥ 단특라 사라카 반태

다음은 5탁악세에서 수도인을 수호하는 주문을 12대신왕
이 설한다.

① 아라역 금비라라

② 반기차 화기라원

③ 마니발라사 가가파

④ 담무화라 건타시우

⑤ 구마화라 수마건타

⑥ 취피건타 질사질자

다음은 수도자를 옹호하여 도업을 이루게 하는 주문을 화
적세계 천왕대각께서 19신왕님께 부탁하여 설한다.

① 사니 마가사니

② 사라니 욱지목선

③ 삼파제 마하삼파제

④ 알제 발제 구지 철이

⑤ 사라파제 안나파제

⑥ 반나파제 사나파제

⑦ 가전니 마가가전니

⑧ 파사단니야 갑가미

다음은 뱀독을 제거하는 주문을 17신왕이 설한다.

① 가다리 이마란니

② 가리라 모제구리

③ 산리지 분주리이

④ 마리지 아가치이

⑤ 비제이 아나 욕다선

⑥ 부탁라자 구라라자

⑦ 나가이자 불탁라자

⑧ 구란자 타라자

⑨ 불탁탁라자 구라자

⑩ 다가리니 마마란이

⑪ 구란단 탁라구리제

⑫ 가사라 모니제 구라

⑬ 가란인리제 차파다

다음은 도적을 방어하는 주문을 12신장이 설한다.

① 만타니사 다마니

② 사마니 마하니라

③ 모가니 오라리

④ 모라타제차 파두마일

다음은 충치를 예방하는 주문을 12신장이 설한다.

① 알지부 알지반지부

② 반지부 구니부 파라나

③ 구니비부 바라비부

④ 사납파제부 파라나

⑤ 단타헤라 파라나

⑥ 수마제타 살제나타

다음은 눈병 치료를 6신왕이 설했다.

① 이랍부 이랍비부

② 오가니모가 뢰루뢰루

③ 도가사리야나

④ 기라타승 파모아나

49척 되는 5색 번개 다섯 개를 달고 5방에 5색 꽃을 뿌리며 좋은 향으로 잡생각을 내지 말고 지성으로 받들면 7만2천 선신이 옹호하여 일체 액난을 소멸한다 하였다.

그러니까 172신장의 명호를 써서 금낭에 넣고 매일 주문을 외우다가 급한 때를 당하면 신장님들의 명호를 전체적으로 부르면 금수와 독충, 도적의 난, 수화병난을 없애고 길상한 일이 생긴다 하였다.

옛날에 홀로 깊은 산속에서 수행하던 선가스님이 8만4천 악충들이 달려들어 온몸은 말할 것도 없지만 뱃속까지 들어가 흔들어 놓게 되었는데, 그때 이 주문과 신장님들의 명호를 부르고 고난에서 벗어났을 뿐 아니라 마침내 도를 이루었다고 하였다.

그러니까 여기서 눈병이란 녹내장, 백내장 같은 육체적인 눈도 눈이지만 무명에 가려진 번뇌를 타파하고 천안통을 얻는 것이고, 육안 속에 들어있는 혜안(慧眼), 법안(法眼), 불안(佛眼)을 얻는 것이다.

다음은 재가청중(在家淸衆)을 보호하는 주문을 61대신왕이 설한다. 말하자면 3귀의 계를 받으면 36선신이 옹호하고, 5계를 받으면 25선신이 받들며 이들이 거느리는 무수한 신들이 제석천왕과 4천왕의 명령을 받고 항상 따라 다니며 옹호하는 신들이 있으니 혹 이들의 명호를 비단이나 종이에 써 가지고 다니다가 아침 저녁으로 외우면 그 가피(加被)를 확대하여 얻는다 하였다.

3귀의를 받을 때는 향 피우고 예경한 뒤 무릎 꿇고 앉아 선생님의 가르침을 따라 외운다.

"그대는 목숨이 다하도록 위없는 세존님께 귀의하겠느냐?"

"예."

하면 다음에는 법과 승에 대해서도 그렇게 묻고 답한다.

"그대는 목숨이 다하도록 욕심을 여읜 법에 귀의하겠느냐?"

"예."

"그대는 목숨이 다하도록 청정한 스님들께 귀의하겠느냐?"

"예."

하여 다짐을 받은 뒤

"그렇다면 오늘부터 진정한 불자가 되었으니 36신이 항상 따라다니며 보호하리라."

36신왕의 이름은 다음과 같다.

① 미율두 불나바

② 미율두 바하바

③ 미율두 파라파

④ 미율두 전다라

⑤ 미율두 타리사

이상 5신은 모든 질병(두통·한열·복통·복만·옹저병)을 소멸하는 분들이다.

⑥ 미율두 아루가

⑦ 미율두 가사파제

⑧ 미율두 실지다

⑨ 미율두 보리살

⑩ 미율두 제파라

이상 5신은 전광·우치·진심·음욕병을 소멸한다.

⑪ 미율두 가파제

⑫ 미율두 불약라

⑬ 미율두 비사가

⑭ 미율두 가려사

⑮ 미율두 라사차

이상 5신은 일체 낙상·타박·충간·원수·도적을 소멸한다.

⑯ 미율두 수건타

⑰ 미율두 단나파

⑱ 미율두 지다나

⑲ 미율두 라파나

⑳ 미율두 발바태

㉑ 미율두 삼마타

이상 6신은 채주와 겁적·역독·5온·시비병을 없애준다.

㉒ 미율두 여제타

㉓ 미율두 파리타

㉔ 미율두 파리나

㉕ 미율두 건가지

이상 4신은 연주귀병과 복통·고독병을 없애준다.

㉖ 미율두 비리태

㉗ 미율두 지타나

㉘ 미율두 가림마

㉙ 미율두 아유가

㉚ 미율두 사리태

이상 5신은 모든 공포·액난·해산·관구설·젖 부족을 해소
시켜 준다.

㉛ 미율두 아가데

㉜ 미율두 아가사

㉝ 미율두 파리나

㉞ 미율두 사라나

㉟ 미율두 주타나

㊱ 미율두 위타리

이상은 모든 근심과 백 가지 요괴·질투·저주·염도(厭禱)
등이 소멸된다.

또 5계를 받을 때도 묻는다.
"첫째, 목숨이 다하도록 살생하지 않겠느냐?

둘째, 목숨이 다하도록 주지 않는 것을 갖지 않겠느냐?

셋째, 목숨이 다하도록 자처(자남)에 만족하여 바람 피우지 않겠느냐?

넷째, 목숨이 다하도록 거짓말하지 않고 꾸미는 말, 두 가지 말, 악담설욕을 하지 않겠느냐?

다섯째, 목숨이 다하도록 술 마시고 마약 하지 않겠느냐?"

"예, 그렇게 하겠습니다."

"다음 각 5신들이 너의 계를 보호해 주리라."

하고 25신왕의 이름을 일러준다.

① 채필비유타니

② 수다리수타니

③ 비루차야파

④ 아타용마지

⑤ 파라환니화니

⑥ 지마아비파태

⑦ 아슈륜파라타

⑧ 파파마단웅자

이상 8신은 몸을 보호하여 삿된 악귀를 물리쳐주고 6정(情)을 보호, 5장6부의 혈맥을 관통시켜 출입왕래를 자재케 하여 음식맛이 나게 하고 좋은 꿈을 꾸게 한다.

⑨ 바라문지비다

⑩ 나마우다야사

⑪ 불태선타루다

⑫ 비사야수다사

⑬ 날지혜태다야

⑭ 라다뇌도야

⑮ 파라나불담

⑯ 아제범자산야

이상 8신은 벌레·독기·산과 바다의 안개·이슬·투쟁·구설·
학질·관재·가재·사택8신·충묘신의 침범을 없애준다.

⑰ 인대라인대라

⑱ 삼마비라시타

⑲ 아가남시파다

⑳ 불담미마다다

㉑ 다뇌차삼밀다

㉒ 아마라사도회

㉓ 나라문사도제

㉔ 살비니건나파

㉕ 다비사비사타

㉖ 가마비나사니카

이상 10대신은 문호 4대를 보호 외신·재화·도적·호랑·낙상·죽은 요괴·새·여우·개·쥐의 흉악을 방지하게 한다.

그러므로 3귀5계를 받은 이들은 이들 신명을 깨끗한 비단이나 종이에 써 가지고 다니다가 틈틈이 읽고 외우면 천마외도·산정요괴·사신악귀·독충관재·3재8난이 침범하지 못해 만사가 길상하게 된다 하였다.

만약 3장(정월·5월·9월) 6재일(초하루·보름)까지 지켜가며 3귀5계를 지켜간다면 그 공덕이야말로 다 설명할 수 없다고 하였다.

매년 정월 길일을 통해서 깨끗이 목욕하고 양치한 뒤 새 옷을 갈아입고 7일7야로 소식하고 번개 달고 향탕수를 땅에 뿌리며 이 36신과 25신의 명호를 부르고 축원하면 일체 액난이 소멸되고 만사가 길상하게 된다 하였다.

또 말법시대에는 5탁악세가 되어 도덕이 빈약하고 악마사귀가 침해하여 독룡이 독기를 토하여 없던 병이 생기면, 그때 환인상제께서 이들 중생을 위하여 백대신왕의 이름을 설하고 단을 쌓고 기도하고 스승 되는 사람은 기도 후 그 물을 신자들에게 부어주면 좋은 일이 생길 것이다 하였다.

신의 명자는 다음과 같다.

① 이리매제 덕무애

② 니오주차 기자대

③ 파라나두 유안령

④ 무화차루 귀정화

⑤ 살다파라 구탈액

⑥ 희마화두 휘광조

⑦ 천루보구 선언교

⑧ 아라혹구 개달명

⑨ 나라나이 수순피

이상은 모두 재앙을 없애는 신들이다.

① 이리매제 덕무애

② 니오주차 기자대

③ 파라나두 유안령

④ 무화차루 귀정화

⑤ 살다파라 구탈액

⑥ 희마화두 휘광조

⑦ 천루보구 선언교

⑧ 아라혹구 개달명

⑨ 나라나이 수순피

이상 9신은 흉악을 제거하고 환난을 없애준다.

① 마혜수라 위령제
② 마니발타 위복행
③ 부나발타 집지성
④ 금비라타 위여왕
⑤ 질다사나 지경상
⑥ 빈두로가 입부동
⑦ 거발라파 인덕탈

이상은 조명백괴(鳥鳴百怪)와 악몽·금수변괴를 없애준다.

① 담마발타 학제왕
② 마갈파라 제곡심
③ 수리밀다 유공훈
④ 륵나시사 조화평
⑤ 렴마사제 복중근
⑥ 사라밀제 독처쾌
⑦ 혜마발타 응념지

이상은 강호계곡의 독수맹충, 큰 바다 풍파의 장애를 없애
준다.

① 살다기리 대력천
② 파리라후 용맹진

③ 비마질다 향고원

④ 염마리자 영웅덕

⑤ 파아리자 위무성

⑥ 카라건타 후여뇌

⑦ 구라단제 전무적

이상은 식독·고독수를 제거해 준다.

① 화기라환 견부동

② 마니발라 연창음

③ 아파제라 희무구

④ 담무리라 혁엄식

⑤ 건타니우 견주행

⑥ 구마파라 청정명

⑦ 마가사이 월제란

이상은 원수를 화해케 한다.

① 사나아리 선위광

② 기라사루 사업득

③ 능가설루 제번뇌

④ 마차타리 보천위

⑤ 라마노차 개정로

⑥ 빈가노차 력견고

⑦ 아리노황 이제취

이상은 재산을 보호해준다.

① 원나노차 제포구

② 유사라차 초출난

③ 승가타라 부천지

④ 차라낙가 자무외

⑤ 둔두리가 덕여산

⑥ 나유사니 사무애

⑦ 타우타라 주무외

이상은 관재구설을 없애준다.

① 부아타라 승번현

② 사라화라 홍성언

③ 나라하마 시무진

④ 헤파사마 장도안

⑤ 아초모라 각무상

⑥ 비초의야 분별해

⑦ 지라화이 선권길

이상은 순산을 도와준다.

① 초마여제 만무급
② 수초화제 위여천
③ 아초화니 변무유
④ 비라마니 무부의
⑤ 수후마야 강소마
⑥ 제마타이 해생사
⑦ 가초우타 발애근

이상은 용·독뱀을 치료한다.

① 반나파제 정용건
② 사라파제 구세자
③ 사외가라 이사행
④ 니지루연 멸사상
⑤ 파라반연 위령지
⑥ 희란담기 여강해
⑦ 금라이두 불외병

이상은 모든 객귀병을 없애준다.

① 지란뇌야 통달현

② 연마질루 견정당

③ 예화무가 지대지

④ 구두마혜 최상승

⑤ 차타이차 구건행

⑥ 난두우란 길안령

⑦ 희지희지 세력강

이상은 귀신병을 소멸해 준다.

① 아파이이 혜무궁

② 교지세야 단제결

③ 마리마라 주정신

④ 아니리이 적재시

⑤ 파니리이 불사원

⑥ 아휴라미 제구예

⑦ 아도마이 성신독

이상은 금수·독충을 제거해 준다.

① 아가지제 정진치

② 수파이아 정주안

③ 악라비라 복마매

④ 아가폐라 교령종

⑤ 비라마주 랑혁조
⑥ 사라마제 엄정주
⑦ 타기리니 입안병

이상은 국난·적난·왕난을 피하게 한다.

① 니타반니 수승피
② 니발산니 심적멸
③ 마가만나 사장구
④ 누타리나 효요도
⑤ 구나제노 길정안
⑥ 구나제타 허공주
⑦ 구미제도 법주술

이상은 독기를 제거해 준다.

※ 이 또한 여러 신왕의 명호를 적어 금낭에 넣었다가 필요할 때 읽으
면 효과가 있다.

다음은 궁택(宮宅)을 지키는 96대신왕이다.

이 경전을 읽는 사람은 신·구·의 3업을 청정히 하여 5신
채와 주육을 먹지 말고 시방 성현들께 예경하고 4방에 등불
을 켜 5방신번을 걸고 제1 첫 번째 5신왕을 그려 걸고 5방에

거울을 달아놓고 등불빛이 그 거울에 비치게 한 뒤 신장들의
명호를 49번 읽으면 악마 귀신이 4천 리 밖으로 쫓겨간다 하
였다.

먼저 동방 7천신장을 거느린 동방 21신이다.

동방 21신왕은 다음과 같다.

① 아수가비구니 반두하

② 파이리파 사이차이

③ 우사지구 이건타이

④ 아니리이 파니리라

⑤ 아휘라미 비노파지

⑥ 기리미제 파라미제

⑦ 타라주유 부나카니

⑧ 사하라타 나만타라

⑨ 구리건리 타사탁라라

⑩ 주리전사 이희마타

⑪ 아파제리 마나사이

⑫ 지파불몽 구두마혜

⑬ 희무몽라 가리미혜

⑭ 다차지희 차유유뇌

⑮ 차타이차 난두우란

⑯ 화루차타 수유라미

⑰ 구파제금 파라우후

⑱ 동파수마 라제가파

⑲ 이제모라 희지카

⑳ 아제희화 지비란라

㉑ 사마두가 우두마타

다음은 9천대신장을 거느리고 있는 남방 28신이다.
남방 28신왕은 다음과 같다.

① 나두화제 아리구리

② 제다구카 란아리가

③ 가리파이 금마다니

④ 파내라가 다지유라

⑤ 사탄탁가 륵가마야

⑥ 교지세야 반차계제

⑦ 지리지리 마리마리

⑧ 사카유사 차니하남

⑨ 벽사무야 울차미차

⑩ 계두화연 포치음부

⑪ 돌가다극 나우타기

⑫ 타함굴아 사문다두

⑬ 이리매제 벽여가이

⑭ 구사라빈 가구다연

⑮ 인류나천 사이다누

⑯ 견니오주 차마다리

⑰ 마여탁차 부루나구

⑱ 라사가제 아수가예

⑲ 마니마니 차루전타

⑳ 구파누열 차아라역

㉑ 나라나이 사나아리

㉒ 사선반차 노리파이

㉓ 전차뇌마 휴과설루

㉔ 차리가아 나오지

㉕ 라마노차 빈가노차

㉖ 파라사노 차사차노

㉗ 차라건파 두나노차

㉘ 건제우가 이노사

다음은 6천대장을 거느린 서방의 14신왕이다.

서방 14신왕은 다음과 같다.

① 가루살차 시차나

② 남파남파 화나다

③ 소화가라 사오나다

④ 마노라마 차단누가

⑤ 검부자리 화가라박

⑥ 유사라차 승가타라

⑦ 차능가이 타나라부

⑧ 가구치사 라급가

⑨ 다라사지 만구리

⑩ 둔두리아 다사화기

⑪ 아기니라 지지가차

⑫ 보리니 보리다보리

⑬ 항다라야 니야미

⑭ 타우타우 부아타라

다음은 9천대장을 거느린 북방 21대선신왕이다.
북방 21대선신왕은 다음과 같다.

① 나엽제루 비사만파

② 사이마타 아구이타

③ 파구마지 다라화가

④ 비모지라 니가나자

⑤ 가란비유 파마가라

⑥ 야두파사 라수이사

⑦ 구타이비 가이다타

⑧ 만타파사 다타주유

⑨ 아지화지 아나파제

⑩ 나지구나 지제아사

⑪ 마가가화 니라사마

⑫ 아카니파 타나가이

⑬ 아비라 만다라 파타

⑭ 라나다라 마라제이

⑮ 탐파라 제리 후누수

⑯ 누수사연 차연선차

⑰ 마가유라 가리구화

⑱ 금원타월 아욕삼보

⑲ 가삼야마 가아륜

⑳ 발타사라 만타라아

㉑ 가내국사 희지비지

다음은 20만대장을 거느린 중앙 10대신왕이다.
중앙 10대신왕은 다음과 같다.

① 우파참나선내

② 우파승나 날지사

③ 발취수파 라비지

④ 다파사 아수라 파니

⑤ 다라사지 만구리

⑥ 둔두리아 다사화기

⑦ 아기나라지 지가차

⑧ 보리니 보리다보리

⑨ 항다라야 니야미

⑩ 타우타우 부아타화

또 서방에 6천대신장이 있고 그들을 거느리는 선신왕이 있으니 그 이름을 부르면 원수진 집과 역적, 국토를 침해하는 도적들이 물러간다 하였다.
이제 그 신장님들을 소개하면 다음과 같다.

① 나엽제루 비사만파
② 사이마타 아구이타
③ 파구마지 다라화가
④ 비모지라 니가자나
⑤ 가란비유 파란가라
⑥ 야두파사 라수리사
⑦ 구타리비 가리다타
⑧ 만타파사 다타주유
⑨ 아지화지 아나파제
⑩ 나지구나 지제아사
⑪ 마가가화 니라사마
⑫ 아가니파 타나가외
⑬ 아비라 만다라 파타
⑭ 라나다 라마라 제이
⑮ 탐파라제 좌휴누수
⑯ 누수사면 차면원차

⑰ 마가우라 가리구화

⑱ 금원타월 아뇩삼보

⑲ 가삼야마 아가윤

⑳ 발타사라 만타라아

㉑ 가니주사 희지비지

또 북방에 9천대신장이 있고 그들을 거느리고 있는 12신
장이 있으니 그들 이름을 부르면 5억만의 악마사귀가 다 물
러나 일체 귀착병을 입지 않는다고 하였다.

이제 그 이름을 말하면 다음과 같다.

① 우파참나선내

② 우파승나 날지사

③ 발취수파 라비지

④ 다파사아 수라파니

⑤ 마살라 파구란도

⑥ 지마아수라 파니나

⑦ 불단지화 파사사

⑧ 가수타이 위지구타

⑨ 다라부다 비사예

⑩ 파시열반 가라가연

⑪ 비진나이 사지연

⑫ 다라다사 타니파

끝으로 권쓰재성사와 권쓰제푸사의 소복독해진언과 관념
장(觀念章)이 있는데 권쓰재성사의 진언은,

"단야타 옴이리 디리 밀제 노미 노마리예 누자 누차리예 득까라
니 아시미래 아시미라 몰제 악기악간니 간니 예리 예리예 아카
야예 압바야예 십이제 십이다 아나로 낙사 사바하."

이고, 제푸사의 관념장(觀念章)은

"옴 마니 빠미 훙(옴 마니 반메 훔)."

이다.

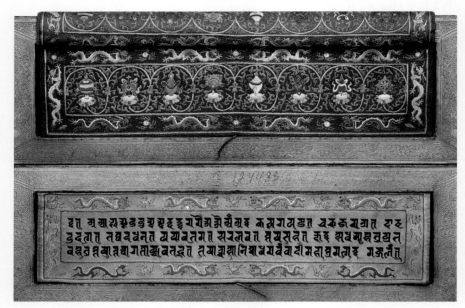

〈上은 몽골 티베트의 8보(寶), 下는 인도 범어(梵語)〉

2. 약사신앙(藥師信仰)

　약사경은 달마급다가 번역한 "약사여래본원경"과 현장스님
이 번역한 "약사유리광여래본원공덕경", 의정스님이 번역한
"약사여래칠불공덕경" 세 가지가 있다.

　약사여래는 동방 정유리광세계 부처님으로 열두 가지 원을
세워 중생 구제를 희망하셔서 병든 이를 구하고 가난한 사람
을 돕는 분으로, 민간신앙으로써 깊은 인연을 맺고 있다.

　신라 때 선덕여왕이 병에 걸려 의약의 효험이 없었을 때 밀
본법사(密本法師)가 여왕의 침전 밖에서 약사경을 염송하여

병을 낫게 했다는 유명한 일화가 있다. 선덕여왕 3년(634)에 분황사가 창건되었고, 경덕왕 14년(775)에 30만 7600근의 약사여래상을 조성하였는데, 4천왕·8부신중·12지신장이 권속으로 딸려 있다.

4천왕은 사바세계 4천하를 담당하여 보호하는 분인데 동방 지국천왕, 서방 광목천왕, 남방 증장천왕, 북방 다문천왕이 그분들이다. 그리고 8부신장은 천·용·야차·건달바·아수라·가루라·긴나라·마후라인데, 이들은 땅을 지키는 호랑이·토끼·용·뱀·말·소·원숭이·닭·돼지·개·쥐·양 등 열두 신장들을 거느리고 있다.

하늘에는 해와 달, 금·목·수·화·토 7요가 있는데, 거기 라후성과 계도성을 합하면 9요가 되고, 동(각·항·저·방·심·미·기) 북(두·우·여·허·위·실·벽) 서(규·루·위·묘·필·자·삼) 남(정·규·유·성·장·익·진) 28수를 부하들로 거느리고 있다.

그런데 동방 만월세계에는 선명칭길상왕여래·금색보광묘행성취여래·무우최길상여래·법회뇌음여래·법혜승혜유희신통왕여래·약사유리광여래가 있어 천추성 탐랑성군과 천설성 거문성군·천기성 녹존성군·천권성 율곡성군·옥행성 염정성군·개양성 무곡성군·요광성 파군성군과 인연이 있어 인간의 길흉화복을 담당하고 있다.

말하자면 탐나성군은 최승세계 운의통증여래왕과 함께 자손들의 만수무강을 담당하고, 음정선군은 묘보세계 광음여래와 함께 모든 장난(障難)을 멀리해 주고, 독존성군은 원만세계 금색성취여래와 함께 업장을 소멸해 주고, 문곡성군은 무우세계 최승길상여래와 함께 구하는 것을 모두 얻게 해주고, 단원성군은 정주세계 광달지변여래와 함께 백 가지 장애를 없애 주고, 무곡성군은 법의세계 법해유희광여래와 함께 온갖 복덕을 구족하게 하고, 파군성군은 유리세계 약사유희광여래와 함께 중생들의 수명장원을 성취시켜 준다 하였다.

　　그러므로 이 세상의 모든 자손과 장난(障難)·업장·소망·명예·복덕·수명이 모두 7성 여래에 달렸다고 보아,

　　　　북두구진중천대신 상조금궐하부곤륜
　　　　조리강기통제건곤 대괴탐낭거문록존
　　　　문곡염정무곡파군 고상옥황자미제군
　　　　대주천계세입미진 하제불멸하복부진
　　　　원황정기래압아신 천장소지주야상륜
　　　　속거소인호도구령 원견존의영보장생
　　　　삼태허정육순곡생 생야양아호아신형
　　　　괴작관행필보표 존재급급 여율령사바하

　　하는 경전을 외운다.

그렇다면 이제 약사유리광본원경을 한 번 읽어볼 필요가 있다.

뿐만 아니라 민간신앙에서는 해와 달, 7성을 중심으로 역학(易學)을 만들어 점을 치기도 하고, 전생의 일을 파악하여 전생록을 만들기도 하였으며, 4주8자를 논하여 당사주(唐四柱)로 운명을 점치기도 하였다. 28수, 12지도 마찬가지다.

(1) 약사유리광본원경(藥師瑠璃光本願經)

부처님께서 여러 나라를 다니시며 교화하시다가 베살리국 광엄성 악음수(樂音樹) 아래서 덕망 높은 비구 8천인과 거룩한 보살 3만6천인과 함께 계셨다.

부처님의 가르침은 한결같이 선량하고 뜻이 오묘하여 순수 원만하였는데, 이렇듯 청정결백한 진리를 보이고 가르치고 이롭게 기쁘게 하시어, 모든 이로 하여금 미묘한 수행과 원력을 갖추어 위없는 진리에 나아가게 하셨다.

그때 문수사리가 부처님께 물었다.

"세존이시여, 지금 헤아릴 수 없는 인·천들이 법문을 듣기 위하여 구름처럼 모여 있습니다. 부처님께서는 초발심하실 때로부터 지금까지 헤아릴 수 없는 오랜 세월 동안에 여러 불세계를 보셨사옵기 알지 못한 일이 없으실 것이니 저희들과 다음 상법(말법)시대 중생들을 위하여 여러 부처님들의 명호와 본래의 서원 공덕과 국토의 장엄을 말씀하시어, 듣는 이들로

하여금 업장을 소멸하고 진리에서 물러나지 않게 하옵소서."

"착하고 착하도다, 선남자여. 그대는 큰 자비로써 헤아릴 수 없는 업장, 중생의 온갖 질병과 근심·슬픔·괴로움을 가없이 여기고 그들의 안락을 위하여 묻는구나. 내 그대를 위하여 설해주리니 자세히 들으라.

여기서 동쪽으로 4항하사 수와 같은 국토를 지나 한 세계가 있으니, 이름이 광승(光勝)이고 거기 부처님이 계시니 이름이 선명칭길상왕(善名稱吉祥王)여래이다. 지금 사자좌에 앉아 설법을 하고 계시느니라.

문수사리여, 그 국토는 청정 장엄하여 가로와 세로가 백천 유순이나 되고 염부단금으로 된 그 땅은 평탄하고 보드라운데 향기로움이 마치 천상의 향과 같으며, 악도 여인에 대한 것은 이름조차 없고 또한 기왓조각과 자갈, 가시덤불 등이 없으며, 보배나무가 줄을 지었고 꽃과 과일이 번성하며, 목욕하는 못이 곳곳에 있는데 모두가 금·은·진주 등 온갖 보배로 이루어져 있느니라.

문수사리여, 그 국토에 있는 보살들은 모두가 7보연꽃 속에 화생하므로 청정한 선남자 선여인들이 누구나 다 국토에 태어나기를 원하느니라.

문수사리여, 그 부처님께서는 처음 발심하여 보살도를 수행할 때로부터 여덟 가지 큰 서원을 세웠나니,

첫째는 내가 다음 세상에 위없는 보리를 증득할 때, 만약 중생이 모두 병고가 몸에 핍박하여 열병·학질과 마귀의 홀림과 송장을 일으키는 귀신 등에 시달릴 때 지극한 마음으로 나의 이름을 부르면, 그 힘으로 있었던 병고가 모조리 소멸하고 마침내 위없는 보리를 성취하고,

둘째는 중생이 눈멀고 귀먹고 벙어리이거나 또는 문둥병·지랄병 같은 온갖 병에 시달릴지라도 지극한 마음으로 나의 이름을 부르면, 그 힘으로 모든 감관(感官)이 온전하고 일체 질병이 소멸하여 마침내 보리를 성취하며,

셋째는 중생이 탐·진·치(貪瞋痴)에 얽힌 바 되어 무간죄(無間罪)와 가지가지 나쁜 행위를 하며 바른 법을 비방하고 모든 선을 닦지 아니하여 응당 지옥에 떨어져 온갖 고통을 받게 되더라도 진실한 마음으로 나의 이름을 부르면, 그 힘으로 무간죄와 모든 업장이 모조리 소멸하고 악도에 떨어지지 않고, 언제나 인·천의 수승한 안락을 받으며 마침내 보리를 이루고,

넷째는 중생이 의식과 침구와 영락과 재물·보배·향화와 풍악 등이 결핍되었더라도 능히 진실한 마음으로 나의 이름을 부르면, 그 힘으로 곤궁하였던 살림이 모두 풍족하게 되고 마침내 보리를 성취하며,

다섯째는 중생이 어쩌다가 목에 씌우는 카로가 쇠사슬에 그 몸을 얽매이고 또한 매를 맞아 심한 괴로움을 받다가도 진실한 마음으로 나의 이름을 부른다면, 그 힘으로 있었던 괴로움을 모두 해탈하고 마침내 보리를 성취하고,

　　여섯째는 중생이 험악한 곳에서 여러 사나운 짐승들인 곰·사자·범·표범·이리 등과 독사·살무사 등의 침해를 받고 그 목숨이 끊어지려 하여 소리를 지르면서 심한 고통을 받다가도 능히 진실한 마음으로 나의 이름을 부른다면, 그 힘으로 있었던 공포를 모조리 해탈하고 모든 사나운 짐승들도 다 자비심을 일으키며 항시 안락을 얻고, 마침내 보리를 성취하며,

　　일곱째는 중생이 다투어 송사하는 것으로 인하여 못내 걱정하다가도 능히 진실한 마음으로 나의 이름을 부른다면, 그 힘으로 말미암아 다투고 송사하는 일들이 다 풀려 서로 자비한 마음으로 대하고 마침내 보리를 성취하고,

　　여덟째는 중생이 강과 바다에서 모진 바람을 만나 배가 뒤집히려 하고 의지할만한 섬 같은 것도 없이 사뭇 걱정하고 공포에 싸였을 때 진실한 마음으로 나의 이름을 부른다면, 그 힘으로 모두 마음 먹은대로 편안한 곳에 이르러 온갖 쾌락을 받고 마침내 보리를 이루기 위한 것 등이니라.

문수사리여, 이것이 그 부처님이 보살도를 수행할 적에 세웠던 미묘하고 큰 여덟 가지 서원이었느니라.

또한 그 부처님이 처음 발심한 때로부터 항상 선정(禪定)의 힘으로써 중생을 보리에 나아가게 하고 늘 여러 부처님께 공양하며, 또 국토를 청정하게 장엄하여 모든 권속이 한결같이 원만하며, 그 복덕이 불가사의하므로 일체 성문이나 독각으로서는 제 아무리 많은 세월을 두고 그 공덕을 말한다 하더라도 이루 다 말하지 못하느니라. 그러나 여래나 보처(補處)보살만은 그렇지 않느니라.

문수사리여, 만약 청신사·청신녀와 국왕·대신·장자·거사가 마음속으로 복덕을 희망하여 모든 번뇌를 끊고 그 부처님의 이름을 부르며 이 경전을 읽고 진실한 마음으로 그 부처님을 존경 공양한다면 있었던 일체 죄악과 업장과 온갖 병고가 다 소멸하고 모든 소원이 뜻대로 되지 않음이 없으며, 진리에서 물러나지 않는 불퇴전의 자리를 얻고, 마침내 보리를 성취하게 되느니라.

또한 문수사리여, 여기에서 동쪽으로 5항하사 수와 같은 많은 국토를 지나 한 세계가 있으니, 이름이 묘보(妙寶)이고 거기 부처님이 계시니 이름이 보월지엄광음자재왕(寶月智嚴光音自在王)여래이니라. 헤아릴 수 없는 수많은 보살들에게 둘러싸여 지금 설법하고 계시니, 그 가르침은 한결같이 미묘하고 깊은 대승의 진리이니라.

문수사리여, 그 부처님은 처음 발심하여 보살도를 수행할 적에 여덟 가지 큰 서원을 세웠으니,

첫째는 내가 다음 세상에 보리를 증득할 때 만약 중생이 농업이나 상업을 영위하느라고 마음이 어수선하여 수승한 선법을 닦지 못하고 하찮은 생활에서 헤어나지 못하여 제각기 그지없는 괴로움을 받다가도 지극한 마음으로 나의 이름을 부른다면, 그 힘으로 의복·음식 등 생활 도구와 금·은 보배가 소원대로 충족하며, 그들의 선근이 더욱 자라게 되고, 또 보리심을 여의지 하니하며 모든 악도의 고통을 모조리 해탈하여 마침내 보리를 성취하고,

둘째는 시방세계에 있는 중생들이 춥고·덥고·배고프고·목마름에 시달려 혹심한 괴로움을 받다가도 능히 진실한 마음으로 나의 이름을 부른다면, 그 힘으로 전생의 죄업이 다 소멸하여 모든 괴로움을 여의고 인간과 천상의 쾌락을 받아 마침내 보리를 성취하며,

셋째는 시방세계에 있는 여인이 음욕을 탐내는 번뇌가 그 마음을 가리우고 계속 임신하여 그 몰골이 몹시 밉상스럽고, 또한 해산할 적에는 혹심한 괴로움을 받다가도 잠깐 동안이나마 나의 이름을 듣거나 혹은 부르고 생각한다면, 그 힘으로 모든 괴로움이 다 소멸하고 그 몸을 마친 뒤에는 항상 남

자로 태어나 마침내 보리를 성취하고,

넷째는 중생이 혹 부모·형제·자매나 처자·권속이나 친구들과 같이 험악한 곳에서 도둑의 침해를 만나 온갖 괴로움을 받다가도 잠깐 동안이나마 나의 이름을 듣거나 혹은 부르고 생각한다면, 그 힘으로 모든 고난을 해탈해 마침내 보리를 성취하며,

다섯째는 중생이 혹 밤에 무슨 사업을 영위할 적에 흉악한 귀신의 시달림을 받아 몹시 괴로워하다가도, 잠시 동안이나마 나의 이름을 듣거나 혹은 부르고 생각한다면, 그 힘으로 어두운데서 광명을 만나며, 모든 흉악한 귀신도 자비심을 내게 되어 마침내 보리를 성취하고,

여섯째는 만약 중생이 나쁜 짓을 일삼아 3보를 믿지 않고 지혜가 모자라 좋은 법을 닦지 않으며, 근력(根力)·각도(覺道)·염정(念定)·총지(摠持) 등 바른 법을 닦지 않다가도, 능히 진실한 마음으로 나의 이름을 부른다면, 그 힘으로 지혜가 점점 자라서 37조도품을 모조리 닦게 되고 3보를 깊이 믿어 마침내 보리를 성취하며,

일곱째는 중생이 비열한 것을 좋아하여 2승법을 수행하고 위없이 수승한 진리를 버리다가도 능히 진실한 마음으로 나

의 이름을 부른다면, 2승의 소견을 버리고 위없는 깨달음에서 물러나지 않게 되어 마침내 보리를 성취하고,

여덟째는 중생이 장차 겁(劫)이 다하여 천지를 태우는 큰 불이 일어나려고 하는 것을 보고 사뭇 걱정 공포하여 괴로워하고 슬퍼하는 것은 그 전생의 나쁜 업력으로 말미암은 까닭이니, 이 같은 온갖 괴로움을 받고 의지할 데가 없다가도 능히 진실한 마음으로 나의 이름을 부른다면, 있었던 걱정과 괴로움이 모조리 소멸하여 청정한 안락을 누리고, 그 목숨이 다한 뒤에는 나의 불국토에 와서 연꽃 속에 화생하여 항상 좋은 법을 닦고 마침내 보리를 성취하기 원한 것 등이니라.

문수사리여, 이것이 그 부처님께서 보살도를 수행할 적에 세웠던 큰 서원이었느니라.

그리고 그 부처님이 계시는 국토는 광대 엄정하고 청정 평탄하기가 손바닥과 같고, 미묘한 천상의 향나무가 줄을 지었는데 천상꽃이 두루 만발하였으며, 항시 천상 풍악이 울리고 미묘한 천상 방울과 목탁이 곳곳마다 달렸으며, 천상의 보배로 부처님의 사자좌를 장엄하였고, 또한 천상 보배로 미묘한 목욕장이 둘레를 쌓았으며, 그 땅은 부드러워 모든 기왓조각과 자갈이 없고 거기에는 여인이나 일체 번뇌가 없이 모두가 물러나지 않는 지위에 이른 보살들만이 연꽃 속에 화생하였느니라. 그리하여 마음만 먹으면 음식·의복과 모든 생활도구

가 뜻대로 그 앞에 나타나니, 그러므로 이름을 묘보(妙寶) 세계라 하느니라.

　문수사리여, 만약 청신사·청신녀와 임금·왕자와 대신·왕후·궁녀들이 밤낮 여섯 차례를 은근한 마음으로 그 부처님을 공경 공양하거나 그 이름을 부르고, 또 그 형상을 모셔놓고 향기로운 꽃이나 풍악·소향·말향·도향 등을 받들어 올리며, 7일간 청정 엄숙하게 8재계를 지키면서 그 국토에 나기를 원한다면, 그 부처님과 모든 보살이 그를 호념하시어 일체 죄업이 모두 소멸하고 위없는 보리에서 물러나지 않게 되며, 탐·진·치가 점차로 줄어지고 온갖 병고가 없어져 수명이 길어지며, 희망하는 일들이 모두 뜻대로 되고 다투던 원수가 다 좋아하고 기뻐하며, 그 몸을 마친 뒤에는 그 불국토에 가서 연꽃 속에 화생하고, 그 때에는 정념(正念)과 정정(正定)과 총지(摠持)를 모두 다 분명히 알게 되느니라.
　문수사리여, 마땅히 이와 같이 알라. 그 부처님의 이름과 한량없는 공덕을 듣게 되는 이는 그 소원을 모조리 이루지 못함이 없느니라.

　문수사리여, 또 여기에서 동쪽으로 6항하사 수와 같은 많은 국토를 지나 한 세계가 있으니, 이름은 원만향적(圓滿香積)이고, 거기 부처님이 계시니 이름이 금색보광묘향성취(金色寶光妙香成就)여래이다. 지금 헤아릴 수 없는 만억의 보살들에게 둘러싸여 설법하고 계시느니라.

문수사리여, 그 부처님은 처음 발심하여 보살도를 수행할 적에 네 가지 큰 서원을 세웠나니,

첫째는 내가 다음 세상에 보리를 증득할 때 만약 중생이 갖가지 살생하는 업을 지어 많은 생명을 죽이고 그 나쁜 업으로 말미암아 지옥고를 받게 되거나, 가사 사람으로 태어날지라도 수명이 짧고 병이 많게 되었다가도 나의 이름을 듣고 진실한 마음으로 부르고 생각한다면, 그 힘으로 모든 악업이 소멸하고 병없이 수명이 길어 잘못 죽음을 당하지 않고 마침내 보리를 성취하고,

둘째는 중생이 여러 악업을 지어 남의 재물을 훔치고 응당 악도에 떨어지게 되었거나, 가사 사람으로 태어날지라도 가난한 집에 나서 의식이 모자라 갖은 괴로움을 받다가도, 나의 이름을 듣고 진실한 마음으로 부르고 생각한다면, 그 힘으로 있었던 악업이 모조리 소멸하고 의복과 음식이 모자라는 바가 없고 마침내 보리를 성취하며,

셋째는 중생이 서로 업신여겨 같이 원수가 되었다가도 나의 이름을 듣고 진실한 마음으로 부르고 생각한다면, 그 힘으로 제각기 부모처럼 자비심을 내고 마침내 보리를 성취하고,

넷째는 중생이 탐·진·치에 얽힌 바 되었거나 집을 떠나 출가한 이와 집에 있는 남·여 등 7중의 불제자가 부처님이 제정한 계율을 범하여 많은 악업을 짓고 응당 지옥에 떨어져 갖은 괴로운 과보를 받게 되었다가도 나의 이름을 듣고 진실한 마음으로 부르고 생각한다면, 그 힘으로 있었던 악업이 모조리 소멸하고 모든 번뇌가 끊어지며 공경히 계율을 받들어 몸과 입과 뜻이 잘 다스려지며, 마음이 다시는 물러나지 않는 불퇴전의 자리에 이르고, 마침내 보리를 성취하기 원한 것이니라.

문수사리여, 이것이 그 부처님께서 보살도를 수행할 적에 세웠던 네 가지 서원이니라.

문수사리여, 그 부처님이 계시는 국토는 광대엄정하고 청정 평탄하거나 손바닥과 같아서 모두 보배로 이루어졌고, 늘 향기가 풍기어 마치 신묘한 전단향과 같으며, 또한 향나무가 줄을 지었고 천상의 아름다운 영락과 마니 등 보배가 곳곳에 드리워졌으며, 여러 곳에 마련된 목욕탕은 천상 보배로 장엄하게 꾸며졌는데, 향기로운 물이 가득하여 8공덕을 온전히 갖추었고, 그 4방 변두리에서 미묘한 비단이 드리워졌으며, 8방의 시가지는 곳곳마다 장엄찬란하고 거기 사는 중생들은 모든 번뇌와 걱정하고 슬퍼하는 괴로움이 없으며, 또한 여인이 없고 보리에서 물러나지 않는 불퇴전의 자리에 저절로 올리어 미묘한 대승법을 아뢰니, 만약 중생이 그 소리를 듣는다면 위없는 보리에서 물러나지 않게 되느니라.

문수사리여, 그 부처님은 전생의 원력과 교묘한 방편으로써 원만 장엄한 불국토를 이룩하고 보리좌에 앉아 생각하시기를, "미래세의 모든 중생들은 탐·진·치에 얽힌 바 되고 갖은 병고에 시달리며, 원수가 기회를 노리고 혹은 잘못 죽음을 당하며, 그러한 악업으로 말미암아 응당 지옥에 떨어져 심한 괴로움을 받게 되리라" 하여 가엾이 여기시느니라.

이렇듯 그 부처님은 이러한 고해 중생을 내다보시고 그들의 업장을 제거하시기 위하여 신주(神呪)를 말씀하셨나니, 이는 그들로 하여금 받아 지녀서 현세에 큰 이익을 얻어 모든 괴로움을 모조리 여의고 보리에 머물도록 하고 있느니라.

"달질타 실제실제 소실제 모절이 목찰이 목제비목제 암말려비말려 망알예 히란야 아비갈라달나 아비살바알타 바단이 발라마알타 사단이말날세 마하말날세 알보제 알실보제 비다바예 소발니 발라함마 구사구발라함마 주사제살바 알제수 아발라시제 살발달라 아발라 저할제 절도쇄 슬발타구지바사제 납마사바 달타알다남 사바하."

그때 세존께서 위대한 힘과 한량없는 광명을 갖춘 이 신주를 말씀하시니 대중 가운데 있던 여러 보살과 4천왕·제석천·

범천 등이 찬탄하였다.

"거룩하고 거룩하십니다. 대자대비하신 세존이시여, 과거 부처님의 위대한 신력(神力)을 갖춘 신주를 능히 이와 같이 말씀하신 것은 한량없는 중생을 이롭게 하시어 번뇌의 바다를 마르게 하여 열반의 언덕에 오르게 하며, 온갖 병을 제거하고 소원을 모두 만족케 하시려는 자비시옵니다."

"만약 청신사·청신녀와 임금·왕자·왕후·대신·궁녀들이 진정으로 복덕을 희망하면서 이 신주에 대하여 믿고 공경심을 내어 독송하며, 혹은 남을 위하여 그 의미를 말하여 주고 모든 중생에게 자비심을 내며, 밤낮 여섯 차례로 향화 등촉으로 정성껏 공양하고 정결하게 목욕한 다음 8재계를 지키면서 지성껏 염송하면, 몹시 중하고 그지없는 업장이 다 소멸하여 현세에서 모든 번뇌가 여의고, 수명이 다하려 할 때 여러 부처님이 호념하시어 바로 그 국토에 가서 연꽃 속에 화생하게 되느니라.

또 문수사리여, 여기에서 동쪽으로 7항하사 수와 같은 많은 국토를 지나 한 세계가 있으니 이름은 무우(無憂)이고, 거기 부처님이 계시는데 이름이 무우최승길상(無憂最勝吉祥)여래다. 지금 그곳 대중을 위하여 설법을 하고 계시느니라.

그 부처님이 계시는 국토는 광대엄정하고 청정평탄하기가 손바닥과 같으며 모두 보배로 이루어졌는데, 반지럽고 보드라와 항시 향기가 풍기며 걱정하거나 괴로워하는 소리가 없고 모든 중생이 번뇌를 여의었으므로, 또한 악도나 여인의 이름마져 없고, 그 둘레가 금으로 꾸며진 목욕장이 곳곳에 마련되어 향기로운 물이 가득하며, 보배나무가 줄을 지었고 꽃과 과일이 무성하며, 미묘한 풍악이 저절로 울려옴이 마치 서방 극락세계 무량수(無量壽) 불국토의 공덕장엄과 같느니라.

문수사리여, 그 부처님은 보살도를 닦을 적에 네 가지 큰 서원을 세웠나니,

첫째는 내가 다음 세상에 보리를 증득할 때 만약 중생이 늘 걱정과 괴로움에 얽힌 바 되었다가도, 나의 이름을 듣고 진실한 마음으로 부르고 생각한다면, 그 힘으로 있었던 걱정과 슬픔과 모든 고뇌가 다 소멸하여 수명이 길고 편안하여 마침내 보리를 성취하고,

둘째는 중생이 많은 악업을 짓고 무간지옥에 떨어져 갖은 괴로움을 받게 되었더라도 그들이 전생에 나의 이름만 들었다면, 내가 바로 몸에서 광명을 발하여 괴로움 받는 중생을 비추어 줄 것이니, 그들이 그 광명을 보는 즉시에 있었던 업장이 모조리 소멸하여 모든 괴로움을 해탈하고 인·천에 나서 마음대로 안락을 누려 마침내 보리를 성취하며,

셋째는 중생이 살생과 도둑질과 삿된 음행 등 많은 악업을 지어 현세에서 칼과 몽둥이의 괴로움을 받고, 다음 생에는 응당 악도에 떨어지며, 가사 사람으로 태어날지라도 수명이 짧고 병이 많으며, 가난하고 천한 집에 나서 의복과 음식이 늘 모자라 춥고 덥고 굶주린 괴로움을 받으며, 몸에는 광채가 없고 가까운 권속들이 모두 어질지 못하여 불량할지라도 나의 이름을 듣고 진실한 마음으로 부르고 생각한다면, 그 힘으로 음식과 의복이 그 소원대로 만족하게 얻어지며, 모든 천상처럼 몸의 광채가 사랑스럽고 또한 좋은 권속을 얻어 마침내 보리를 성취하고,

넷째는 중생들이 흔히 야차 등 모든 악귀에 홀리어 정력을 빼앗기고 갖은 괴로움을 받다가도 나의 이름을 듣고 진실한 마음으로 부르고 생각한다면, 그 힘으로 모든 야차 귀신 등이 모조리 스러지고 흩어져 제각기 자비심을 내고 온갖 괴로움을 해탈하게 되어 마침내 보리를 성취한 것이니라.

문수사리여, 이것이 그 부처님이 세웠던 네 가지 서원이었느니라.

그런데, 만약 중생이 그 부처님들의 이름을 듣고 밤낮 여섯 차례 부르고 예배하며 진실한 마음으로 공경하면서 중생에게 자비심을 낸다면, 그 업장을 모두 소멸하고 걱정과 괴로움을

해탈하여 병도 없고 수명이 길며, 또한 숙명통을 얻고 그 불
국토에 가서 연꽃 속에 화생하여 항상 모든 천상의 호위를 받
게 되느니라.

또 문수사리여, 여기에서 동쪽으로 8항하사 수와 같은 많
은 국토를 지나 한 세계가 있으니, 이름은 법당(法幢)이고 거
기 부처님이 계신데 이름이 법해뇌음(法海雷音)여래로서 지금
설법하고 계시느니라.

문수사리여, 그 부처님이 계시는 국토는 청정하여 더러움
이 없고 지형이 평탄하고 파려로 이루어졌으며, 언제나 광명
이 비치고 향기가 충만하고 성곽은 제석천의 푸른 보배로 쌓
았고 8방의 거리는 금·은으로 깔렸으며, 누각과 전당은 대마
루와 창문·난간 등이 모두 다 여러 보배로 꾸며졌고, 천상의
향과 보배나무는 곳곳마다 줄을 지었으며, 그 나뭇가지에는
천상의 일산이 걸렸고, 또한 보배 방울이 곳곳에 드리워졌는
데, 미풍이 산들거리면 미묘한 소리가 울리면서 저절로 무상(
無常)·고(苦)·공(空)·무아(無我)의 법문을 하나니, 듣는 중생
은 욕계의 속박을 여의고 점차로 습기가 제거되어 자못 깊은
선정을 증득하게 되느니라.

또한 천상의 신묘한 향화는 어지러이 흩날리고 그 4방에
마련된 여덟 개의 목욕탕 밑바닥은 찬란한 금모래가 깔렸으
며 언제나 향기로운 물이 가득 차 있느니라.

문수사리여, 그 국토에는 모든 악도가 없고 또한 여인이 없으며 누구나가 연꽃 속에 화생하여 일체 번뇌가 없는데, 그 부처님이 보살도를 수행할 적에 네 가지 큰 서원을 세웠나니,

첫째는 내가 다음 세상에 보리를 증득할 때 만약 중생이 옳지 못한 소견을 가진 집안에 태어나서 삼보를 믿지 않고 위없는 보리심을 아주 여의었다가도, 나의 이름을 듣고 진실한 마음으로 부르고 생각한다면, 그 힘으로 무명(無明)과 사견이 소멸되고 3보에 대하여 깊고 바른 신심을 내며, 다시는 물러나지 않고 마침내 보리를 성취하고,

둘째는 중생이 변두리 땅에 태어나서 나쁜 벗을 가까이 함으로써 많은 죄업을 짓고 선업을 닦지 않으며, 일찍이 3보의 이름을 귀로 들어보지도 못하다가, 목숨을 마친 뒤에는 응당 3악도에 떨어질 그러한 모든 중생이 잠깐 동안이라도 나의 이름을 듣는다면, 그 힘으로 인해 업장을 소멸하고 선지식을 만나며, 악도에 떨어지지 않고 마침내 보리를 성취하며,

셋째는 중생이 의복·음식과 침구·의약 등 필요한 물건이 모두 모자라므로 말미암아 큰 걱정과 괴로움이 생기고 그를 욕구하기 위하여 여러 악업을 짓다가도 나의 이름을 듣고 마음으로 부르고 생각한다면, 그 힘으로 부족한 것이 모두 마음대로 얻어지고 마침내 보리를 성취하고,

넷째는 중생이 전생의 악업으로 인해 서로 다투어 이익되는 일을 하지 못하고 활이나 칼·몽둥이 등으로 서로 상해하다가, 나의 이름을 듣고 진실한 마음으로 부르고 생각한다면, 그 힘으로 제각기 자비심을 내어 서로 상해하지 않고 악한 생각이 오히려 나지 않는데, 하물며 다른 이의 목숨을 끊으려 하겠는가. 항상 기쁜 마음으로 남에게 베풀어주며, 마침내 보리를 성취하기 원한 것이니라.

만약 청신사·청신녀가 그 부처님의 이름을 듣고 진실한 마음으로 예배 공양하며 받아 지니고 생각하고 외운다면, 업장이 소멸하고 보리심에서 물러나지 아니하여 숙명통을 갖추며, 태어나는 곳마다 항시 부처님을 뵙고, 병없이 수명이 길며 목숨을 마친 뒤에는 그 불국토에 태어나서 의복·음식 등 생활 도구가 모두 생각대로 생기어 모자라는 바가 없으리라.

또 문수사리여, 여기에서 동쪽으로 9항하사 수와 같은 많은 국토를 지나서 한 세계가 있으니 이름은 선주보해(善住寶海)요, 거기 부처님의 이름은 법해승혜유희신통(法海勝慧遊戲神通)여래로 지금 설법을 하고 계시느니라.

문수사리여, 그 부처님은 보살도를 수행할 때 네 가지 큰 서원을 세웠나니,

첫째는 내가 다음 세상에 보리를 증득할 때 만약 중생이

여러 가지 악업을 지어 씨앗 뿌리고 밭갈이 하는 등 농사하는데 많은 생명을 상해하게 되고, 혹은 장사하는데 남을 속이며, 또는 싸움터에서 칼과 창으로 살해하기를 일삼다가도 나의 이름을 듣고 진실한 마음으로 부르고 생각한다면, 그 힘으로 살림 거리를 탐착하여 구하지 않아도 마음먹은 대로 만족하게 얻어지고, 항상 여러 선업을 닦아서 마침내 보리를 성취하고,

둘째는 중생이 10악죄업으로 인해 응당 지옥에 떨어지게 되었더라도 나의 이름을 듣고 진실한 마음으로 부르고 생각한다면, 10선업을 이루어 악도에 떨어지지 아니하고 마침내 보리를 성취하며,

셋째는 중생이 자유를 얻지 못하고 남에게 얽매이거나 혹은 칼과 수갑과 사슬의 구속과 매맞는 괴로움이나 심지어 극형을 당하게 되었다가도 나의 이름을 듣고 진실한 마음으로 부르고 생각한다면, 그 힘으로 있었던 고난을 모조리 해탈하여 마침내 보리를 성취하고,

넷째는 중생이 여러 악업을 짓고 3보를 믿지 않으며, 허망한 소견에 빠져 바른 이치에 어긋나면 삿된 무리를 좋아하여 부처님의 경전을 비방하며 성현의 말씀을 그르게 여기고 외도의 서적을 공경히 받들어 지니며, 스스로 남을 가르친다고

하나 도리어 함께 미혹만을 더하게 하여 응당 지옥에 떨어져 헤어날 기약이 없고, 가사 사람으로 태어날지라도 9난(難)의 처소에 나서 바른 도리를 아주 여의고 밝은 안목이 없게 된 이라도, 나의 이름을 듣고 진실한 마음으로 부르고 생각한다면, 그 공덕으로 인해 목숨이 다할 무렵에 불현듯 바른 생각이 솟아나서 온갖 고난을 해탈하고, 언제나 좋은 나라에 태어나 한량없는 안락을 누리며 마침내 보리를 성취하느니라.

또 문수사리여, 여기에서 동쪽으로 10항하사 수와 같은 많은 국토를 지나 한 세계가 있으니 이름은 정유리(淨琉璃)이고, 거기 부처님이 계시니 이름이 약사유리광(藥師琉璃光)여래이시니라.

문수사리여, 그 부처님이 처음 발심하여 보살도를 수행할 때 열두 가지 큰 서원을 세웠나니,

첫째는 내가 다음 세상에 보리를 증득할 때, 내 몸의 광명이 끝없이 넓은 세계를 비추고 또한 32상 80종호로써 몸을 장엄하되, 모든 중생들로 하여금 나와 똑같이 조금도 다름이 없게 하고,

둘째는 유리와 같은 몸은 안팎이 투명하고 광대한 광명은 모든 세계에 가득 차 장엄하고 빛나는 그물(網)은 해와 달보

다도 더 찬란하여 저 철위산 속의 깜깜한 데까지도 서로 볼 수 있어서 이 세계의 어두운 밤에도 나가 노닐 수 있고, 또한 모든 중생이 나의 광명을 보고는 모두 마음이 열려 온갖 일을 마음대로 할 수 있으며,

셋째는 한량없고 끝없는 지혜와 방편으로써 모든 중생으로 하여금 소용되는 물건을 모자람 없이 얻을 수 있고,

넷째는 다음 세상에 보리를 증득할 때 그릇된 길을 행하는 모든 중생에게는 바른 보리의 길을 가도록 하고, 만약 성문이나 독각의 교법을 행하는 이에게는 대승법 가운데 안주케 하며,

다섯째는 모든 중생이 나의 가르침 가운데서 청정하고 수행하여 아예 파계하지 않게 하고, 3업을 잘 다스려서 악도에 떨어질 어긋난 자가 없게 하며, 설사 파계를 하였을지라도 나의 이름을 듣고서 한결같은 정성으로 받아지니고 진실한 마음으로 잘못을 참회한다면, 바로 청정하게 되어 마침내 보리를 증득하고,

여섯째는 많은 중생이 갖가지 불구가 되어 추악하고 어리석고 눈멀고 말 못하거나, 또는 앉은뱅이·곱사등이·문둥병·미치광이 같은 갖은 병고에 시달리다가도, 나의 이름을 듣고

진실한 마음으로 부르고 생각한다면 누구나 단정한 몸을 얻고 모든 병이 소멸되며,

일곱째는 모든 중생이 가난 곤궁하여 의지할 데가 없고 온갖 병고에 시달려도 의약과 의사가 없을 때에 잠시라도 나의 이름을 듣는다면 온갖 질병이 소멸하고 권속이 번성하며 모든 재물이 흡족하여 몸과 마음이 안락하고 마침내 보리를 성취하고,

여덟째는 여인이 됨으로써 여러 가지 괴로움에 부대껴 몹시 싫증을 느끼고 여인 몸 버리기를 원한 이가 나의 이름을 듣고 진실한 마음으로 부르고 생각한다면, 바로 지금의 몸을 바꾸어 장부상을 갖춘 남자가 되어 마침내 보리를 성취하며,

아홉째는 모든 중생들로 하여금 마군이의 그물을 벗어나게 하고, 또한 갖가지 그릇된 견해의 무리들을 모두 포섭하여 바른 소견을 내게 하고, 점차로 모든 보살행을 닦아 익히도록 하여 마침내 보리를 성취하기 원한 것이고,

열째는 중생들이 국법에 저촉하여 감옥에 구금되고 목에 씌우는 칼과 사슬에 얽매어 매질이나 사형을 당하게 되고, 또 온갖 괴로운 일로 고뇌에 시달려 잠시도 편안할 겨를이 없다가도, 나의 이름을 듣는다면 나의 복덕과 위신력을 입어 일체 근심과

괴로움을 모두 해탈하고 마침내 보리를 성취하며,

열한째는 모든 중생이 굶주림에 시달려 먹을 것을 구하기 위하여 갖은 악업을 짓다가도, 나의 이름을 듣고 진실한 마음으로 부르고 생각한다면, 내가 마땅히 먼저 좋은 음식을 주어 마음껏 배부르게 하고, 다음에는 바로 법을 주어 안락하게 하여 마침내 보리를 성취하고,

열두째는 많은 중생들이 몸에 걸칠 의복이 없어 모기 등의 곤충과 추위와 더위에 시달리게 되었다가도, 나의 이름을 듣고 진실한 마음으로 부르고 생각한다면, 바로 그들이 바라는 대로 온갖 좋은 의복을 얻고 보배로운 장식품과 풍악과 향화가 모두 풍족하게 되어 일체 괴로움을 여의고 마침내 보리를 성취하기 원한 것이니라.

문수사리여, 약사유리광여래가 보살도를 닦을 적에 세웠던 큰 서원과 그 국토의 공덕과 장엄은 내가 지금 한 겁이나 또는 한 겁이 넘도록 말할지라도 능히 다하지 못하리라.
그 국토는 한결같이 청정하여 모든 욕심과 집착이 없고 또한 여인도 없고, 3악도에서 괴로워하는 중생의 아우성이 없으며, 정결한 유리로 땅이 되었고 성곽과 궁전과 모든 회랑과 창문, 그물 등이 모두 7보로 이루어져서 마치 서방 극락세계의 공덕장엄과 같느니라.

그리고 그 국토에는 두 보살이 있는데 한 분은 일광변조 (日光遍照)이고, 다른 이는 월광변조(月光遍照)인데, 한량없이 많은 보살들 가운데 우두머리가 되어 능히 그 부처님의 바른 법보(法寶)를 지녔느니라.

그러므로 문수사리여, 바르게 믿는 선남자·선여인은 마땅히 그 불세계에 나기를 원해야 하느니라.

또 문수사리여, 중생들은 선악을 가리지 못하고 다만 탐내고 아끼는 마음만 품어 남에게 베푸는 보시와 그 과보를 알지 못하며, 어리석고 지혜가 없어서 바른 도리를 믿는 마음이 없고 보배와 재물만 저축하여 애써 지키면서 구걸하러 오는 이를 보면 속으로 좋아하지 않고, 만약 할 수 없이 보시할 적에도 자기 몸의 살을 오리는 것처럼 여기어 못내 아까워 하느니라.

또한 그지없이 욕탐이 많은 중생은 재물을 쌓아놓고 자기도 쓰기를 아끼는데, 하물며 부모·처자와 하인과 구걸하러 오는 이들에게 베풀어 줄 수가 있겠는가.

그러한 모든 중생들이 목숨을 마친 뒤에는 응당 아귀나 축생으로 태어나게 되는 것이나, 일찍이 인간에게 약사유리광 여래의 이름을 들었다면, 비록 악도에 떨어졌을지라도 돌이켜 그 여래의 이름을 기억하게 되고, 그래서 곧 거기에서 죽어 인간에 태어나 숙명통을 얻으며, 악도의 괴로움을 무서워하여 쾌락을 좋아하지 않고 남에게 베풀어 주기를 즐기며, 또한 보시하는 이를 찬탄하여 모든 재물에 아끼는 마음이 없고, 심지어는 자기 머리나 눈과 손발, 피, 살까지도 요구하는 이에게 줄 수 있거늘 하물며 하찮은 재물이겠느냐.

또 문수사리여, 어느 중생들은 부처님께 귀의하여 여러 계율을 받고도 계율과 위의를 파하고 바른 견해를 무너뜨리며, 또는 계율과 바른 견해를 지니고도 법을 많이 듣기를 힘쓰지 아니하여 부처님이 말씀하신 경전의 깊은 이치를 능히 알지 못하며, 비록 많이 들었을지라도 교만한 마음을 품고 자기는 옳고 남은 그르다 하여 바른 법을 비방하고 마군이의 편이 되고 마느니라.

이 같은 어리석은 사람은 스스로 그릇된 견해로 행세할 뿐 아니라 다시 한량없는 백천 구지(俱胝)의 중생으로 하여금 모두 험악한 구덩이에 떨어지게 만드니라. 이러한 모든 중생은 반드시 3악도에 떨어질 것이나, 일찍이 약사유리광여래의 이름을 듣기라도 하였다면, 그 부처님이 본래 세우신 서원력으로 인해 지옥 가운데서도 그 부처님의 이름을 기억하게 되며, 그곳에서 수명이 다하면 도로 인간에 태어나 바른 견해로 정진하고, 모든 일을 선으로써 다스리기를 좋아하게 되느니라.

그래서 세속을 버리고 출가하여 불법 중에서 계율을 지녀 무너뜨림이 없으며, 바른 견해와 많은 지식으로 깊이 이치를 알아서 아만을 여의고 바른 법을 비방하지 않으며, 아예 마

군의 편이 되지 않고 점차로 모든 보살도를 닦고 마침내 보리
를 성취하게 되느니라.

또 문수사리여, 어느 중생들은 탐욕과 질투로 온갖 악업을
지어 자기를 칭찬하고 남을 비방하다가, 목숨을 마치면 응당
3악도에 떨어져 한량없는 오랜 세월 동안 갖가지 극심한 괴로
움을 받고, 그곳에서 수명이 다하면 인간에 태어나서 소·말·
낙타·노새 같은 짐승이 되어 늘 회초리를 맞으며, 굶주림은
마음에 사무치고 몸은 무거운 짐으로 그 괴로움이 극심하며,
만약 사람이 되더라도 아주 천하게 태어나서 항시 남의 부림
을 받아 자유롭지 못하게 될 것이나, 일찍이 인간 세상에서
약사유리광여래의 이름을 듣기라도 하였다면, 그 선근력으로
다시금 그 이름을 기억하여 지극한 마음으로 귀의하게 되고,
그 부처님의 위신력으로 온갖 괴로움을 해탈하게 되며, 기질
이 총명하고 슬기로워 배움이 많으며, 항상 수승한 법을 구하
고 언제나 선지식을 만나며, 마군의 원결을 말끔히 여의고 무
명의 껍데기를 깨뜨리며, 번뇌의 강물을 마르게 하고, 일체
생·노·병·사의 시름과 슬픔과 고뇌를 해탈하여 마침내 보리
를 성취하게 되느니라.

또한 문수사리여, 많은 중생은 어긋난 짓을 좋아하고 서
로 다투고 송사하여 자기와 남을 괴롭히며, 몸과 입과 뜻으
로 모든 악업을 지어 여러모로 이롭지 못한 짓을 하고, 서로

음해를 도모하여 산과 숲과 나무와 무덤 등 귀신에게 제사하며, 여러 중생을 죽여 그 피와 살로 야차나 나찰 등 귀신에게 제사하고, 원수진 이의 이름을 기록하거나 혹은 그의 형상을 흉악한 주술로 저주하여 가위눌림과 방자와 혹은 주문으로 시체를 일으켜 상대를 까무러치게 하는 짓 등으로 그의 목숨을 끊거나 그의 몸을 무너뜨리게 하느니라.

그러나 이러한 모든 중생들도 만약 약사유리광여래의 이름을 듣게 된다면, 그 모든 나쁜 인연들이 능히 침해하지 못하고 일체 모두가 도리어 자비심을 내며, 서로 이롭고 안락하게 하여 괴롭히려는 뜻과 유감된 마음이 사라져서, 자신이 하는 일에 매양 기쁨과 만족을 느끼게 되느니라.

또한 문수사리여, 만약 4부대중인 비구·비구니와 우바새·우바이와 기타 청신사·청신녀가 능히 8재계를 받아 지니되, 1년이나 혹은 석달 동안 계율을 받아지니고, 이 선근으로 저 서방 극락세계에 태어나서 무량수 부처님을 뵈옵기 원하고 약사유리광여래의 이름을 듣게 된다면, 목숨을 마칠 무렵에 8대보살이 신통을 나투어 그의 갈 곳을 지시하나니, 바로 극락세계에 가서 온갖 빛깔의 보배 연꽃 속에 저절로 화생하게 되느니라.

또한 이러한 인연으로 천상에 나기도 하는데, 비록 천상에

날지라도 전생의 선근이 끊임이 없어서 다시는 모든 악도에 태어나지 않게 되고, 천상의 수명이 다하면 도로 인간에 태어나 혹은 전륜왕이 되어 4대주(大洲)를 통할하여 그 위덕이 자재하고 교화가 한량이 없어서 많은 중생으로 하여금 10선업을 닦게 하느니라.

그리고 혹은 찰제리나 바라문이나 거사 같은 귀족으로 태어나 보물이 풍족하고 창고가 가득하며, 얼굴이 단정하고 권속이 번성하며 기질이 총명하여 슬기롭고 건장용맹하여 몸에 위대한 힘을 지니게 되느니라.

또한 만약 여인일지라도 약사유리광여래의 이름을 듣고 진실한 마음으로 받아 지닌다면, 다음 세상에 다시는 여인의 몸을 받지 않느니라.

또 문수사리여, 그 약사유리광여래는 보리를 증득할 때 본래 세웠던 원력으로 인해 모든 중생이 시름시름 마르는 병이나, 학질·소갈병(消渴病)·황달·열병 등 온갖 병고에 걸렸거나, 혹은 단명횡사하거나 하는 것을 관찰하시고, 그들로 하여금 병고가 소멸하고 소원이 원만하도록 하셨느니라.

그런데 약사유리광여래께서 일체중생을 관하고 업장을 소멸하는 삼마지에 들어가 정수리의 살 상투로부터 큰 광명이 나서 그 광명으로부터 위대한 다라니(神呪)를 설하셨느니라.

"나모 바가벌제 비살사구로 폐루리발라바 갈라사야 달타아다야

아라헐제 삼막삼발타야 달질타옴 비살서 비살서 비살사 삼몰아

제 사바하."

그때 약사유리광여래께서 광명 가운데 이 신주를 설하시자,
대지는 온통 진동하였고 다시 큰 광명을 발하여 일체 중생의
병고를 모두 제거하고 안락을 얻도록 하셨느니라.

문수사리여, 어느 누구도 만약 병고에 시달리는 남자나 여
자를 보았을 때 마땅히 한결같은 마음으로 그 병든 이를 위
하여 깨끗이 목욕하고 양치질한 다음 음식이나 혹은 약이나
벌레 없는 물을 향하여 이 신주를 백여덟 번 외우고 그에게
주어 복용케 하면 있었던 병고가 모두 소멸하게 되느니라.

만약 소원이 있어서 진실한 마음으로 염송하면 모두 뜻대
로 이루어지며, 병 없이 수명을 늘이고 목숨을 마친 뒤에는
저 세계에 태어나서 물러나지 않는 경계를 얻고 마침내 보리
를 성취하게 되느니라.

그러므로 문수사리여, 만약 어떤 남자나 여인이 저 약사유
리광여래께 진실한 마음으로 정성껏 공경하려면 언제나 이
신주를 간직하고 잊어버리지 말아야 하느니라.

또한 문수사리여, 만약 선남자 선여인이 위에서 말한 바 7
불여래의 이름을 듣고 외우고 지니며, 새벽에는 칫솔로 양치
질하고 목욕한 다음 갖은 향기로운 꽃과 말향·소향·도향과

온갖 풍악을 준비하여 그 부처님의 형상에서 공양하며, 이 경전을 자기가 베끼거나 혹은 남을 시켜 베껴서 한결같은 마음으로 받아지니고 그 이치를 들으며, 또한 이 경전을 설하는 법사에게도 마땅히 공양하되 필요한 일체 살림도구를 다 보시하여 모자람이 없도록 한다면, 바로 여러 부처님의 호념을 입어 소원이 원만히 이루어지고, 마침내 보리를 성취하게 되느니라."

그때 문수사리는 부처님께 사뢰어 말하였다.

"세존이시여, 제가 다음 말법 세상에 맹세코 갖은 방편으로 모든 청신사·청신녀로 하여금 7불 여래의 이름을 듣게 하오며, 심지어 잠결에라도 그 부처님의 이름을 들려주어 깨닫게 하겠나이다.

세존이시여, 제가 이 경전을 받아 지니고 읽어 외우며 또한 다시 남에게도 밝혀 설하여 주겠사오며, 자신이 베끼거나 또는 남을 시켜 베껴서 공경 존중하되 갖가지 향기로운 꽃과 바르는 도향과 가루향 태우는 소향이며, 꽃다발·영락·번기(幡旗)·일산이나 풍악 등으로 공양하옵고, 5색의 비단 주머니에 넣어서 정결한 곳에 마련된 높은 자리에 모시겠사오며, 그래서 4천왕 및 그 권속과 한량없는 백천의 천신들과 함께 그곳에 나아가 공양하고 수호하겠사옵니다.

세존이시여, 만약 이 보배로운 경전이 유포된 곳이나 받아 지닌 자라면 저 7불 여래께서 본래 세우신 서원 공덕과 그 부처님의 명호와 위신력을 들었기 때문에 응당 그러한 이에게는 잘못 죽는 이가 없고, 또한 모든 흉악한 귀신에게 정력을 빼앗기지도 않으며, 만약 빼앗겼을지라도 이내 전과 같이 되어 몸과 마음이 편안하고 즐거울 것이옵니다."

부처님께서 문수사리에게 말씀하셨다.

"과연 그러하도다. 그대의 말과 같도다. 문수사리여, 만약 청신사·청신녀가 7불 여래를 공양하려면, 마땅히 먼저 일곱 부처님의 형상을 정성껏 조성하여 정결하고 좋은 자리에 모시고, 꽃을 뿌리며 향을 사르고 여러 가지 당번으로 그 자리를 장엄한 다음, 7일 7야 동안 8재계를 지니고 깨끗한 음식을 먹어야 하며, 목욕하고 정결한 새 옷을 입으며 마음에 번뇌를 없애고, 또한 남을 해롭게 하는 성냄을 없이 하여 매양 모든 중생에게 이익되고 안락하고 자비·희사·평등한 마음을 일으키며, 풍악과 노래로 그 부처님의 공덕을 찬탄하고 부처님 형상을 바른쪽으로 돌면서 그 부처님께서 본래 세웠던 서원을 생각하며, 이 경전을 독송하고 그 이치를 깊이 되새기며 남에게도 일러준다면, 그의 소원에 따라 긴 수명을 원하면 장수하게 되고, 재물을 구하면 부자가 되고, 벼슬을 구하면 벼슬을 얻고, 아들딸을 구하면 자식을 얻어 원하는 바에 따라 모두가 이루어지느니라.

또 어떤 사람이 나쁜 꿈을 꾸고 나쁜 형상을 보면, 혹은 괴상한 새들이 모여들고, 집안에 온갖 요괴스러운 것이 나타났을 때에도 좋은 공양거리로 그 7불 여래 부처님께 공경 공양한다면 나쁜 꿈과 굿은 형상 등 상서롭지 못한 것들이 모조리 없어져서 능히 괴롭히지 못하느니라.

또한 수재·화재·칼·독약이나 높은 절벽과 험악한 길에서 사나운 코끼리·사자·범·이리·곰·독사·살무사·지네 같은 것들에게 공포를 당하였을 때에도 능히 지극한 마음으로 그 부처님을 생각하면서 공경 공양하면 일체 공포를 모두 해탈하게 되며, 만일 다른 나라의 침범을 당하거나 도적이 반란을 일으켰을 때에도 그 부처님을 생각하고 공양하면, 맺혔던 원수가 모두 물러나고 흩어지게 되느니라.

또한 문수사리여, 만약 청신사·청신녀가 그 목숨이 다할 때까지 귀신 등을 섬기지 않고 오로지 3보에 귀의하여 계율을 받아지니되 5계 10계 보살의 10중 48계와 비구의 250계 등을 지키는 중에 어쩌다가 계율을 범하여 악도에 떨어질 것을 두려워할 때에도, 능히 그 부처님의 이름을 한결같이 생각하고 공경 공양하면, 반드시 3악도 가운데 떨어지지 않느니라.

혹은 여인이 아이를 낳을 때에 심한 고통을 받다가도 능히 진실한 마음으로 7불 여래의 이름을 부르고 예찬하며 공경 공양한다면 온갖 고통이 모두 사라지며, 낳은 아들의 얼굴이 단정하여 보는 이가 기뻐하고 근기가 예리하고 총명하며, 병

없이 안락하고 비인(非人)에게 그 정기를 빼앗기는 일이 없으리라."

그때 세존께서는 아난에게 말씀하셨다.

"내가 찬양한 그 7불 여래의 명호와 공덕은 모든 부처님의 매우 깊은 경계인지라 이루 알기 어렵나니, 너는 의혹을 품지 말라."

세존이시여, 저는 여래께서 말씀하신 경전의 깊은 이치에 의심을 품지 않사옵니다. 왜냐하면 일체 여래는 몸과 입과 뜻의 모든 업이 추호도 허망하지 않으시기 때문입니다.

세존이시여, 만약 저 해와 달을 떨어뜨릴 수 있고 수미산도 움직일 수 있을지라도, 모든 부처님의 말씀은 어디까지나 진실 평등하며 그릇됨이 없사옵니다.

세존이시여, 그러하오나 모든 중생은 신근(信根)을 갖추지 못하여 여러 부처님의 지극히 깊은 경계에 관한 말씀을 듣고도 이렇게 생각하옵니다.

'어찌하여 다만 7불 여래의 이름만 생각할 것이며, 또한 그것만으로 그러한 훌륭한 공덕과 이익을 얻는다고 하시나이까.'

이러하옵기에 믿지 않고 곧 비방하옵나니, 그래서 덧없는 한 세상에 큰 이로움과 즐거움을 잃고서 모든 악도에 떨어지고 마는 것이옵니다."

"그러한 모든 중생들도 만약 7불 여래의 이름이라도 들었다면 악도에 떨어질 리가 만무하니라. 그러나 이미 결정된 업보로써 도저히 변동할 수 없는 이만은 예외이니라. 아난아, 이는 모든 부처님의 매우 깊은 경계여서 이루 믿기도 알기도 어렵나니, 그대는 마땅히 믿고 받들어 이것이 모두 여래의 위신력인 줄을 알아야 하느니라.

아난아, 이는 일체 성문이나 독각으로서는 능히 알 수가 없으며, 다만 일생만 지내면 성불할 보처 보살만이 알 수 있는 경계이니라. 사람의 몸은 얻기도 어렵고 또한 3보를 믿고 존중히 받들기도 어렵지마는 7불 여래 부처님의 이름을 듣기는 그보다 더 어렵느니라. 그 7불 여래 부처님은 한량없는 보살행과 그지없는 미묘한 방편과 또한 헤아릴 수 없는 광대한 서원을 가졌나니, 이러한 행과 서원과 미묘한 방편은 내가 지금 한 겁이나 또는 한 겁이 더 지나도록 말하더라도 능히 다하지 못할 것이니라."

그때 대중 가운데 구탈(救脫)보살이 있다가 곧 자리에서 일어나 말하였다.

"세존이시여, 이 다음 상법(像法) 세상에 만약 중생들이 갖은 병고에 시달려 몸이 여의고 음식을 먹지 못하여 목구멍과 입술이 마르고 시력이 아주 어두워 죽을 상이 앞에 나타난다면, 부모·권속과 친지들이 슬퍼하고 울면서 둘러앉을 것이며, 자신은 그 자리에 누웠어도 염라왕의 사자가 그의 신식(神識)을 이끌어 그 처소로 가려는 것이 보일 것이옵니다. 모든 중생은 그 생과 더불어 모두 신식이 있으므로 그가 지은 바 선악업에 따라 그 신식이 빠짐없이 기록하여 염라왕에게 바치면, 왕은 바로 법에 의거하여 그들의 소행을 묻고 죄와 복을 따라 처단할 것이옵니다.

만일 그 무렵에 그의 권속이나 친지들이 그를 위하여 7불 여래께 귀의하여 갖가지로 장엄하고 공양한다면, 그의 신식이 7일이나 혹은 14일 또는 49일을 지나서 마치 꿈속에서 깨어난 것처럼 본래 정신이 돌아와서 저절로 착하고 착하지 못한 업에 따라 얻어진 과보를 분명히 기억하게 될 것이옵고, 그 업보가 헛되고 헛되지 않는 것을 스스로 증명할 것이오며, 그래서 목숨이 어렵게 될 지경에도 악을 짓지 않을 것이옵니다.

그러므로 모든 청신사·청신녀는 마땅히 7불 여래 부처님의 명호를 받아 지니고, 그 힘과 능력에 따라 공경공양해야 할 것이옵니다."

그때 아난이 구탈 보살에게 물었다.

"선남자여, 7불 여래를 공경 공양하려면 어떻게 하여야 합니까?"

"대덕이여, 만약 병든 이나 기타 모든 재앙을 만난 이를 구제하려면, 마땅히 그를 위하여 7일 7야 동안 8재계를 지키고, 그 힘에 따라 음식과 여러 가지 공양거리로 부처님과 스님네에게 공양하고, 밤낮 여섯 차례를 7불 여래 부처님께 공손히 예배하면서 이 경전을 마흔아홉 번 외우고 마흔아홉 개의 등을 켜놓되, 그 부처님의 형상 일곱 위(位)를 만들고 낱낱의 형상 앞에 각기 일곱 개의 등을 켜도록 하는데, 그 일곱 등의 모양이 마치 수레바퀴처럼 둥그렇게 49일이 되도록 그 광명이 꺼지지 않게 하며, 또한 갖가지 비단으로 만든 번기 49폭과 아울러 마흔아홉 자가 되는 길다란 한 폭을 만들어 놓고, 마흔아홉 수의 생명을 놓아준다면, 곧 모든 재난을 여의고 일체 횡액과 악귀의 침해를 받지 않을 것입니다.

아난이여, 이것이 7불 여래를 공양하는 법식인데 만약 7불 여래 가운데 한 부처님만이라도 그 이름을 부르고 공양해도 한량없는 공덕을 얻고 소원이 원만할 것인데, 하물며 능히 일곱 부처님을 다 법식대로 공양함에 있어서야 더 말할 것 있겠습니까.

또한 임금이나 왕족 등 지배계급도 재난을 만나는 때가 있나니, 그것은 백성들이 전염병에 걸리는 재난과, 다른 나라가 침범하는 재난, 자기 나라에서 역적이 모반하는 재난, 별들이 괴변을 나타내는 재난, 해와 달이 희미해지고 이지러지는 재난, 폭풍우의 재난 등을 말합니다.

이러한 때에 왕족 등 지배 계급이나 임금이 일체 중생에게 자비심을 내고 특사를 내려 감옥에서 고생하는 모든 중생을 해방시키며, 위에서 말한 법식대로 7불 여래를 공양한다면, 이 선근과 부처님들과의 본원력으로 바로 나라가 평온하게 되고, 비바람이 순조로워서 농사가 풍작이 되며, 온 나라 중생이 병 없이 안락하고, 또한 포악한 야차 등 귀신들의 요란함이 없이 일체 나쁜 현상이 모두 사라지며, 왕족 등 지배계급이나 임금도 다 수명과 기력이 더하여 병 없이 자재할 것입니다.

　대덕 아난이여, 만약 임금·왕후·공주·태자·대신·궁녀·관리·백성들이 병고와 여러 재난을 만났을 적에도, 또한 마땅히 7불 여래의 형상을 만들어 모시고, 이 경전을 외우며, 등불을 켜놓고 번기를 만들어 장엄하며, 많은 생명을 방생하고 지성껏 공양하면서 향을 피우고 꽃을 뿌린다면, 바로 병고가 소멸하고 모든 재난을 해탈할 것입니다.”

　“선남자여, 어찌하여 이미 다하려는 생명을 늘린다고 합니까?”
　“대덕이여, 당신은 어찌 하여 부처님께서 말씀하신 아홉 가지 횡사(橫死)를 듣지 못하였습니까. 그러므로 세존께서는 주문이나 의약으로써 그 형편에 따라 치료하는 것과 등불을 켜거나 번기를 만들어 놓고 모든 복업을 닦는 것을 말씀하셨나니, 그러한 복을 닦기 때문에 수명을 연장하게 되는 것입니다.”

　“아홉 가지 횡사는 무엇입니까?”
　“그 하나는 어떤 중생이 비록 가벼운 병을 얻었을지라도 의약과 간호하는 이가 없다거나, 만약 의원을 만났을지라도 미처 약을 쓰지 못하여 죽지 않을 것을 죽게 된다거나, 또는 세간의 사마 외도의 요사스런 스승이 망녕되게 지껄이는 화복설(禍福說)을 믿고 문득 겁에 질려 마음을 바로 가누지 못하고, 길흉을 점쳐본 다음 여러 생명을 살해하여 신에게 고사하고 재난을 풀어주기를 요구하며, 도깨비 같은 것을 불러들여 복을 청하고 은혜를 빌며 수명을 늘이려 하나, 얻지 못한 채 미혹하고 뒤바뀐 소견으로 결국 잘못 죽어 지옥에 떨어져서 벗어날 기약이 없는 것이오,

그 둘은 국법에 잘못 걸려 죽음을 당하는 것이오,

그 셋은 사망(邪妄)하고 놀음놀이하고 여색을 좋아하고 술을 즐겨하여 거침없이 방탕하다가 잘못하여 비인(非人)에게 그 정기를 빼앗기는 것이오,

그 넷은 잘못하여 불에 타서 죽는 것이오,

그 다섯은 잘못하여 물에 빠져 죽는 것이오,

그 여섯은 잘못하여 사나운 짐승에게 잡아먹히는 것이오,

그 일곱은 잘못하여 높은 언덕에서 떨어져 죽는 것이오,

그 여덟은 독약이나 가위 눌림, 저주, 까무러치는 것 등에 잘못 걸려 죽는 것이오,

그 아홉은 배고프고 목마름에 시달려도 음식을 먹지 못하여 잘못 죽는 것 등입니다.

이것이 아홉 가지 잘못 죽는 것이며, 또 그 밖에도 잘못 죽는 것이 한량없이 많으나 이루 다 말하기 어렵습니다.

또한 아난이여, 염라왕이 세간 중생의 명부를 기록하고 있나니, 만약 중생이 효도하지 않고 5역죄를 저지르며 3보를 비방하여 욕하거나, 임금과 신하의 법도를 무너뜨리고 계율을

깨뜨린다면, 염라왕이 죄의 경중을 따라 이를 고문하여 형벌을 주는 것입니다.

그러므로 내가 지금 여러 중생에게 권하여 등불을 켜고 번기를 만들며 많은 중생을 방생하고 복을 닦도록 하는 것은 그들이 고난을 벗어나고, 여러 가지 재난을 나지 않게 하려는 것입니다.

그때 대중 가운데 12야차 대장들이 자리를 같이 하고 있었는데, 그 이름은 궁비라·발절라·미기라·알이라·말이라·사이라·인다라·바이라·부호라·진달라·주드라·바갈라 대장들이었다.

이 12야차 대장에게는 각기 7천 야차가 딸려 그 권속이 되었는데 일시에 소리를 내어 부처님께 사뢰었다.

"세존이시여, 이제 저희들은 부처님의 위신력을 입어 7불 여래 부처님의 이름을 듣잡고 모든 악도에서도 다시는 공포감을 없애겠사오며, 저희들은 서로 마음을 한결같이 하여 몸이 다할 때까지 삼보에 귀의하옵고, 맹세코 일체 중생에 대한 책임을 져서 그들이 이롭고 풍족하고 안락하도록 보호하겠사오며, 도시나 시골이나 그윽한 숲속 등 어느 곳에든지 이 경전을 널리 퍼뜨려 독송하도록 하겠사옵고, 혹은 7불 여래의 이름을 받아 지니고 공경 공양하는 이는 저희들 권속이 그를 호위하여 모든 화난에서 벗어나 소원이 모두 만족하도록 하겠사오며, 혹은 병고나 악운에 시달려 벗어나기를 바라는 이가 있다면 마땅히 그들로 하여금 이 경전을 독송하되, 5색실로 저희들의 이름을 맺어 두었다가 소원을 이룬 뒤에 그 맺은 것을 풀도록 하겠사옵니다."

"기특하고 기특하다. 야차 대장들이여, 그대들은 마땅히 7불 여래의 은덕에 보답하기를 명심하여 항상 이와 같이 일체 중생을 이롭고 안락하게 하도록 노력하여라."

그때 모임 가운데 있던 많은 천상 무리들은 그 지혜가 모자라기 때문에 이런 생각을 하였다.

"어찌하여 저 항하사와 같이 많은 불국토를 지나서 멀리 계시는 7불 여래의 이름을 잠깐 동안 듣는 그것이 바로 한량없는 수승한 공덕을 얻는다고 하는가."

이에 석가모니 부처님께서는 모든 천상무리들의 속셈을 환히 살피시고, 이내 일체 여래를 일깨워 초청하는 심심미묘한 선정에 드셨다.

잠시 선정에 드시자 모든 삼천대천세계가 여섯 가지로 진동하고 천상의 신묘한 꽃과 향가루가 비오듯 쏟아졌다.

그때 저 7불 여래는 이와 같은 광경을 보시고 각기 그 세계로부터 사바세계에 이르시어 석가여래 부처님과 서로 인사를 하시었다.

이에 7불 여래께서는 과거 세상의 원력으로 인해 각기 천상의 보배로 장엄한 사자좌에 편안히 앉으시어 여러 보살과 천신·용 등 8부 신중들과 사람 및 비인과 임금·왕자며 왕후·

공주들과 여러 대신·바라문·장자·거사들에게 앞뒤로 둘러싸여 설법하고 계시는 것이었다.

그때 모든 천상 무리들은 저 7불 여래 부처님께서 구름 모이듯 하셨음을 보고, 참으로 희유하다는 생각이 들어 바로 그들은 의심을 풀었다.

그래서 모든 대중은 일찍이 없었던 일이라 찬탄하면서 한결같이 찬양하였다.

"거룩하고 거룩하사이다. 석가여래 부처님이시여. 저희들을 이롭게 하시고 의혹을 풀어주시기 위하사 저 7불 여래를 이곳에 오시도록 하셨사옵니다."

그리고 모든 대중은 제각기 그 능력에 따라 신묘한 향화(香華)와 찬란한 여러 가지 영락과 모든 천상 풍악을 가지고 부처님들께 공양하고 바른 쪽으로 일곱번 돌며 합장 공경 예배하고 나서 찬탄하였다.

"희유하고 희유하옵니다. 모든 부처님의 한없이 깊은 경계는 이루 생각할 수도 없는 불가사의한 경계시옵니다. 이는 본래의 원력과 교묘하신 방편으로 인해 이와 같이 신기한 현상을 나투시었사옵니다."

이에 대중들은 제각기 서원을 세웠다.

"모든 중생이 한결같이 이처럼 부처님의 수승한 선정을 얻기를 원하옵니다."

그때 문수사리가 곧 자리에서 일어나 말씀하였다.

"거룩하고 거룩하십니다. 부처님의 선정력은 불가사의하며 본래 세우신 원력과 교묘하신 방편으로 중생을 성취케 하시옵니다.

원컨대 위대한 힘을 지닌 신주를 설하시어, 다음 세상 박복 중생들이 병고에 시달리거나, 해와 달과 별들의 재난을 당하거나, 전염병과 원수를 만난이나 험악한 길에 다니다가 공포와 고난을 당한 이들로 하여금 의지하여 편안함을 얻게 하옵소서.

그리고 모든 중생이 그 신주를 자기가 쓰거나 남을 시켜 써 받아 지니고 읽어 외우며 또는 널리 남을 위하여 일러준다면, 항상 모든 부처님의 호념을 입겠사옵고, 또한 부처님께서 친히 그 모습을 나투시어 소원을 만족케 하실 것이오며, 그리하여 중생들이 악도에 떨어지지 않고 잘못 죽는 일도 없겠사옵니다."

이에 부처님께서는 문수사리를 칭찬하였다.

"갸륵하고 갸륵하다. 이는 우리의 위신력으로 그대로 하여금 중생을 불쌍히 여기어 모든 고난을 여읠 신주를 설하여 줄 것을 청하도록 하였으니, 그대는 착실히 듣고 잘 생각하고 기억하여라. 우리가 이제 마땅히 설하여 주겠노라.

문수사리여, 위대한 신주가 있어 그 이름을 '여래정력유리광(如來定力瑠璃光)'이라 하나니, 누구나 이를 쓰고 독송하고 공경하며 모든 중생에게 불쌍히 여기는 마음을 일으킨다면, 그 소원이 모두 만족하게 이루어지고, 여러 부처님이 몸을 나투어 호념하시며, 온갖 업장과 고뇌를 여의고 반드시 불세계에 태어나게 되느니라.

그때 7불 여래가 똑같은 음성으로 신주를 설하셨다.

"달질타 구미구미 예니미니히 말저말저 삽다달타 아다삼마지 알제슬치제 제말제 파예 파피수단이 살바파피나세야 발제발도 올답미 오미구미 불탁기달라 발리수단이 담미녜담미 미로미로 미로시걸려 살바가라밀율도 니바라이 발제소발제 불타알제 슬타니나 갈락차도미 살바제바 삼미알삼미삼만나 한란도미 살바붙타 보리살타 점미점미 발라점만도미 살바이저 오파달바 살바비하대야 살바살타 난자보란니 보란니 보란야미 살바아사 폐유리야 발라저바세 살바파피 차양갈려 사바하."

그때 7불 여래가 이 신주를 설하시자 광명이 두루 비치고 온 대지가 진동하였으며, 갖가지 신통 변화가 일시에 모두 나타났었다.

이에 모든 대중은 이런 일을 본 다음 제각기 능력에 따라 천상의 향화와 바르는 향과 가루향 등을 가지고 부처님들께 받들어 올리고, 모두 소리를 함께 하여 '거룩하다'고 찬탄하면서 바른 쪽으로 일곱 번 돌았다.

그때 부처님들께서 같은 음성으로 소리를 높여 말하였다.

"그대들 모든 인·천 대중은 마땅히 이렇게 알아야 하느니라.

만약 선남자·선여인이나 임금·왕후·왕자나 대신이나 관리들이 이 신주를 받아지니고 읽어 외우며, 남에게도 말하여 들려주고 신묘한 향화로 경전에 공양하되, 새옷을 갈아 입고 깨끗한 처소에서 8재계를 지키며, 언제나 모든 중생에게 자비심을 내면서 정성껏 공양하면 한량없는 복을 얻을 것이니라.

또한 어떤 사람이 기도를 올릴 때에는 마땅히 7불 여래의 형상을 조성하여 정결한 처소에 모시고, 여러 가지 향화·당번과 일산과 좋은 음식과 온갖 풍악을 가지고 공양하며, 아울러 보살들과 여러 천신을 공양하고 불상 앞에 단정히 앉아 신주를 외우되, 이레 동안 8재계를 지키면서 천 여덟 번 외우면 여러 불 보살들이 모두 호념하시고, 또한 집금강 보살과 제석천·범천과 4천왕들도 와서 그 사람을 옹호하여, 5무간죄와 일체 업장이 다 소멸하며 병없이 수명을 늘이고, 또한 잘못 죽는 일과, 모든 전염병과, 다른 지방의 도적이 와서 경계를 침범하려는 것과, 다투고 전쟁하는 것과, 송사하고 원수지는 것과, 배고프고 흉년드는 것과, 가물고 장마지는 것 등 일체 화난이 모조리 제거되어 그 모두가 마치 부모처럼 자비한 마음을 내게 되며, 원하던 바가 뜻대로 되지 않음이 없을 것이니라."

그때 집금강 보살과 제석천·범천과 4천왕이 자리에서 일어나 부처님께 예배하고 사뢰었다.

"세존이시여, 저희들 대중이 여러 부처님의 본래 원력과 수승하신 공력을 들었사옵고, 또한 여러 부처님의 자비가 이와 같이 극진하시어 저희들 대중으로 하여금 지성껏 공양을 올리도록 깨우쳐주심을 받들어 뵈었습니다.

세존이시여, 만약 어떤 곳에 이 경전과 7불 여래 부처님의 이름과 다라니를 널리 퍼뜨리며 공양하거나 또는 쓰면, 저희들이 모두 부처님의 위신력을 받들고 바로 그곳에 나아가서 그들을 옹호하되 그들이 온갖 괴로움과 모든 병고에 시달리지 아니하여 언제나 편안하고 재물과 의식이 풍족하도록 하여 부처님의 깊은 은혜에 보답하고자 합니다.

세존이시여, 저희들이 직접 부처님 앞에서 이렇게 서원을 세웠사오니, 만약 청신사·청신녀로 저희들을 생각하는 이는 마땅히 다음 신주를 외우도록 하옵소서.

"달질타 요구마구 달라구 마마구구쇄 가호갑 말라말라말라 긴 수쇄포쇄 사바하."

또 청신사·청신녀나 임금·왕자나 대신·고나리나 왕후·궁녀들이 7불 여래의 이름과, 이 신주를 외우며 베껴 독송하고 공경 공양하면, 누구나 다 현세에 병 없이 수명이 길며, 온갖 괴로움을 여의고 3악도에 떨어지지 않을 것이며, 물러나지 않는 불퇴전의 자리에 이르고, 마침내 보리를 성취할 것입니다.

그리고 저 7불 여래 불세계에 마음대로 태어나서 항상 여러 부처님을 뵈올 것이며, 숙명통을 얻고 정념(正念)과 정정(正定) 총지(摠持)를 모두 원만히 갖추게 될 것입니다.

또한 귀신의 시달림이나 학질 같은 병을 앓을 적에도 이 신주를 써서 팔뚝에 매어 두었다가 병이 나은 뒤에는 청정한 곳에 두도록 해야 할 것입니다."

그때 집금강 보살은 7여래 앞에 나아가 바른 쪽으로 세번 돌고 낱낱이 공경 예배한 다음 사뢰어 말하였다.

"부처님이시여, 원컨대 자비를 베푸시어 저를 호념하여 주옵소서. 지금 저는 다음 세상에 이 경전을 지니는 선남자나 선여인을 이롭게 하기 위하여 다시 다라니를 설하겠나이다."

하고, 바로 신주를 설하였다.

"남마삽다남 삼막삼붇타남 남마살바발절라 달라남 단질타옴 발절쇄발절쇄 막하 발절쇄발절라파사 타라이삼마 삼마 삼만나 아발라저 알다발절쇄 점마점마 발라점만도미 살바하대야 구로구로 살바갈마 아대라나 이차야 삼마야 말노삼말라 부가반발절라 파이살바사미발리보라야 사바하."

그리고 서원하였다.

또 부처님이시여, 어떤 사람이 7불 여래 이름을 지니고 부처님의 본래 원력과 공덕을 생각하며, 아울러 이 신주를 지니고 독송 연설한다면, 제가 그 사람으로 하여금 소원이 만족하여 모자람이 없도록 하겠습니다.

또 만약 저에게 미래의 선과 악을 묻고자 하는 이가 있다면, 마땅히 이 경전을 베끼고 7불의 형상과 집금강의 형상을 만들되, 그 형상에는 낱낱이 불사리를 모시도록 한 다음, 그 형상 앞에는 위에서 말한 바와 같이 온갖 것으로 공양 예배하고 부처님의 둘레를 돌며, 모든 중생에게 자비심을 내고 8재계를 지키면서 날마다 세 때로 정결히 목욕하고 세 때로 옷을 갈아 입으며, 그 달 초 여드렛 날로부터 보름날에 이르도록 7일 동안 날마다 이 신주를 108번씩 외워 산란한 마음이 없다면, 제가 스스로 꿈속에 현몽하여 함께 말하여 주고 그가 요구하는 대로 모두 만족케 하여 주겠나이다."

그때 수많은 대중 가운데 있던 여러 보살들이 모두 함께 칭찬하였다.

"갸륵하고 갸륵하오. 집금강이여, 불가사의한 다라니를 참으로 잘 말씀하였습니다."

이에 7불 여래께서 말씀하셨다.

"그대가 설한 바 일체 중생을 이롭게 하기 위한 이 신주를 옹호하여 모두 다 안락함을 얻도록 하고, 소원이 원만히 이루어지게 할 것이며, 또한 이 신주가 세상에서 없어지지 않도록 호념할 것이니라.

그리고 다시 7불 여래는 모든 보살과 제석 범천과 4천왕들에게 당부하였다.

"우리가 지금 이 신주와 경전을 그대들에게 부탁하여 맡기노니, 이다음 5백년을 지나서 불법이 없어지려고 할 무렵에, 그대들은 마땅히 이 경전을 잘 옹호하여라.

이 경전은 위신력과 이익이 한량없이 많아서 능히 온갖 죄를 소멸하고 모든 좋은 소원을 이루게 하나니, 저 바른 법을 비방하고 성현들을 헐뜯는 박복 중생에게는 함부로 전수하여 정법이 쉽게 멸하지 않도록 하여라."

이에 동방세계에서 오신 7불 여래께서는 모든 대중이 할 일을 이미 다하고, 기회와 인연이 만족하여 다시 의혹됨이 없을 것을 살피시고, 각기 본 국토로 돌아가려고 하시자, 홀연히 그 자리에서 보이지 않으셨다.

그때 비구 아난은 바로 자리에서 일어나 부처님께 예배하고 부처님께 사뢰어 말하였다.

"부처님 이 경전의 이름을 마땅히 무엇이라 하오며, 어떻게 받아지니면 좋겠습니까?"

"이 경의 이름은 칠불 여래 응공 정등각의 본원공덕수승장엄경(七佛如來應供正等覺本願功德殊勝莊嚴經)이라 할 것이며,

또한 문수사리가 물은 경(文殊舍利所問經)이라 할 것이며, 또한 약사유리광여래의 본래 원력과 공덕의 경(藥師琉璃光本願功德經)이라 할 것이며, 또한 집금강보살이 서원을 세운 요긴한 경(執金剛菩薩發願要期經)이라 할 것이며, 또한 일체 업장을 말끔히 소멸하는 경(淨除一切業障經)이라 할 것이며, 또는 12야차 대장이 옹호하고 지닐 것을 서원한 경(十二大將發願護持經)이라 할 것이니, 그대들은 마땅히 이러한 이름으로 받들고 지니도록 하여라."

이에 부처님께서는 이 경전을 설법하여 마치시자 모든 거룩한 보살들과 비구들을 비롯하여 여러 천상 대중과 용과 야차·건달바와 아수라·가루라·긴나라·마후라가와 사람과 사람 아닌 것 등의 일체 대중이 부처님의 설법을 듣고 모두 한결같이 크게 환희하여 깊이 믿어 간직하고 받들어 수행하였다.

이것이 약사신앙의 기본이 되는 약사경인 것이다.

밀본법사가 선덕여왕의 병을 치료한 이후 분황사에 약사유리광 부처님을 조성되고, 팔공산에 약사여래가 세워졌으며, 굴불사에 4방불이 나타나고, 백율사에 금동여래 입상이 만들어져 많은 중생들에게 길잡이가 되어왔다.

지금도 초하루 보름이 되면 팔공산 약사여래에 빈 자리가 없을 정도로 인산인해를 이룬다.

어떤 사람만 특별히 혜택을 받겠는가. 뜻이 있고 원이 있고 뉘우치는 마음이 있는 사람은 누구나 건강하고 무병장수하여 해탈의 길을 밟을 수 있을 것이니 큰 원을 세우고 열심히 정진하시기 바란다.

다음은 통치적(統治的)인 천수경과 개별적인 42주 관세음경이다.

3. 천수경(千手經)의 대비주(大悲呪)

천수경은 원래 인도 바라문교의 스바신을 찬탄한 노래이다. 그런데 장나장자의 두 아들 조이(早離)와 속이(速離)가 극락세계 아미타불 좌우보처가 되면서 불교에서 관음보살대비주로 사용하게 되었다.

관세음보살이 처음 "아바로기떼 쓰바라"라 하는 부처님을 뵈오니 천 개의 머리에 천 개의 눈을 가지고 천 개의 손을 쓰는 만능 인간이었다.

그래서 찬탄하는 노래를 불렀다.

"천수 천안 관세음 부처님께 머리 숙여 절합니다.
원력이 넓고 크고 상호 또한 좋으신 몸
천 개의 팔을 가져 널리 중생들을 보호해주시는 부처님
천 개의 눈으로 널리 세상을 비쳐보시는 관세음 부처님

진실한 말씀 속에는 사랑이 들어있습니다.

하염없는 마음 가운데 대비심을 일으키시기 때문입니다."

이렇게 칭찬하며 속으로 생각하였습니다.

"나도 속히 모든 죄업을 소멸하고

하늘과 용, 성현들의 사랑을 받아

백천삼매를 얻어

이 몸은 광명의 깃대가 되고

이 마음은 신통의 창고가 되어

모든 번뇌를 씻어버리고 원의 바다를 건너가

저 부처님과 같이 깨달음을 얻고 편리한 방법을 얻어

마음 먹은대로 소원을 이루었으면 좋겠다."

하고

"부처님 저도 부처님을 칭찬하며 귀의하오니

속히 원하는대로 소원이 성취되게 하옵소서."

하고 자신을 돌아보니 벌써 자기의 몸이 관세음 부처님과 꼭 같이 되어 있었다.

"아바로기떼 쓰바라" 부처님이 물었다.

"그대는 무슨 소원이 있는가?"

"① 속히 일체법을 알아

② 지혜의 눈을 얻고

③ 일체 중생을 제도하되

④ 편리한 방편을 얻어

⑤ 모든 중생들을 반야선에 태워

⑥ 고통의 세계를 벗어나고자 합니다.

그리고 저도

⑦ 속히 계와 선정을 닦아

⑧ 원적산에 올라가

⑨ 하염없는 집속에서

⑩ 부처님들과 똑같은 몸을 가지고 활동하고 싶습니다.”

“아, 그렇다면 먼저

① 칼산지옥에 들어가 칼산을 꺾어 버리고

② 화탕지옥에 들어가 화탕지옥을 말려버리고

③ 일반지옥에 들어가 지옥들을 소멸하고

④ 아귀세계에 들어가 아귀들을 배부르게 하고

⑤ 아수라들에게 나아가 악심을 항복받고

⑥ 축생세계에 나아가 축생들을 지혜롭게 하라.”

“부처님 그렇게 하려면 어떻게 해야 되지요?”

“그거야 간단하지. 그대의 마음을 광대원만하게 써서 크고 큰 사랑으로 걸림없이 쓰면 되지!”

“그렇게 하려면 어떻게 해야 됩니까?”

“먼저 말로만 하는 구업을 깨끗이 해야 되지!”

“입 먼저 깨끗이 해야 되지!”

하며

"수리수리 마하수리 수수리 사바하."

하고 진언을 일러주었다.
"수리란 무엇이지요?"

"깨끗하다는 뜻이다. 앞의 수리는 깨끗하고 더러운 것을 가리는 마음을 깨끗이 하는 것이고, 뒤의 수리는 물든 마음을 깨끗이 하는 것이다. 이렇게 더럽고 물든 마음과 깨끗하다고 생각하는 그 마음까지 아주 없어져 버리면 그때는 '마하수리'가 되어 이 세상 어느 것 하나 깨끗하지 아니한 것이 없으리라. 그렇게 되면 5방 내외에 있는 모든 존재들을 편안하게 해줄 수 있지!"

"5방 내외에 있는 모든 신들이라니요?"

"눈에 보이는 것도 있고 눈에 보이지 않는 것도 있는데, 동·서·남·북·중앙 5방내외 있는 모든 것들은 제각기 자기정신을 가지고 살고 있단다. 그런데 사람들은 각기 자기정신만 생각하지 남의 정신은 생각하지 않거든….."
"그러면 그들을 어떻게 편안하게 할 수 있습니까?"

"나무사만도 못다남 옴 도로도로 지미사바하."

하면 되지. '나무사만다 못다남'이라 한 말은 최고로 훌륭한 선생님(지도자)께 귀의시켜 주면 된다는 말이고, '옴 도로

도로 지미 사바하'는 처음부터 끝까지 신성하고 항상 밝은 제 마음을 깨닫게 해주면 된다는 말이지. 사람은 누구나 똑같이 밝고 깨끗한 마음을 가지고 있단다. 그런데 미련한 중생들은 그 마음을 깨닫지 못하고 있거든!"

그래서 관세음은 바로 그 자리에서
"무상심심미묘법 백천만겁난조우
아금문견득수지 원해여래진실의
개법장진언 '옴 아라남 아라다'
하였다.

"위없이 최고로 높고 깊은 미미묘묘한 법
백천만겁에도 만나기 어려운 법
내가 이제 보고 듣고 얻어 받아 지니었으니
여래의 진실한 뜻을 꼭 알고 말겠습니다."

하고, 관세음은 아바로기데스바라 부처님을 12가지 이름으로 칭송하며 귀의하는 노래를 불렀다.

"① 세상 사람들의 소리를 다 관찰해 보시는 부처님,
② 여러 가지 힘(十力)을 갖추신 부처님,
③ 천 개의 손을 가지신 부처님,
④ 중생의 마음을 뜻대로 굴려주시는 부처님,

⑤ 위대한 수단을 가진 부처님,

⑥ 모든 중생의 마음을 자유자재로 관찰하시는 부처님,

⑦ 모든 중생들을 바른 길로 인도하시는 부처님께 귀의합니다.

⑧ 보름달 같은 부처님,

⑨ 물속의 달과 같은 부처님,

⑩ 커다란 약병을 가지고 온갖 중생들의 병을 고쳐주시는 부처님,

⑪ 열한 개의 얼굴을 가지고 온갖 세계를 살펴주시는 부처님,

⑫ 이 모든 보살들께 귀의하오니 모든 중생들이 아미타불과 같이 영원한 생명, 영원한 빛, 한량없는 수명을 얻게 하옵소서."

그래서 이 부처님과 보살은 한 마음 한 뜻이 되어 신통묘용을 일으키는 주문을 외웠다.

신묘장구대다라니(神妙章句大陀羅尼)

나모라 다나다라 야야 나막알약 바로기제 새바라야 모지 사다바야 마하 사다바야 마하가로 니가야 옴 살바바예수 다라나가라야 다사명 나막 가리다바 이맘 알야 바로기제 새바라 다바 니라간타 나막 하리나야 마발다 이사미 살발타 사다남 수반아 예염 살바보다남 바바마라 미수다감 다냐타 옴 아로계 아로가 마지로가 지가란제 혜혜하례 마하모지 사다바 사마라 사마라

하리나야 구로구로 갈마 사다야 사다야 도로도로 미연제 마하
미연제 다라다라 다린나례 새바라 자라자라 마라 미마라 아마
라 몰제 예혜혜 로계 새바라 라아 미사미 나사야 나베 사미사
미 나사야 모하자라 미사미 나사야 호로호로 마라호로 하례 바
나마 나바 사라사라 시리시리 소로소로 못쟈못쟈 모다야 모다
야 매다리야 니라간타 가마사 날사남 바라 하라나야 마낙 사바
하 싯다야 사바하 마하싯다야 사바하 싯다유예 새바라야 사바
하 니라간타야 사바하 바라하 목카싱하 목카야 사바하 바나마
하따야 사바하 자가라 욕타야 사바하 상카섭나녜 모다나야 사
바하 마하라 구타다라야 사바하 바마사간타 니사시체다 가릿
나 이나야 사바하 먀가라 잘마 이바 사나야 사바하
"나모라 다나다라 야야 나막알야 바로기제 새바라야 사바하"(3번)

그랬더니 금방 동방이 깨끗해지고 남방이 청량해지고 서방
이 정토가 되고 북방이 모두 편안해졌다.
그런데 그때 하늘에서 범패(梵唄) 소리가 났다.

도량청정무하례 삼보천룡강차지
아금지송묘진언 원사자비밀가호

하면서 하얀 옷에 일월광을 두른 두 선녀가 나와서 탑모자
를 쓰고 나비춤을 추었다.

"아, 이것이 천수경이로구나.

동쪽에 가서도 깨달음의 나무를 심고

서쪽에 가서도 깨달음의 나무를 심고

남쪽에 가서도 깨달음의 나무를 심고

북쪽에 가서도 깨달음의 나무를 심고

4방에 꽃이 피면 명자 그대로 이 세상은 그대로 깨달음의 세계가 되겠구나."

사실 사람이 태어날 때는 누구나 손 한 벌만 가지고 태어난다. 그런데 그것을 쓸 때에는 천 개, 만 개로 작용하여 자기가 서 있는 장소에서 무엇을 요구하는가를 보고 넓은 데는 넓게, 큰 데는 크게, 둥근 데는 둥글게, 각진 데는 각지게, 좁고 작고 모나고 이그러진 장소에도 각기 알맞는 손을 무진하게 써서 중생들을 제도하는 것이 '천수천안관자재보살 광대원만무애대비심'인 것이다. 그러나 이것을 한 번만 시험 삼아 써 보는 것이 아니라 백천 만 번이라도 필요한 장소에는 필요하게 써서 반드시 중생을 한 사람도 빠짐없이 제도하는 것 이것이 '백천대다라니'가 되는 것이다.

그때 시방의 모든 불보살이 나타나 찬탄하였다.

"① 3천대천세계 캄캄한 암흑 속에 존재하는 흑암지옥과 3악도가 이 주문을 외우면 모든 고통을 여의게 되고,

② 보살로서 겨우 초주(初住)에 이른 사람이 이 경을 들으면 당장 10주까지 뛰어오를 수 있으며,

③ 얼굴이 더러운 사람이 병들어 고민하다가 이 주문을 외우면 좋은 약을 만나 묵은 병을 씻은 듯이 낫게 하고 32상 80종호를 갖춘 불보살의 몸을 얻고

④ 성문연각이 정직한 마음으로 이 주문을 외우면 당장 4사문과를 얻어 3천대천세계를 돌아다니며 어리석은 중생들을 깨우치고,

⑤ 3·7일 동안 깨끗이 계율을 지키면서 외우면 악업중죄가 다 소멸되고,

⑥ 이 사람이 강과 바다에서 목욕하면서 이 주문을 외우면 그 속에 들어있는 온갖 벌레, 고기들까지도 다 해탈을 얻는다 하였습니다.

그래서 흥선대원군은 중국으로 귀양 가 맑은 물을 먹고 싶어 이 주문을 읽고 생수를 얻었고, 조선조 때 낭파스님은 천수주문 100만독을 하고 물 위로 걸어 왔으며, 계륜스님은 뇌종양을 치료하고, 광덕스님은 두 폐를 잘라버리고도 40년을 더 살았습니다."

다라니를 외우는 사람의 몸만 스쳐간 공기를 마셔도 중생들의 중죄업장이 소멸하고 항상 부처님 곁에 태여나 세세생생에 보살도를 실천할 수 있다 하였는데, 하물며 날마다 읽고 외우고 쓰고 남을 위해서 관세음의 행을 하는 사람들이야 더 말할 것 있겠는가.

왜냐하면 이 경을 읽는 사람은

① 99억 부처님들이 항상 보살펴주시고

② 천하의 대장군이 옹호하며

③ 감히 작은 신들이나 천마 외도가 범접치 못하고

④ 약왕보살이 8부 4왕 12지 신장을 통해 좋은 의약을 구해 먹이기 때문에 어떤 병도 고쳐지지 않는 것이 없으며,

⑤ 마침내 명을 마치면 극락세계로 안내하여 영원한 생명관을 실천할 수 있게 한다고 하였다.

살아서는 열 가지 선생보를 받으니

① 가는 곳마다 어진 임금님을 만나고

② 좋은 나라에 태어나며

③ 항상 좋은 사람을 만나고

④ 항상 좋은 벗을 만나고

⑤ 눈·귀·코·혀·몸·뜻 기관이 구족하고

⑥ 도닦는 마음이 철저하고

⑦ 계율을 청정히 지키게 되고

⑧ 권속이 의롭고 화순하며

⑨ 재물이 풍족하고

⑩ 항상 남에게 공경과 사랑을 받고

⑪ 모든 재물을 남에게 빼앗기지 않고

⑫ 구하는 것을 뜻대로 이루고

⑬ 천룡 선신들의 보호를 받고

⑭ 태어나는 곳마다 부처님을 뵙고 법문을 듣고
⑮ 들은바 정법을 바로 깨닫는다 하였다.

그리고 또 열다섯 가지 나쁜 죽음을 하지 않는다 했다.
① 굶어 죽지 않고
② 죄인이 되어 죽지 않고
③ 원수 맺어 죽지 않고
④ 전쟁터에 가서 죽지 않고
⑤ 악한 짐승에게 물려 죽지 않고
⑥ 독사, 지네에게 물려 죽지 않고
⑦ 물이나 불에 빠지거나 타서 죽지 않고
⑧ 독약으로 죽지 않고
⑨ 독충 때문에 죽지 않고
⑩ 미치거나 실성하여 죽지 않고
⑪ 절벽에서 떨어져 죽지 않고
⑫ 귀신에게 홀려 죽지 않고
⑬ 삿된 신이나 귀신에게 끌려다니다 죽지 않고
⑭ 나쁜 병에 걸려 죽지 않고
⑮ 비명횡사하지 않는다 하였다.

왜냐하면 이 경전을 외우면 누구나 그 마음이
① 대비심으로 변하고
② 공관심으로 변하고

③ 공경심으로 변하고

④ 무위심으로 변하고

⑤ 평등심으로 변하고

⑥ 무염착심으로 변하고

⑦ 무잡난심으로 변하고

⑧ 무뇌해심으로 변하고

⑨ 비하심으로 변하여

⑩ 마침내 무상보리심을 이루게 되기 때문이다.

그러므로 이 경전을 읽는 사람, 특히 병들어 치료를 목적하는 사람은

① 먼저 도량을 청정히 하고

② 몸과 마음을 깨끗이 하며

③ 대자비심으로 무장한 뒤

④ 주위에 당·번과 등을 걸고

⑤ 갖가지 공양구를 힘 따라 준비하여 놓고

⑥ 입과 뜻으로 지은 죄업을 참회하고

⑦ 중앙에 맑은 물 한 그릇을 떠놓은 뒤

⑧ 3·7번과 108번·1080번 내지 백천만 번을 외우고

⑨ 그 물을 뿌리고 마셔 5장6부를 청소한 뒤

⑩ 시방제불을 찬탄하고 발원한다.

이렇게 하면 어떤 병이 낫지 않을 것이며, 어떤 원이 성취

되지 않겠는가. 문제는 정성이다. 정성을 다했다가도 한 번
화를 내면 집안이 온통 불바다가 되듯 그동안 드린 공덕이
공해지게 될 것이니 정신 차려 공부하여야 한다.

4. 관음송(觀音頌)과 고왕경(高王經)

그때 무진의 보살이 부처님께 물었다.

"묘한 상호를 갖추신 세존이시여,
　불자가 무슨 인연으로 이름을 관세음이라 하나이까?"
　묘한 상호를 갖추신 세존님께서 노래로서 무진의에게 대답
하셨다.

"관세음보살은 잘 모든 곳을 따라주느니라.
　큰 서원이 깊기 바다와 같아서
　헤아릴 수 없는 세월 천억 부처님을 모시고
　큰 서원을 세웠느니라.

이름을 듣고 몸을 뵙고
마음으로 생각하여 헛되이 내지 않으면
능히 모든 고통을 여의게 되느니라.

가사 해칠 뜻을 가지고 큰 불구덩이에 밀어 떨어뜨려도
저 관음의 힘을 생각하면 불구덩이로 변해서 못을 이루고
혹 큰 바다에 표류하여 용이나 귀신의 난을 만나더라도
저 관음의 힘을 생각하면 능히 파도에 빠지지 아니하느니라.

혹은 수미산 봉우리서 밀어 떨어뜨려도
관음의 힘을 생각하면 해와 같이 허공에 머물 것이고
혹은 악인들이 밀어 금강산에서 떨어지더라도
저 관음의 힘을 생각하면 털끝 하나도 상하지 않으리라.
혹은 원수와 도적들이 에워싸며 칼을 들고 해치려 하다가도
저 관음의 힘을 생각하면 다 자비심을 일으키고
혹은 왕난의 고통을 받아 형으로 목숨을 마치게 되더라도
저 관음의 힘을 생각하면 칼이 토막토막 끊어지리라.
혹은 목에 칼을 채우고 수족에 고랑을 채웠더라도
저 관음의 힘을 생각하면 저절로 풀어지고
저주와 독약으로 몸을 해하려고 하는 자가 있더라도
저 관음의 힘을 생각하면 도리어 본인에게 미치리라.

혹은 악한 나찰과 독룡, 귀신들이 해하고자 할지라도
저 관음의 힘을 생각하면 감히 해치지 못하고
악한 짐승들이 에워싸고
날카로운 이빨로 해치고자 하더라도
저 관음의 힘을 생각하면 다 놀라 도망칠 것이다.

마치 독사와 살모사가 독기를 불꽃처럼 내뿜더라도
저 관음의 힘을 생각하면 소리 따라 돌아갈 것이고
우레와 번개를 치고 우박과 큰 비 쏟아져도
저 관음의 힘을 생각하면 모두 흩어져 없어질 것이다.
중생이 곤한 액에 들어 한량없는 고통이 핍박할지라도
관세음보살의 묘한 지혜는 능히 세간의 고통을 구해주나니
신통력을 구족하고 널리 지혜와 방편을 닦아서
시방의 모든 국토에 몸을 나타내지 않는 것이 없느니라.

갖가지 모든 악취의 지옥·아귀·축생과
생노병사의 고통도 차례로 다 없애주느니라.
참되게 보고 청정하게 보고 넓고 큰 지혜의 눈으로 보고
사랑스런 눈으로 관찰하나니 항상 우러러 볼지니라.

티없이 깨끗한 청정한 빛 지혜의 빛이 어두움을 파하고
능히 3재 8난을 없애고 널리 세간을 밝게 비추나니
사랑스러운 몸과 뜻 계는 우레소리와 같아서
묘한 구름을 일으켜 감로의 법비를 내려
번뇌의 불꽃을 없애주느니라.

싸움하고 소송하고 관청에 가거나
군진 중에 있어 두렵더라도
저 관음의 힘을 생각하면 원망스러운 일들이

모두 물러갈 것이다.

묘음 관세음 법음 해조음 승피세간음

그러므로 항상 의심 없이 생각할지니라.

깨끗하신 성현 관세음보살께서는

고뇌와 죽을 액에 있어서 능히 의지와 믿음을 짓느니라.

일체 공덕을 갖추시고 자비의 눈으로 중생을 보시어

그 복이 바다와 같아 한량없으므로 귀명정례 할지니라."

이렇게 송나라 때 정주 목사 손경덕이 노래를 불렀더니 갑자기 법에 걸려 죽게 된 몸이 비몽사몽 간에 관세음보살이 나타나 일러주었다.

"나무불 나무법 나무승

불국유연 불생양인 상락아정 유연불법

나무 마하반야바라밀

시대신주 나무 마하반야바라밀

시대명주 나무 마하반야바라밀

시무등등주 나무 정광비밀불법 사자후신족유왕불

불고 수미등왕불 법호불 금강장사자유희불 보승불 신통불

약사유리광불 보광공덕산왕불 선주공덕보왕불

과거칠불 미래현겁천불 천오백불 만오천불 오백화승불

백억금강장불 정광불 육방육불 명호 동방보광월전묘음존왕불

남방수근화왕불 서방조왕신통염화왕불 북방월전청정불

상방무수정진보수불 하방선적월음왕불 무량제불

다보불 석가모니불 미륵불 아촉불 아미타불

중앙일체중생제불토계증자 범왕제석 행주어지상금재허공중

좌우어일체중생 각령안은휴식 주야수지신심

상구송차경 능멸생사고 소복어독해

나무대명관세음 관명관세음 고명관세음 개명관세음

약왕보살 약상보살 문수보살 보현보살 허공장보살 지장보살

청량산 일만보살 보광여래 최승보살 염념송차경

칠불세존 즉설주왈

이바 이바제 구아구아제 다라니제 니하라제 비니이제

마하가제 진령갈제 사바하

시방관세음 일체제보살 서원구중생 칭명실해탈

약유박복자 은조위해설 단시유인연 독송구불철

송경만천편 염념심부절 화염불능상 도병입초절

애로생환희 사자변성활 만익차시허 제불불망설

　이 글을 읽고 손경덕은 사형장에서 망나니가 쥐었던 칼이
세 번이나 부러져 발해왕이 놀라 구해주고 이 경을 출판하여
만백성들에게 읽게 하였다. 그래서 그 경 이름이 '고왕경'이
되게 되었다.
　이와 같이 천수경의 대비주와 몽수경의 구생경은 생명을

구하는 경전으로 널리 알려져 있으나 혹 부분적으로 단방약을 쓰고 싶어 하는 자가 있으면 다음 42수 관세음보살경을 쓰면 직효를 볼 수 있다.

관세음보살 사십이수주(觀世音菩薩 四十二手呪)

① 관세음보살 여의주수진언

"옴 바아리 바다리 훔 바탁."

여러 가지 보배 재물을 얻으려거든 이 진언을 외우시오.

② 관세음보살 견색수진언

"옴 기리나라 모나라 훔 바탁."

여러 가지 불안에서 평안을 얻으려거든 이 진언을 외우시오.

③ 관세음보살 보발수진언

"옴 기리기리 바아라 훔 바탁."

뱃속에 모든 병고를 물리치려면 이 진언을 외우시오.

④ 관세음보살 보검수진언

"옴 제세제야 도미니 도제 삿다야 훔바탁."

모든 마귀를 항복 받으려면 이 진언을 외우시오.

⑤ 관세음보살 바아라수진언

"옴 이베이베 이야 마하 시리예 사바하."

모든 천마 외도를 항복 받으려면 이 진언을 외우시오.

⑥ 관세음보살 금강저수진언

"옴 바아라 아니바라 닙다야 사바하."

모든 원적을 없애려면 이 진언을 외우시오.

⑦ 관세음보살 시무외수진언

"옴 아라나야 훔 바탁."

항상 불안이 있어 평안함을 얻으려면 이 진언을 외우시오.

⑧ 관세음보살 일정마니수진언

"옴 도비가야 도비바라 바리니 사바하."

눈이 어두워 광명을 얻으려면 이 진언을 외우시오.

⑨ 관세음보살 월정마니수진언

"옴 소싯지 아리 사바하."

열병으로 쾌유를 구하거든 이 진언을 외우시오.

⑩ 관세음보살 보궁수진언

"옴 아자미례 사바하."

좋은 벼슬을 얻으려면 이 진언을 외우시오.

⑪ 관세음보살 보전수진언

"옴 가마라 사바하."

좋은 친구를 사귀려거든 이 진언을 외우시오.

⑫ 관세음보살 양류지수진언

"옴 소싯지 가리바리 다남타 목다에바 아라 바아라 반다하나
하나 훔바탁."

여러 가지 병마를 물리치려거든 이 진언을 외우시오.

⑬ 관세음보살 백불수진언

"옴 바나미니 바아바제 모하야 아아 모하니 사바하."

모든 악한 일을 없애려거든 이 진언을 외우시오.

⑭ 관세음보살 보병수진언

"옴 아례 삼만염 사바하."

모든 권속이 화합하려면 이 진언을 외우시오.

⑮ 관세음보살 방패수진언

"옴 약삼나나야 전다라 다노발야 바사바사 사바하."

모든 악한 짐승을 물리치려면 이 진언을 외우시오.

⑯ 관세음보살 월부수진언

"옴 미라야 미라야 사바하."

항상 관재가 없으려면 이 진언을 외우시오.

⑰ 관세음보살 옥환수진언

"옴 바나맘 미라야 사바하."

자녀나 사환을 구하려거든 이 진언을 외우시오.

⑱ 관세음보살 백련화수진언

"옴 바아라 미라야 사바하."

여러 가지 공덕을 얻으려거든 이 진언을 외우시오.

⑲ 관세음보살 청련화수진언

"옴 기리기리바아라 불반다 훔바탁."

서방정토에 태어나기를 구하거든 이 진언을 외우시오.

⑳ 관세음보살 보경수진언

"옴 미보라 나락사 바아라 만다라 훔바탁."

큰 지혜를 얻으려거든 이 진언을 외우시오.

㉑ 관세음보살 자련화수진언

"옴 사라사라 바아라 가라 훔바탁."

시방세계 모든 부처님을 알현하려거든 이 진언을 외우시오.

㉒ 관세음보살 보협수진언

"옴 바아라 바사가리 아나맘나 훔"

지하에 모든 보물을 얻으려거든 이 진언을 외우시오.

㉓ 관세음보살 오색운수진언

"옴 바아라 가리라타 맘타."

신선의 도를 얻으려거든 이 진언을 외우시오.

㉔ 관세음보살 군지수진언

"옴 바아라 서가로타 맘타."

범천에 태어나기를 원하거든 이 진언을 외우시오.

㉕ 관세음보살 홍련화수진언

"옴 상아례 사바하."

제천궁에 태어나기를 원하거든 이 진언을 외우시오.

㉖ 관세음보살 보극수진언

"옴 삼매야 기니하리 훔바탁."

몰려오는 적군을 물리치려면 이 진언을 외우시오.

㉗ 관세음보살 보라수진언

"옴 상아례 마하 삼만염 사바하."

모든 제천 선신을 부를 때 이 진언을 외우시오.

㉘ 관세음보살 촉루장수진언

"옴 다나 바아라 학."

모든 귀신을 심부름 시키려거든 이 진언을 외우시오.

㉙ 관세음보살 수주수진언

"나모라 다나다라야야 옴 아나바제 미아예 싯디 싯달제 사바하."

시방에 모든 부처님께 속히 구원을 청할 때 이 진언을 외우시오.

㉚ 관세음보살 보탁수진언

"나모 바나맘 옴 아미리 담암베 시리예 시리탐리니 사바하."

모든 미묘한 법을 이루려거든 이 진언을 외우시오.

㉛ 관세음보살 보인수진언

"옴 바아라녜 담아예 사바하."

언변이 뛰어나려거든 이 진언을 외우시오.

㉜ 관세음보살 구시철구수진언

"옴 아가로 다라가라 미사예 나모 사바하."

신선과 용왕의 옹호함을 원하거든 이 진언을 외우시오.

㉝ 관세음보살 석장수진언

"옴 날지 날지 날타바지 날제 나야바니 훔바탁."

자비심으로 모든 중생을 보호하려면 이 진언을 외우시오.

㉞ 관세음보살 합장수진언
"옴 바나만 아링하리."
귀신과 용과 동물들의 공경을 원하거든 이 진언을 외우시오.

㉟ 관세음보살 화불수진언
"옴 전나라 바맘타 이가리 나기리 나기니 훔 바탁."
나는 곳마다 부처님과 함께 하기를 원하거든 이 진언을 외우시오.

㊱ 관세음보살 화궁전수진언
"옴 미사라 미사라 훔 바탁."
항상 정토에 있고 인간으로 환생하기를 원치 않거든 이 진언을 외우시오.

㊲ 관세음보살 보경수진언
"옴 아하라 살바미냐 다라 바니뎨 사바하."
많이 배우려면 이 진언을 외우시오.

㊳ 관세음보살 불퇴금륜수진언
"옴 서나미자 사바하."

성불할 때까지 보리심을 여의지 않으려거든 이 진언을 외우시오.

㊴ 관세음보살 정상화불수진언

"옴 바아라니 바아람예 사바하."

모든 부처님이 속히 마정수기하심을 원하거든 이 진언을 외우시오.

㊵ 관세음보살 포도수진언

"옴 아마라 검제이니 사바하."

오곡백과가 풍성하기를 원하거든 이 진언을 외우시오.

㊶ 관세음보살 감로수진언

"옴 소로소로 바라소로 바라소로 소로소로야 사바하."

모든 중생이 기갈에서 청량을 얻으려거든 이 진언을 외우시오.

㊷ 관세음보살 총섭천비수진언

"다냐타 바로기제 새바라야 살바도따 오하야미 사바하."

모든 마귀를 항복받으려거든 이 진언을 외우시오.

5. 능엄경(楞嚴經)과 항마성도(降魔成道)

부처님께서 사위성 기수급고독원에 계실 때 심부름 간 아 난다가 정오가 넘어도 돌아오지 않았다.

"어찌된 일이냐. 아직까지도 돌아오지 않았느냐?"

"지금 막 도착했습니다."

"어찌하여 이렇게 늦었느냐?"

"오다가 밥을 얻어먹고 오다 보니 이렇게 늦었습니다. 정신 차려 공부하겠습니다."

그런데 이튿날 밥을 얻어 먹으러 탁발 나간 아난존자가 또 정오가 가깝도록 돌아오지 않았다.

"왜 아난다가 아직까지 오지 않느냐?"

"한 사람도 본 사람이 없습니다."

"거 참 괴이한 일이로다."

하고 부처님께서 능엄삼매에 들어 사방을 살펴보니 아난다 가 마등가 방에 가서 앉아 있었다. 부처님은 신통력으로 두 사람이 손을 잡고 기수급고독원에 이르게 하였다. 아난존자 는 부끄러워 고개를 제대로 들지 못하고 있는데 마등가는 고 개를 들고 방긋방긋 웃었다.

"무엇이 그렇게 좋으냐?"

"전생의 제 집에 돌아온 것 같습니다."

"너는 어디 사는 누구냐?"

"저는 마등가로서 창녀촌에서 살고 있는 천녀(賤女)입니다.

그런데 어저께 물 길러 갔다가 아난존자를 만나 물을 달라 하기에 '저는 천녀이기 때문에 물을 드릴 수 없습니다.' 하며 고개를 숙이고 있었더니 아난존자께서 말씀하였습니다.

'대천이 바다에 들어가면 모두 한 맛이 되듯이
4성이 불교를 믿으면 모두가 한 가지 불자가 된다.'

저는 이 세상에 태어나서 처음 듣는 소리라
'이 사람이 하늘 사람이 아닌가!'
하고 쳐다보니 상호가 잘 생긴 스님이 서서 물을 요구했습니다. 너무도 감격하여 물을 떠드리고 헤어진 뒤 잊을 수 없어서 멀리 따라와서 보니 기수급고독원인지라 금녀의 집이라 들어갈 수 없었습니다.

그래 집에 가서 어머니께 야단을 맞아가면서도 '아난존자를 한 번만 더 보고 죽었으면 한이 없겠다.' 하니 어머니께서 마등가 경전을 읽어 그 감주(感呪)로서 아난존자를 만나 함께 앉았다가 이렇게 온 것입니다."

"너는 참으로 행복한 여인이로다. 구중궁궐에서 옛 애인을 만나다니, 그런데 마등가야, 아난다는 왕족 출신으로 일찍이 세법과 왕법을 함께 익히고 지금은 출가하여 불도를 배우고 있는데 너는 겨우 마등가법 밖에 모르니 이래 가지고서야 어떻게 가까운 친구가 될 수 있겠느냐."

"저도 왕법을 익히고 세법을 익히고 불법을 익히면 되지 않겠습니까?"

"그렇다면 너희 집에 가서 너희 어머니에게 승낙을 받아오
너라."

　마등가는 그 길로 집에 가 어머니의 승낙과는 관계없이 머
리까지 깨끗하게 청소하고 기수급고독원으로 왔다.

　부처님은 비구니 스님들께서 거처하고 있는 왕사에 보내 승
가교육을 시켰는데 왕가 귀족들의 부녀 700여 명이 출가하여
이성에 대한 생각 없이 열심히 정진하는 모습을 본 마등가는
180도 달라졌다. 철저히 계를 지키고 선(禪)과 정(定)을 닦아
수행한 뒤 90일이 못되어 숙명통을 얻었다.

　"부처님, 저는 이제 아난다를 생각하지 않기로 했습니다."

　"무슨 소리냐?"

　"저는 전생에 한 나라의 왕후로서 임금님의 사랑을 받아왔
는데 나이가 들자 임금님께서 새로운 여성에게 관심을 가져
저는 구중궁궐로 밀려가 병이 들고 말았습니다. 백약이 무효
하자 무당을 불러 굿을 하기도 하였는데 무당이 왕후의 마음
을 속속들이 알아 한을 풀었으므로 왕후는 바로 그 무당을
양어머니로 삼아 무당의 딸이 되어 전생에도 결혼도 하지 못
한 무녀로서 한 세상을 살아왔습니다. 그런데 금생에 그 때의
왕이었던 아난다를 보고 제 마음이 황홀하게 되어 여기까지
왔는데 이미 저의 낭군이 스님이 되어 열심히 공부하고 있는
데 내가 다른 생각을 가져서야 되겠습니까. 저도 열심히 공부

하여 부처님의 제자가 되겠습니다."

"장하다, 마등가여. 너야말로 진짜 여래의 제자로다."

칭찬하셨다.

그런데 아난다는 그때 그 사건으로 부끄러워 사람을 만나지 않고 방안에서만 틀어박혀 있었으므로 부처님께서 물었다.

"아난다여, 그 부끄러운 마음이 어디 있느냐. 안에 있는가 밖에 있느냐, 눈 속에 들어있느냐, 5장6부 속에 들어있느냐, 아니면 밖에 있다가 갑자기 그 마음 속으로 들어왔느냐?"

"아닙니다, 부처님. 마음은 안에도 밖에도 중간에도 있는 장소가 없습니다."

"그렇다면 그대의 마음이 흘러가는 것을 보고 일단 그 주소를 살펴보라."

"물은 원래 변함이 없지만 흐르는 곳을 따라 산물·냇물·들물·호수물·강물·바닷물 하듯이 그 장소를 따라 그 이름이 달라지는 것 같습니다."

"그렇다면 그 물을 보는 놈은 어떤가?"

"보는 놈은 흔들리지 않습니다. 마치 허공과 같아 있다고도 할 수 없고 없다고도 할 수 없으니 어느 곳에 있으면서도 혼란함이 없이 섞이지 않고 걸림이 없으며 유실되는 일이 없습니다."

"그렇다. 그 보는 놈이 감정을 떠나 보았다는 것까지도 떠나 있다."

"아, 그래서 허망한 곳에서 진(眞)을 본다 하는 것이군요."

"그렇다. 우리의 마음은 정신과 물질, 온갖 곳에 없는 곳이 없다. 눈·귀·코·혀·몸·뜻이 빛·소리·냄새·맛·감촉·법을 보고 거기서 얻어진 지식과 상식이 모두가 그놈의 작용에 불과한 것이다. 뿐만 아니라 지·수·화·풍·공·식·견(地·水·火·風·空·識·見) 어느 것 하나 마음 아닌 것이 없다. 그래서 옛 사람은 6근·6경·6식·7대에서 마음을 깨달아 관세음보살·문수보살이 된 것이다. 네가 그 마음을 깨닫고자 한다면 살·도·음·망(殺·盜·婬·妄)의 계율을 철저히 지키면서 다음 다라니를 읽으라. 이 글을 읽으면 태·난·습·화(胎·卵·濕·化) 4생과 유색·무색, 유상·무상, 비유상·비무상의 여러 중생들이 생긴 이유를 알 것이다.

음·탐·만·진·사·광·원·견·왕·송습(婬·貪·慢·瞋·詐·誑·怨·見·枉·訟習) 때문에 보고 듣고 맡고 맛보고 부딪치고 생각하는 과보가 생겨 지옥·아귀·축생·인·천·아수라·성문·연각·보살·부처의 세계가 나타나나니 지옥은 순수 감정 출신이고, 아귀는 탐욕, 축생은 무지, 인간은 정직, 하늘은 선, 아수라는 투쟁 출신이고, 성문은 인과를 깨닫고, 연각은 인연을 깨닫고, 보살은 자리이타를 깨닫고, 부처는 마음을 깨달은 것이다.

같은 귀신 가운데서도

① 색 따라 흘러가면 발귀(魃鬼)가 되고

② 물(物)따라 흘러가면 괴귀(怪鬼)가 되며

③ 미혹하여 죄를 지으면 매귀(魅鬼)가 되고

④ 한이 맺히면 고독귀(蠱毒鬼)가 되며

⑤ 억지를 부리면 여귀(厲鬼)가 되고

⑥ 탐욕이 많으면 아귀(餓鬼)가 되며

⑦ 밝음을 탐하면 망량귀(魍魎鬼)가 되고

⑧ 주문을 즐기면 역사귀(役使鬼)가 되며

⑨ 무리를 지어다니면 전송귀(傳送鬼)가 되고

⑩ 감정 때문에 타락했으면 일반 귀신이 된다.

귀신은 몸이 없으나 기(氣)가 남아있어 힘을 쓰면 마치 이 슬속에서 수증기가 나타나듯, 땅에서 안개가 생겨나듯 그 모습이 갖가지로 나타나 사람을 유혹하나니, 그러므로 견(見)이 분명한 사람은 절대 그러한 환(幻)에 속지 않게 되어 있다.

그러나 어떻든 그들의 얽힘에서 벗어나려면 다음 주문을 외우라. 주문은 다음과 같다.

"나무사다타소가다야아라하데삼먁삼볻다샴 사다타붇다구지스니삼 나무살바붇다부디사다베뱌 나무사다남삼먁삼볻다구지남 사스라바가싱가남 나무로계아라한다남 나무소로다파나남 나무사가라다가미남 나무로계삼먁가다남 삼먁가파라디파다나남 나무데바리시난 나무싇다야비디야다라리시난 샤바노게라하사하 사라마티남 나무바라하마니 나무인다라야 나무바가바데 로다라야 오바바데 사혜야야 나무바가바데 나라야나야 반자마하삼

모다라 나무싣가리다야 나무바가바뎨 마하가라야 디리바라나
가라 비다라바나가라야 아디목뎨 시마샤나니바시니 마다리가나
나무싣가리다야 나무바가바뎨 다타가다구라야 나무바두마구라
야 나무발사라구라야 나무마니구라야 나무가사구라야 나무바
가바뎨 뎨리다슈라세나 파라하라나라사야 다타가다야 나무바
가바뎨 나무아미다바야 다타가다야 아라하뎨 삼먁삼볻다야 나
무바가바뎨 아추뼤야 다타가다야 아라하뎨 삼먁삼볻다야 나무
바가바뎨 샤계야모나예 다타가다야 아라하뎨 삼먁삼볻다야 나
무바가바뎨라다나계도라사야 다타가다야 아라하뎨 삼먁삼볻다
야 뎨뵤나무사가리다 이담바가바다 사다타가도스니삼 사다다
바다람 나무아바라시담 바라뎨양기라 사바비부다게라하니 가
라하게가라하니 바라비디아치다니 아가라미리쥬 바리다라야닝
게리 사라바반다나목차니 사라바도시다 도시빕바나니버라니
쟈도라시뎨남 가라하사하사라야사 비다붕사나가리 아시다빙사
뎨남 낙사차다라야사 파라사다나가리 아시다남 마하게라하야
사 비다붕사나가리 살바샤도로니바라야사 호람도시빕난자나샤
니 비사샤시다라 아기니오다가라야사 아파라시다구람 마하바
라전지 마하딥다 마하뎨사 마하세다사바라 마하바라반다라바
시니 아리야다라 비리구지 서바비사야 비사라마레디 비샤로다
부드마가 바사라제하나아자 마라제바파라짇다 바사라단지 바
샤라자 선다샤뼤뎨 바부시다 소마로파 마하세다 아리야다라 마
하바라아파라 바사라샹가라제바 바사라구마리 구람다리 바사
라하사다자 비디야건자나마리가 구소모바가라다나 비로자나구

리야 야라토스니삼 비지람바마니자 바사라가 니가파리바 로사나바사라돈치자 세다자가마라 차샤시파라바 이데이데 모다라가나 사베라참 굴반도 인토나마마샤 (외우는 이 여기서 제자 아무라 하라) 옴 리시게나 파라샤싣다 사다타가도스니삼 훔 도로옹 바나 훔 도로옹 담바나 훔 도로옹 라비디아삼박차나가라 훔 도로옹 살바야차하라차사 게라하야사 비등붕사나가라 훔 도로옹 쟈도라시다남 게라하사하사라남 비등붕사나라 훔 도로옹 라차 바가범 사다타가도스니삼 파라뎜사기리 마하사하사라 부수사하사라시리사 구지사하살니뎨례 아베뎨시바리다 다타낭가 마하바사로다라 뎨리부바나 만다라 옴 사시뎨바바도 마마 인토나마마사 (여기서도 전처럼 이름을 부르라. 속인이면 제자 아무) 라사바야 주라바야 아기니바야 오다가바야 비사바야 샤사다라바야 바라자가라바야 돌비차바야 아샤니바야 아가라미리쥬바야 비됴다바야 소바라나바야 야차게라하 라차사게라하 피리다게라하 비샤자게라하 부다게리하 구반다게라하 부단나게라하 가타부단나게라하 시간도게라하 아파시마라게라하 오단마다게라하 챠야게라하 혜리바뎨게라하 사다하리남 게비하리남 로디라하리남 망사하리남 메다하리남 마사하리남 사다하리녀 시비다하리남 비다하리남 바다하리남 아슈쟈하리녀 짇다하리녀 뎨삼살베삼 살바게라하남 비다야사친다야미 기라야미 파리바라쟈가그리담 비다야사친다야미 기라야미 다연니그리담 비다야사친다야미 기라야미 마하파슈파다야 로다라그리담 비다야사친다야미 기라야미 나라야나그리담 비다야사친다야미 기라야미 다타

가로다세그리담 비다야사친다야미 기라야미 마하가라마다리가
나그리담 비다야사친다야미 기라야미 가파리가그리담 비다야
사친다야미 기라야미 사야가 라마도가라 살바라다사다나그리
담 비다야사친디야미 기리야미 자도라 바기니그리담 비다야사
친다야미 기라야미 비리양그리지 난다계사라가나파뎨 사혜야
그리담 비다야사친디야미 기라야미 나게나사라바나그리담 비다
야사친다야미 기라야미 아라한그리담비다야사친다야미 기라야
미 미다라가그리담 비다야사친다야미 기라야미바사라파니 구
혜야구혜야 가디파뎨그리담 비다야사친다야미 기라야미 라차
망 바가밤 인토나마마샤 (여기서도 전처럼 제자 아무라 하라) 바가
밤 사다다파다라 나무수도뎨 아시다나라라가 파라바시보타 비
가사다다바뎨리 스부라스부라 다라다라 빈다라빈다라친다친
다 훔 훔 반닥 반닥반닥반닥반닥 사바하 혜혜반 아모가야반 아
피라뎨하다반 바라파라다반 아소라비다라파가반 살바뎨볘뱌반
살바나가뱌반 살바야차뱌반 살바간달바뱌반 살바부다니바반
가탁부다나뱌반 살바도랑기뎨뱌반 살바도스비리그시뎨뱌반 살
바시바리뱌반 살바아파시마리뱌반 살바사라바나뱌반 살바디뎨
게뱌반 살바다마나계뱌반 살바비다야라서자리뱌반 사야가랴마
도가라 살바라타사다계뱌반 비디야자리뱌반 쟈도리바기니뱌반
바사라구마리 비다야라서뱌반 마하파라딩양차기리뱌반 바사라
샹가라야 파라다기라사야반 마하가라야 마하마다리가나 나무
사가리다야반 비시나비예반 부라하모니예반 아기니예반 마하가
리예반 가다단니예반 메다리예반 로다리예반 자문다예반 가라

라다라예반 가파리예반 아디목지다가시마샤나 바시니예반 연기
짇 살타바샤 마마인토나마마샤 (여기서도 전처럼 제자 아무라 하
라) 도시다짇다 아마다리짇다 오사하라 가비하라 로디라하라
바사하라 마사하라 사다하라 시비다하라 바랴야하라 간다하라
포사파라하 파라하라 사샤하라 파바짇다 도시타짇다 로다라짇
다 야차그라라 라차사그라하 폐례다그라하 비사자그라하 부다
그라하 구반다그라하 시간다그라하 오다마다그라하 차야그라
하 아파사마라그라하 타카혁다기니그라하 리붇뎨그라하 사미
가그라하 샤구니그라하 모다라난디가그라하 아람바그라하 간
도파니그라하 시버라예가혜가 듀뎨야가 다례뎨야가 쟈돌타가
니뎨시버라비사마시버라 박디가 비디가 시례시미가 사니파뎨
가 살바시버라 시로기뎨 말다베다로제검 아기로검 목카로검 가
리도로검 게라하그람 갈나슈람 단나슈람 흐르야슈람 말마슈람
바리시바슈람 비리시디슈람 오다라슈람 가디슈람 바시뎨슈람
오로슈람 샹가슈람 하시다슈람 바다슈람 사방앙가파라댱가슈
람 부다비다다 다기니시바라 다도로가건도로기디바로다비 살
파로하링가 슈사다라사나가라 비시슈가 아기니오다가 마라볘라
건다라 아가라미리두다렴부가 디뤄라탁 비리시짇가 살바나구라
사잉가뱌그라리야차다라츄 마라시볘뎨삼사볘삼 시다다파다라
마하바사로스니삼 마하파라댱기람 야바도다샤유사나 변다례나
비다야반담가로미 뎨슈반담가로미 파라비다반담가로미 다냐타
옴 아나례 비샤뎨 볘라바사라다리 반다반다니 바사라방니반 훔
도로옹반 사바하"

"아난아, 이 불정광취 실달다반다라비밀가타 미묘한 글귀는 시방의 일체제불을 출생하나니 시방여래가 이 주문의 마음(呪心)으로 인해 무상정변지의 깨달음을 이루었느니라.

시방여래가 이 주문의 마음(呪心)을 가지고 모든 마를 항복받고 외도들을 제어하고 이루심을 펴고 보련화에 앉아 미진국토에 나아가 이루심을 머금고 미진국토에서 대법륜을 굴리셨느니라. 또 시방여래가 이 주문의 마음을 가지고 마정수기하며 자기의 과를 이루지 못하였으면 시방에서 부처님께 수기를 받고 이루심에 의하여 여러 가지 고통을 뽑아없앴나니 이른바 지옥, 아귀, 축생의 고통과 장님, 벙어리, 귀머거리의 고통과 원수가 한데 모여 사는 고통, 사랑하는 사람과 떨어져 살아야 하는 고통, 구해도 얻지 못하는 고통, 이 몸이 치성하여 각각 자기 좋을 대로만 해달라는 고통과 크고 작은 횡액을 동시에 해탈케 하며 적난, 병난, 왕난, 옥난(獄難)과 풍·수·화난과 기갈, 빈궁이 한 생각에서 소멸케 되느니라.

시방여래가 이 주문의 마음(呪心)을 따라서 시방에서 선지식을 섬기되 4위의(威儀) 가운데서 뜻대로 공양하며 항하사 여래의 회중에서 대법왕자가 되고, 이 주심(呪心)을 행하여 시방에서 친한 이 인연있는 이를 섭수하며, 소승들로 하여금 비밀장을 듣고도 놀라지 않게 하며, 이 주문의 마음을 외워 무상각을 이루고 보리수 아래 앉으사 대열반에 들고, 이 주심을 전하여 멸도한 후에 불법을 부촉하여 구경까지 주지케 하며, 계율을 엄정히 하여 다 청정케 하였느니라.

내가 만일 이 불정광취 반다라주를 구체적으로 말한다면 아침부터 저녁까지 음성을 연속하며, 글귀의 중간에 조금도 중첩되지 아니하면서 항하사겁을 지내더라도 다 할 수 없느니라.

또 이 주문을 여래정(如來頂)이라고도 하나니 너희 유학(有學)들이 윤회를 끊지 못한 이로서 지성으로 발심하여 아뇩다라삼먁삼보리를 향하려 하면서도, 이 주문을 지송하지 않고 도량에 앉아서 몸과 마음에 마사(魔事)를 멀리 하고자 하는 것은 옳지 아니한 것이다.

아난아, 모든 세계의 여러 국토에 있는 중생들이 그 나라에서 나는 화피와 패엽, 종이나 백모에 이 주문을 써서 향낭(香囊)에 넣어두라. 이 사람이 마음이 혼돈하여 외울 수 없거든 몸에 지니거나 집 가운데 쌓아두면 이런 사람은 일평생에 모든 독이 해하지 못할 것이니라. 내 이제 이 주(呪)가 세간 사람을 구호하여 대무외를 얻게 하며, 중생의 출세간하는 지혜를 성취하게 할 것이다.

내가 멸도한 후에 말세 중생들이 스스로 외우거나 다른 이를 시켜 외우면 이렇게 지송하는 중생은 불이 태우지 못하고 물이 빠뜨리지 못하며, 큰 독(毒)과 작은 독이 능히 해하지 못하며, 내지 용·천·귀신·정기·마군과 귀신들의 악한 주문이 능히 건드리지 못하고, 마음에 바른 생각(正受)을 얻어서 일체 주저(呪咀)와 염고(厭苦)와 독약과 금·은의 독과 초목, 충사(虫蛇) 등 만물의 독기가 이 사람의 입에 들어가면 감로미를 이룰 것이며, 일체 악성과 모든 귀신과 나쁜 마음으로 사람을 독해하려는 것들이 이 사람에게는 악해를 일으키지 못할 것이니, 빈나(頻那), 야가(夜迦)와 악귀왕과 그 권속들이 깊은 은혜를 받았으므로 항상 수호하게 되기 때문이다.

아난아, 이 주문은 항상 팔만사천 나유타 항하사 구지(억)의 금강장왕보살 종족이 낱낱이 많은 금강대중들을 거느리고 밤낮으로 따라다니며 시위하리라. 어떤 중생이 설사 삼마지가 아닌 산란심으로라도 기억하거나 외우면 이 금강장왕이 그 선남자들과 항상 따라다니거든 하물며 보리심이 결정한 이는 이 금강보살장왕들의 정심(精心)이 신속하여 가만히 저의 신식(神識)을 발명케 할 것이다. 이 사람이 그때 능히 팔만사천 항하사 겁을 기억하여 두루 분명히 알고 의혹이 없게 될 것이다.

제일겁으로부터 후신에 이르기까지 날 때마다 야차, 나찰, 부단나, 가타부단나, 구반다, 비사차 등과 모든 아귀와 유형 무형과 유상, 무상 등의 악처에 태어나지 아니하며, 이 선남자가 이 주문을 읽거나 외우거나 쓰거나 그리거나 차거나 간직하여 여러 가지로 공양하면 겁(劫 : 세월)이 지날 때마다 빈궁하고 하천한 좋지 못한 곳에 태어나지 아니하리라.

이 중생들이 비록 자신이 복을 짓지 못했더라도 시방여래가 그에게 있는 공덕을 이 사람에게 줄 것이며, 그리하여 항하사 아승지 불가설불가설 겁동안에 항상 모든 부처님들이 계신 한 곳에 태어날 것이며, 한량없는 공덕이 악차취와 같아서 한 곳에서 훈수(薰修)하고 분산(分散)함이 없으리라.

그러므로 파계한 사람은 계근을 청정케 하고, 계를 얻지 못한 이는 계를 얻게 하고, 정진하지 못하는 이는 정진하게 하고, 지혜가 없는 이는 지혜를 얻게 하고, 청정치 못한 이는 청정케 하고, 재계를 갖지 못한 이는 스스로 재계를 이루게 할 것이다.

아난아, 이 선남자가 이 주문을 가지는 때에는 비록 주문을 받아가지기 전에 금계를 범했더라도 주문을 지닌 후에는 모든 파계한 죄가 경중을 물론하고 일시에 소멸하며, 비록 술을 마시고 오신채를 먹어서 여러 가지로 부정하더라도 일체제불과 보살들과 금강장왕과 천·선·귀신들이 허물 삼지 아니할 것이다.

설사 부정하고 해진 옷을 입었더라도 한 번 행하고 한 번 주문을 외우는 가운데서 모두 청정하게 될 것이며, 비록 단을 만들지 않고 도량에 들어가지 않고 도를 행하지 않더라도 이 주문을 지송하면, 단에 들어가 도를 행한 공덕과 같아서 조금도 다르지 않을 것이다. 만일 5역과 무간중죄와 비구의 4기계(棄戒：重戒)와 비구니의 8기계를 범했을지라도, 이 주문을 지송하면 이러한 죄업이 태풍에 모래가 날리듯이 모두 멸하여 털끝 만큼도 남지 아니하리라.

아난아, 만일 중생이 무량무수 겁으로부터 지은 일체 경중 죄장을 전세 이래로 참회하지 못했더라도, 이 주문을 읽거나 외우거나 쓰거나 그리거나 몸에 차거나 거처하는 집, 정원에 두면 이런 업장이 끓는 물에 눈 녹듯하며 미구에 무생업인을 얻게 될 것이다.

또 아난아, 어떤 여인으로서 아기를 낳지 못하여 아기 낳기를 구하는 이가 지극한 마음으로 이 주문을 생각 속에 기억하거나 몸에 이 실달다반달라주를 차면, 복덕 있고 지혜 있는 남녀를 낳을 것이며, 과보가 빨리 원만하기를 구하면 빨리 원만하게 되고, 몸과 명과 색력(色力)도 그와 같으며, 죽은 뒤에도 소원대로 시방국토에 왕생하며, 결단코 변지(邊地)나 하천(下賤)한 데에 태어나지 않게 될 것인데 하물며 잡된 모습일까보냐.

아난아, 만일 국토·주·현·취락에 흉년과 질병과 도병과 적난과 투쟁과 일체액난이 있을 때 이 주문을 써서 네 문이나 탑(支提)이나 탈사(脫闍:幢) 위에 봉안하거나, 그 국토에 사는 중생들로 하여금 이 주문을 받들어 모시도록 하여 예배 공경하며, 일심으로 공양케 하거나, 그 인민들이 각각 몸에 차거나 거처하는 택지에 봉안하면 일체재액이 모두 소멸할 것이다.

아난아, 가는 곳마다 어느 국토, 어느 중생에게나 이 주문이 있으면 천·용이 환희하고 풍우가 순조하여 오곡이 풍등하고 백성이 안락할 것이며, 또 능히 일체 악성(惡性)이 각지에서 일으키는 변괴를 진압하여 재장(灾障)이 일어나지 아니하고, 사람이 횡액과 요사하는 일이 없고, 추계(扭械)와 가쇄(枷鎖)가 몸에 붙지 못하여 주야로 편안히 자며 악몽이 없을 것이다.

아난아, 이 사바세계에 팔만사천을 일으키는 악한 별이 있는데 28대 악성(惡星)이 우두머리가 되고 8대악성이 주재가 되어, 갖가지 형상으로 세상에 출현할 때 중생에게 가지가지 이상한 재앙을 내거니와, 이 주문이 있는 곳에는 모두 소멸되고 12유순 안에서는 결계지가 되어 여러 가지 나쁜 재앙이 영원히 들어가지 못할 것이다.

그러므로 여래가 이 주문을 선설하여 미래세에 초학으로 수행하는 이를 보호하여 삼마지에 들게 하되 신심이 태연하여 대안을 얻게 하며, 다시 일체 마군이와 원수 귀신이 없고 무시이래의 원횡(冤橫)과 숙영(宿殃)과 옛 업과 전생의 빚쟁이들이 와서 괴롭게 하는 일이 없으리라.

　　너와 이 희중의 유학인들과 미래세에서 수행하는 이들이 나의 단장을 의지하여 법대로 계를 가지며, 수계사도 청정한 스님을 만나서 이 주문을 지송하되 의심하고 후회하지 아니할 것이다. 이러한 선남자가 부모가 낳아준 몸으로 마음이 통함을 얻지 못한다면 시방의 여래가 모두 거짓말한 것이 될 것이다.”

　　이것이 주문의 공덕이다.
　　실로 이 세상의 모든 마(魔)는 색마(色魔)·수마(受魔)·상마(想魔)·행마(行魔)·식마(識魔)를 벗어나지 않는다. 그런데 이 주문을 외우면 5온이 다 공해져서 밝아지므로 어느 곳에 마가 붙을 곳이 없으므로 모든 마음이 대낮같이 밝아지는 것이다.

〈 예적금강 〉

〈 산스크리트 대장경과 파스파 문자 〉

〈 금강역사 〉

〈 티베트 사자의 서 〉

〈 8금강 〉

〈 12지신 〉

제2편 한국부적신앙연구

I. 서 론

1. 서언(緖言)

매년 입시 때가 되면 점치는 사람의 집이 메워지고 부적 만드는 사람이 부자가 된다는 말은 어제 오늘의 이야기가 아니다.

1974년 2월 갓 초등학교를 졸업한 중학생들이 컴퓨터로 학교 배정을 받을 때 컴퓨터 앞에 모여든 학생 수의 3분의 2가 부적을 갖고 있다는 사실을 발견한 모 신문사 기자는 '컴퓨터의 경쟁이 아니라 부적 경쟁'이라고까지 한 말이 있다.

아닌게 아니라 세상은 교묘히 변해가고 있다. 기계문명이 발달하면 발달할수록, 인간의 지식이 전문화 하면 전문화 될 수록 사람들은 더욱 어리석어지고 미신은 발전한다.

사람은 만물의 영장이라고 한다. 그러나 사람처럼 연약한 동물도 없다. 인간의 힘은 한계가 있기 때문이다. 생명은 때때로 변하여 질병·노쇠·죽음에 부딪치고, 또 예기치 못했던 자연적 재해와 인위적 사고로 언제 어디서 어떤 재난을 어떻게 당할지 모른다.

그러나 인간은 이 예고 없이 닥쳐오는 재난에 대하여 전혀 무력하므로 초자연적인 어떤 힘(神·佛)이나 술(術)에 의지하여 그 재난을 피하여 보려고 노력한다. 그래서 인간은 큰 일을 당할 때마다 스스로 의혹을 견디지 못하여 무정한 점대 앞에 무릎을 꿇고 내일의 행운을 빈다. 그리고 그 위대한 부적을 가슴에 안고서야 두 다리를 펴고 잠을 잔다. 실로 이 같은 현상은 허영과 투기가 팽배하고 불신과 혐오가 고질화된 위기시대에 신념과 명지(明智)가 결여된 인간에게 더욱 절실하게 요청되고 있다.

2. 현재 한국 부적신앙의 실태

(1) 부적 소지자 현황

그러면 부적은 왜 가지는가? 이 문제를 해답하기에 앞서 현재 한국인의 부적 소지도를 관찰해 보기로 한다.

1974년 9월부터 1975년 2월까지 6개월간 운전수·학생(특히 입시생을 중심으로)·사업가·일반인 3천명을 대상으로 조사한 결과 그 가운데 부적을 지닌 사람은 1852명으로 전체의 3분의 2에 가까운 숫자였다. 그중 운전수가 921명으로 부적소지자 과반수를 점유하고 다음은 학생 617명, 사업가 210명, 일반인 104명으로 학생·사업가·일반인 순으로 차례를 정할 수 있었다.

〈직업(성)별 부적소지자 현황〉

직 업	대상자 수	부적 소지자	부적 미소지자	비고
운전수	1000	921명(남 800명 중 794, 여 200명 중 127)	79	
학 생	1000	617명(초등남녀 각 100명 중 남 93명, 여 17명. 중등남녀 각 150명 중 남 127명, 여 71명. 고등남녀 각 150명 중 남 132명, 여 86명 대학남녀 각 100명 중 남 53명, 여 38명)	383	입학시험 준비자 혹은 입학, 취직에 임한 자를 중심으로 조사함
사업가	500	210명(남녀 각 250명 중 남 147명, 여 63명	290	정치가·회사원·이용사·상업주 등을 중심으로 조사함
일반인	500	104명(남녀 각 250명 중 남 77명, 여 27명	396	일반 무직업 기타 환자를 중심으로 조사함
합 계	3000	1852명 (남 1423명, 여 429명)	1148	

또 이것을 남녀별로 구분해 보면 남자가 1,356명으로 전체의 7할 이상을 차지하고, 여자가 496명으로 3할이 조금 못되었다. 그것을 도표로 나타내 보면 위와 같다.

(2) 부적을 소지하는 이유

대개 이들은 사고방지와 시험합격, 사업의 번성, 안심입명, 도액, 병을 낫기 위하여, 첩을 떼기 위하여, 그저 좋다 해서, 너무 답답해서 부적을 가지게 되었다고 그 동기를 밝히고 있다.

〈부적을 가지게 된 이유〉

| 이유 | | 사고 방지 | 시험 합격 | 사업 번성 | 안심 입명 | 도액 | 병 치료 | 첩 떼기 | 좋다 해서 | 답답 해서 | 계수 |
직업	성별										
운전수	남	783		5		2		4			794
	여	119		3	2	1	1	1			127
학 생	남	35	258	6	1	33	17		55		405
	여	6	121	4	14	20	21		26		212
사업가	남	63		61			19	2	2		147
	여	26		24				13			63
일반인	남	3	7	24	2		16	9	9	7	77
	여	2	3	3				19			27
계 수		1037 (56%)	389 (21%)	130 (7%)	19 (1%)	56 (3%)	74 (4%)	48 (2.6%)	92 (5%)	7 (0.4%)	

그런데 그 가운데 사고방지를 위해서 가진 사람이 1,037명으로 전체의 56%를 차지하고, 시험합격을 위해서가 389명으로 21%, 사업번성을 위해서가 130명으로 7%, 안심입명을 위해서가 19명으로 1%, 도액을 위해서가 56명으로 3%, 병을 낫기 위해서가 74명으로 4%, 첩을 떼기 위해서가 48명으로

26%, 그저 좋다고 해서가 92명으로 5%, 너무 답답해서가 7명으로 0.4%이었다.

그런데 한 가지 괄목할 만한 것은 이 모든 사람들이 부적을 "안 가지는 것보다는 가지는 것이 훨씬 낫다" 하고, 그 이유를 "마음에 의지가 되기 때문"이라 하고 있다는 사실이다.

부적이 얼마만한 위력이 있는가에 대해서는 다음 결론에서 규명하겠지만, 문명의 이기에 쫓기어 의식상실증에 도착되어 가고 있는 현대인에겐 오히려 부적이 좋은 우상이 되고 있는지도 모른다.

(3) 부적의 출처와 권한 자

그러면 이러한 부적이 누구에 의해서 가져지고 어느 곳으로부터 제작되어 나왔는가?

나이 어린 사람들은 부모나 일가 친척의 권유에 의해서 가져지고, 성인은 대부분 자의에 의해서 가지는데 부모(혹은 부인이나 남편)에 의해서 갖는 사람이 748명으로 제일 많고, 다음은 무복(巫卜)·점술가의 권유에 의해서 가진 사람이 654명으로 많으며, 친지의 권유로 가지는 자도 상당히 많으나(384) 순전히 자의에 의해서 갖는 사람도 65명이나 되었다.

또 부적의 출처는 점상가·성명철학가·무당·절·서적상 등인데 그 가운데 점상가에게서 구한 것이 978명으로 제일 많고, 다음은 절(502명) 무당(200명), 성명철학가(156명), 자작(自作, 23명), 서적상(3명)의 순서로 차례가 정해졌다.

<부적 소지의 경위>

직업 권자와 출처		운전수	학생	사업가	일반인	계수
권 한 자	부모 (남편과 부인)	189	512	42	6	749
	친 지	326	36	13	8	384
	巫卜 점술가	371	62	146	75	654
	自意	35	6	9	15	65
소지자수		921	617	210	104	1,852
출 처	점성가	523	316	107	32	968
	성명철학가	41	83	5	17	146
	무당	97	52	39	12	200
	절	251	164	58	29	502
	서적상	2			1	3
	自作	7	2	1	13	23

　그런데 한 가지 깜짝 놀랄 일은 초등학교 학생들이 자의에 의하여 2,3천원 하는 부적을 사서 갖는 경우가 있다는 사실이며, 부적 1장에 최하 천원부터 최고 50만원에 해당되는 것까지 있다는 사실이다.

　물론 부적의 위대한 영험으로 죽어가는 생명을 구원한다면 50만원이 아니라 5백만원이라도 싼 사람은 싸다 할 것이다.

　그러나 부적은 일종의 카페인과 같다. 잠시 인간의 마음을 진정시킬 수는 있을지라도 영원히 인간의 고통을 근본적으로 제거할 수 있는 것은 되지 못한다. 그런데 그러한 부적을 1년에 1회도 아니고 매월 1회 이상 같은 기금을 내고 사가는 사람이 있다니 세상은 알고도 모를 일이다.

Ⅱ. 본 론

1. 부(符)의 의의

그러면 부(符)란 무엇인가?

자전에 의하면 부(符)는 상서(祥瑞)·증험(證驗)·위신(爲信)의 뜻으로 원래는 하나씩 쪼개어 떨어진 목판이나 대쪽이 서로 부합하여 하나의 완성품을 이룸으로서 상서·증험·위신의 영적을 나툰다 하는데서 유래된 글자다. 말하자면 기독교의 십자가의 ─와 ㅣ가 낱낱이 떨어져 있을 대는 아무런 영험도 위신도 나투지 못하다가 ─와 ㅣ가 합하여 하나의 十자가를 이루었을 때 드라큘라와 같은 사마(邪魔)를 항복받고 하나님의 상서를 나투는 것(영화 드라큐라의 한 장면)같이 부(符)는 물(物)과 문(文)의 관계에서 뿐 아니라 신과 인간과의 관계를 증험하는 도장(印)이 되기도 한다.

그래서 옛 사람들은 하늘이 제왕될 사람에게 상서를 주어 수명(受命)의 징험을 나투는 것을 부명(符命)이라 하고, 천신이 주는 도록(圖錄)을 부신(符信)이라 하였으며, 또 천자의 옥인을 부새(符璽)라 하였다.

그런데 서양 사람들은 이러한 신앙을 페티니즘(Fetism)이라 불렀다. 페티니즘의 원어는 포르투갈어의 페티코(Fetico)로 마력(魔力) 호부(護符)로 이해된다. 15세기 말 포르투갈 사람들이 아프리카 해안에 다니면서 물건을 교환하여 큰 이익을 얻었는데, 거기서 서물숭배(庶物崇拜)의 한 의식을 발견하고 페티코란 말로 부르기 시작한데서 연유되었다 한다.

2. 부(符)의 역사적 사실

부(符)에 대한 사실을 역사적으로 고찰한다는 것은 매우 어려운 일이다. 왜냐하면 역사는 양성적인 것으로 대중 앞에 공개된 사실이지만, 부적은 음성적인 것으로 비밀리에 유행된 미신이기 때문이다.

그러나 우리 역사를 살펴보면 종종 부적에 대한 이야기가 없지 않으니 몇 가지 소개하고자 한다.

(1) 환인천제의 천부인(天符印) 세 개

삼국유사 고조선 편에 "옛날 환인의 서자 환웅이 천하에 뜻을 두고 인간세상에 뜻을 두자, 아버지는 아들의 뜻을 알고 이에 천부인(天符印) 세 개를 주어 내려가 세상을 다스리게 했다."

이것이 우리 역사에 나타난 최초의 부(符)다.

세 개의 천부가 무엇인지는 확실히 알 수 없으나 동북아시아의 유형에 따라 나타난 바로서 미루어 보면 거울(鏡)·칼(劍)·방울(鈴)이 아닌가 생각된다. 물론 이것은 공명(거울)·정의(칼)·사랑(방울)으로 천도 인륜을 비유로서 밝힌 것이지만 거울과 칼, 방울이 위신(爲信)·증험(證驗)의 영부(靈符)로서 위력을 나타낸 흔적은 우리 고전 가운데도 적지 않게 나타난다.

(2) 요임금의 천적부(天赤符)

중국 고서 '춘추전성도(春秋全誠圖)'에 보면 봉이 요임금께 하늘의 부새(符璽)를 바친 일이 있다.

"서력 기원전 3255년 봉황이 옥사슬로 봉한 한 개의 노란 구슬 상자를 성인 요에게 바쳤는데 열어보니 그 속에 '천적제부새(天赤帝符璽)'라 새긴 인장이 들어 있었다."

이것이 중국에 있어서 인장을 사용하게 된 최초의 사실인데 인(印)은 곧 부(符)로 위신을 표한 새(璽)라는 것이다.

전설에 의하면 그 후 100년 있다가 순임금이 요임금에게 제위를 물려받았는데 하루는 황룡이 새(璽) 하나를 순임금께 갖다 바쳤다는 사실이 통아(通雅)에 보인다.

이로부터 하(夏)·은(殷)·주(周)·진(秦)·한대(漢代)를 거쳐 당(唐)·송(宋)·원(元)·명(明)·청대(淸代)에 이르기까지 모든 제왕들은 옥새를 부패(符牌)라 하여 사인(私印)과 달리 사용하였으며, 우리나라에서도 고려 때 인부랑(印符郎)이란 벼슬을 따로 두어 왕부(王府)의 인장을 맡아 보게 하였다.

특히 중국 3대(夏·殷·周)의 귀족들은 인장을 금 또는 옥으로 만들고 그 꼬리에 용이나 호랑이의 무늬를 새겨 도장을 문서에 사용한 밖에 벽사(辟邪) 축귀(逐鬼)의 귀물(貴物)로 부적처럼 항상 몸 안에 지녔다 한다.

〈도장을 부적처럼 벽사(辟邪) 축귀(逐鬼)의 목적으로 겸용한 예〉

한남서루인(翰南書樓印)

청자도인영(靑瓷陶印影)

근방일엽월역산하인(槿邦日鱗越域山河印)

백씨산루장서지기(白氏山樓藏書之記)

(3) 최치원의 오색부(五色符)

신라 때 최치원이 중국 황제의 명을 받고 중국에 들어갔다가 천왕문을 지날 때 오색부(五色符)를 사용하고 재화를 면한 이야기가 최고운전에 나온다.

예로부터 중국과 한국은 대소 형제의 나라라고 하여 특별한 교린이 있었다. 그러나 중국은 한국의 명지(明智)를 시기하여 때때로 가혹한 계교로서 나라를 혼란케 한 예가 적지 않다.

신라의 최치원은 세계적인 문장으로 일찍이 중국에 알려져 많은 문인들을 깜짝 놀라게 하였다. 중국 황제는 이 말을 듣고 "소국에 대인이 나면 좋지 않다" 빙자하고 이것을 까탈을 부려 장차 신라를 치고자 달걀을 솜으로 여러 번 싸 돌함에 넣고 황초로 봉한 뒤 구리쇠로 틈을 막고 옥쇠로 찍어 보내면서,

"너희 나라가 반도의 한 구석에 치우쳐 있으면서 작은 재주로서 큰 나라를 업신여기니 돌함을 보내어 이것을 시로서 알아맞추면 용서하지만 그렇지 못하면 마땅히 살육의 화를 받으리라."

하였다. 당황한 신라왕은 여러 군신에게 명령하였으나 누구 하나 아는 사람이 없었다.

다행히 나승상댁 파경노(破鏡奴 ; 나소저의 거울을 깨트리고 스스로 그 집 종이 되었다 하여 최치원이 자작한 이름)가 승상의 딸 계화와의 결혼을 조건으로 다음과 같은 시를 지었다.

단단석함리(團團石函裡)　반백반황금(半白半黃金)
야야지시명(夜夜知時鳴)　함정미토음(含情未吐音)

　　이 시를 받아 본 중국 왕은 "둥글고 둥근 함 속에 반은 희고 반은 누르다"한 것은 맞으나 "밤마다 때를 알고 울려고 해도 뜻만 품을 뿐 소리를 내지 못한다"는 말은 맞지 않다 하고 돌함을 끌러 보니 함 속의 계란이 병아리로 변해 있었다.

　　감탄한 황제는 그를 잡아 죽일 생각으로 중국으로 초청하고 장차 그가 들어올 문을 새로 짓되 그 앞에 함정을 파고 악사들을 숨겨 요란한 악기로 정신을 잃게 하고 마지막 문에는 술 취한 코끼리를 풀어 놓아 밟아 죽이게 하라 하였다.

　　그러나 치원이 중국 능원땅에 이르니 어떤 여자가 길가에 섰다가 "황문에 들어갈 때 반드시 큰 화가 있을 것이니 조심하라" 하면서 주머니에서 다섯 가지 색의 부적(五色符)을 꺼내주었다.

　　치원이 황성에 이르러 의관을 정제하고 문안에 들어서니 난데없는 악기 소리가 요란하므로 전일 오색부(五色符)를 준 여인을 생각하고 먼저 푸른 부적을 꺼내 던지니 곧 소리가 조용하고, 둘째 문에 이르러서도 역시 소리가 나므로 붉은 부적을 던지고, 셋째 문에서는 흰 부적을,

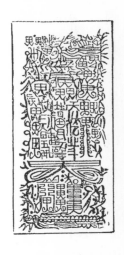

〈최치원이 사용했다는 오색부(五色符)〉
일명 '적갑부'라고도 하는데, 이것을 그리는 종이를 5색으로 물들여 썼으므로 오색부(五色符)라 한다.

넷째 문에서는 검정부적을 각각 던지니 조용해졌다. 마지막 다섯째 문에 이르니 술 취한 코끼리가 미쳐 날뛰므로 황색 부적을 던지니 곧 수천마리의 구렁이가 되어 코끼리의 입과 코를 감아 움직이지 못하게 하니 그도 어찌하지 못했다.

이 말을 들은 황제는 "과연 천신이로다" 하고 그를 맞아 칙사 대접을 하였다.

이 설화는 대국의 풍채와 위력으로서 약소민족을 업신여기는 중국인을 지혜와 신통으로서 설분하는 통쾌한 우국우민(優國優民)의 이야기이지만 그것이 부적의 힘으로 이루어졌다는 사실은 괄목할 만한 일이다.

(4) 천중부(天中符)와 처용부(處容符)

고래로 우리 민족의 풍습에 정월 초하룻날이 되면 대문에 갑옷을 입고 한손에 도끼를 들고 서 있는 장군상을 그려 붙였는데 이것을 문배(門排) 또는 세화(歲畵)라 하고, 또 5월5일 단오날에는 귀신을 쫓는 부적을 만들어 붙였는데 이것을 천중부(天中符)라 하였다.

청중부를 단오날 써붙이는 이유는 일 년 중 양기가 가장 성한 날이 단오이기 때문이다. 천중부는 대개 관상감에서 써서 궁중이나 사대부 집에 나누어 주었는데, 내용은 주사로

"오월오일천중지절 상득천록 하득지복 치우지신 동두철액 적구적설 사백사병 일시소멸 급급여율령(五月五日天中之節 上得天祿 下得地福 蚩尤之神 銅頭鐵額 赤口赤舌 四百四病 一時消

滅.急急如律令)"

이란 주문을 쓰기도 하고, 혹은 처용상이나 도부(桃符)를 함께 그려 넣기도 하였다 한다.

또 세화(歲畵)의 문배(門排)는 한 길 이상 되는 것은 대궐 문에 붙이고 중각(重閣)엔 반 길 정도의 강포(絳袍) 조모상(鳥帽像)을 붙였으며, 문도리에는 종수(鍾首)가 귀신을 잡는 화상(畵像)이나 귀두상(鬼頭像)을 그려 붙였다.

이는 역신(疫神)과 사신(邪神) 화화(火禍) 재앙을 쫓기 위하여 한 것인데 궁중용 그림을 그리는 도화서에서는 그 밖에도 성수선녀상(星壽仙女像)과 직일신장상(直日神將像)을 그려 헌상하고, 또 임금님은 이것을 여러 관속에게 나누어 주었다.

일반 여염집에서는 상류사회의 이와 같은 풍속을 본떠서 벽에다 닭과 호랑이의 그림을 그려 붙였다. 닭은 봉황을 상징한 것으로 봉황이 모든 비수(飛獸)의 왕이 되는 까닭이고, 호랑이는 산중주수(山中走獸)의 왕으로 모두 길상을 뜻하는 동물일뿐 아니라 정월은 인월(寅月)로 호랑이를 의미하는 까닭이다.

원래 이것(將軍像·絳袍·鳥帽像)은 신라 제49대 헌강왕 때 처용랑의 고사에서 유래된 것이다.

왕이 개운포(지금 울주)에서 놀다가 돌아오고자 하자, 뜻밖에 구름과 안개가 자욱히 끼어 길을 잃게 되었다. 일관이

"이것은 동해 용의 조화이니 마땅히 좋은 일을 해주어 이를 풀어야 한다."

하므로 곧 관원에게 명령하여 용을 위해 절을 짓도록 하였다. 왕의 명령이 내려지자 곧 구름과 안개가 걷혔으므로 그곳의 이름을 개운포라 하였는데, 동해 용왕이 기뻐하여 아들일곱을 거느리고 임금 앞에 나타나 왕의 덕을 찬양하여 춤을추고 노래를 하였다.

그 중 처용이라는 한 아들이 임금님을 따라 서울에 들어와정사를 도왔는데, 도량이 넓어 매우 정치를 잘했다. 임금님께서 가상히 여겨 미녀와 결혼시켜 주고 관직을 급간(及干)으로올려 주었다. 그런데 역신이 그 미녀를 탐하여 처용이 나간틈을 타 그와 동침했다. 처용이 돌아와 이것을 보고,

〈금난부(禁亂符)〉
경주민속박물관 소장.
호랑이를 소재로 하여 만든 부적

서울 밝은 달에
밤들어 노니다가
들어서야 자리를 보니
가랭이가 넷이러라.
둘은 내 것인데
둘은 뉘 것이뇨.
본디는 내 것이다마는
앗은 것을 어찌할꼬.

그 때 역신이 형체를 나타내어 처용 앞에 꿇어 앉아,
"제가 공의 아내를 사모하여 지금 그녀를 관계했는데 공은노여움을 나타내지 않으시니 감동하여 칭송하는 바입니다.

맹세코 이후로는 공의 형용을 그린 그림만 보아도 그 문에 들어가지 않겠습니다."

하였다. 이 일로 말미암아 나라 사람들은 처용의 형상을 문에 붙여서 사귀를 물리쳐 경사를 맞아들이게 되었다.

-〈삼국유사 권2, 처용랑과 망해사〉

(5) 사도세자와 천존부(天尊符)

사도세자는 이조 제21대 영조대왕의 아들이다. 어려서부터 건강이 좋지 못하여 항상 곤고를 겪고 있었는데, 아버지의 성격은 영명인효(英明仁孝)하고 상찰민숙(詳察敏熟)한데 반하여 아들의 성품은 과묵심중(過黙沈重)하고 행동이 날쌔지 못하여 매양 아버지로부터 모진 꾸중을 들었다.

이로 인하여 날로 병이 짙어지자 영부사 이천보(李天輔)와 박시민(朴市民) 등의 권유로 천존부를 가지고 옥추경(玉樞經)을 읽었는데, 그 뒤로 다시 의대병(衣帶病 ; 옷을 입지 못하는 병)이 겹쳐 완전히 광인으로 변하고 말았다. 하는 수 없이 영조대왕은 1762년 5월 13일 폐세자하고 뒤주 속에 넣어 죽이니 세자빈 혜경궁 홍씨는 영부

〈천존부(天尊符)〉
사도세자가 사용했다고 하며, 일반적으로 광증(狂症)환자에 쓴다.

사들을 원망하고 옥추경과 천존부를 마귀보다도 더 무섭게 대하였다.

-〈한중록〉

(6) 불가살부(不可殺符)

고려 말기에 불가사리의 전설이 있다. 어느 법사가 한 알의 밥풀을 가지고 만든 짐승이 곧 불가사리인데 쇠만 먹고 사는 동물이었다. 처음에는 방안에 있는 여인들의 바늘과 가위 등을 먹고 자라 커서는 온 동네의 솥을 삼켜 더욱 커지고 끝내 전국의 쇠붙이를 몽땅 삼켜 버렸다. 나라에서는 이 불가사리를 잡기에 온갖 방법을 다 썼으나 허사였다. 그 후 고려는 몽고병의 침입을 받게 되었는데 불가살이는 이들의 총칼을 닥치는대로 삼켜서 이들의 힘을 못쓰게 만들었다. 몽고병이 물러간 후 이 불가사리를 만든 법사가 법력으로서 이 불가사리를 잡았다 한다. 그런데 죽은 불가사리는 큰 쇠산으로 변하여 오늘도 나라를 지키는 신이 되어 있다고 한다.

이 전설은 외적의 침략을 물리치려는 호국정신이 낳은 야담의 하나이지만 근래 와서는 천연두를 예방하는 부적그림으로 그려져 사용되어 왔다. (부적은 경주민속박물관에 있음)

이 외에도 전우치의 해사부(解蛇符 ; 전우치전)와 양소유(梁少游)의 축귀부(逐鬼符 ; 구운몽) 교씨부인의 득남부(得男符 ; 사씨남정기) 등 여러 가지 부(符)에 관한 이야기가 있으나 여기서는 생략한다.

3. 부(符)의 종류

그러면 일상적으로 우리가 사용하고 있는 부적은 어떤 것들이 있는가.

대개 부적은 유래와 형태 용도에 따라 종교적인 것(도교·불교)과 비종교적인 것(神農秘傳·太乙符 같은 것)으로 구분할 수 있고, 불·보살, 천·신, 문자·진언 등으로 구분할 수도 있으며, 또 병부(病符·夢符·三災符·往生符) 등 여러 가지로 구분할 수 있다. 그러나 여기서는 편이상 용도별로 간단히 구분하려 한다.

(1) 병부(病符)

① 30일 병부

현대인은 병을 생활기능의 장해로 생물계의 온몸 또는 일부분에 생리적으로 이상이 생겨 고통을 느끼게 하는 현상으로 보고 그의 원인을 비타민의 과·부족, 세균의 발생 전염, 정신적 육체적 상처 등 여러 가지 원인으로 분석하고 그를 의약으로 대처하지만, 옛 사람들은 질병을 음양오행의 부조화와 귀신들의 장난으로 보았다. 그래서 병이 나면 약방이나 병원의 문을 두드리기 보다는 무당, 술사의 집을 먼저 찾아갔다. 그러면 무당이나 술사는 병이 난 날짜를 보아서,

초1일병은 동남 나무신(木神)과 객사귀신이 붙어 두통 한

열이 있고 음식이 맛이 없다 하고,

초2일병은 동남 친척노귀가 붙어 한열, 무기하다 하고,

초3일병은 정북 친척귀신이 붙어 두통·번조·음식부진이라 하며,

초4일병은 동북 객귀가 붙어 두통·구토 몸이 무거워 방향을 가리지 못한다 한다. 그리고 한 달 30일간에 발생하는 모든 병을 다음과 같이 논설한다.

초5일병 동북 석류귀가 붙어 구토, 한열한다.

초6일병 동북 복신 황두귀(黃頭鬼)가 붙어 사지가 무겁고 전신이 아프다.

초7일병 동북 토지신 노귀신이 붙어 한열이 구역하고 사지가 무겁다.

초8일병 동북 토지신 여자귀신이 붙어 다니다 무릎이 아프고 한열이 있고 기가 없다.

초9일병 동남 친척 여자귀신이 붙어 구토하고 기운이 없으며 일신이 불안하다.

초10일병 정동 객귀가 붙어 한열, 두통하고 사지가 아프며 음식이 맛이 없다.

11일병 정북 원혼으로 죽은 여자귀신이 붙어 신물을 토하고 음식맛이 없다.

12일병 동북 토지 가귀(家鬼)가 붙어 구토 번조하고 사지가 궐냉하다.

13일병 동북 소녀귀신이 붙어 곽란명현하고 음식 맛이 없다.

14일병 정동 가신이 붙어 곽난에 수족이 궐냉하고 음식 맛이 없다.

15일병 정남 수화신(水火神)이 붙어 한열 구토하고 음식을 먹지 못한다.

16일병 서남 친척귀신이 붙어 두통, 사지가 무겁고 한열이 왕래한다.

17일병 정서 소년귀신이 붙어 두통, 사지의 한열이 불과 같다.

18일병 서남 식물귀(食物鬼)가 붙어 곽난에 음식 맛이 없고 한열 왕래한다.

19일병 정북 원혼, 여자귀신이 붙어 위는 덥고 아래는 차고 신물을 토한다.

20일병 정북 토지가귀가 붙어 구토, 한열이 있으며 앉고 눕는데 불안을 느낀다.

21일병 동북 소년친척귀가 붙어 곽난명현하고 음식 맛이 없다.

22일병 동북 정신(井神)이 귀신을 끌어들여 붙어 곽난, 번조하며 수족이 냉하고 음식 맛이 없다.

23일병 정남 산신(産神) 객사귀가 붙어 곽난 복통하고 잠을 이루지 못한다.

24일병 정남 노모불장귀(老母不葬鬼)가 붙어 사지가 무겁고 한열 구토한다.

25일병 정서 금신노귀(金神老鬼)가 붙어 일신이 혼곤하고 음식 생각이 없다.

26일병 정북 방화신(方火神)이 화상가친귀(和尙家親鬼)와 함께 붙어 병을 이르키니 두통, 현기하여 일산의 방향을 알지 못한다.

27일병 정동 동방신이 소년남자불합귀(少年男子不合鬼)로 더불어 병을 일으키니 두통, 곽란하고 잠깐 덥다 잠깐 차고 번조하다.

28일병 정북 금신이 소년 여귀로 더불어 병을 일으키니 두통, 발열, 수기불안(睡起不安)하고 음식 생각이 없다.

29일병 동남 토지가귀(土地家鬼)가 병을 일으키니 두통, 혼침, 한열하고 음식 맛이 없다.

30일병 동북 산신과 남자귀신이 함께 벌을 일으키니 두통·복통·설사, 번조, 황홀, 불안하고 음식 맛이 없다.

날짜마다 그에 해당되는 음식이나 의복 등을 해놓고 푸닥거리를 한 뒤 각 일자에 해당되는 부적을 써 갖거나 먹으면 병이 낫는다 하였다.

이제 그 30일부를 소개하면 다음과 같다.

초1일부	초2일부	초3일부	초4일부
1장은 태워먹고 1장은 문 위에 붙인다.	1장은 태워먹고 1장은 문 위에 붙인다.	1장만 태워먹는다.	1장은 태워먹고 1장은 문 위에 붙인다.
초5일부	초6일부	초7일부	초8일부
1장은 태워먹고 1장은 문 위에 붙인다.	1장만 문 위에 붙인다.	1장만 태워먹는다.	1장만 태워먹는다.

초9일부	초10일부	초11일부	초12일부
1장은 태워먹고 1장은 문 위에 붙인다.	1장만 태워먹는다.	1장만 문 위에 붙인다.	1장만 문 위에 붙인다.

초13일부	초14일부	초15일부	초16일부
1장은 태워먹고 1장은 문 위에 붙인다.	1장은 태워먹고 1장은 문 위에 붙인다.	1장은 태워먹고 1장은 문 위에 붙인다.	1장은 태워먹고 1장은 문 위에 붙인다.

초17일부	초18일부	초19일부	초20일부
1장은 태워먹고 1장은 문 위에 붙인다.	1장은 태워먹고 1장은 문 위에 붙인다.	1장은 태워먹고 1장은 문 위에 붙인다.	1장은 태워먹고 1장은 문 위에 붙인다.
초21일부	초22일부	초23일부	초24일부
1장만 태워먹는다.	1장은 몸에 지니고 1장은 문 위에 붙인다.	1장은 태워먹고 1장은 문 위에 붙인다.	1장은 태워먹고 1장은 문 위에 붙인다.

초25일부	초26일부	초27일부	초28일부
1장만 문 위에 붙인다.	1장만 문 위에 붙인다.	1장만 베개에 지닌다.	1장은 살라먹고 1장은 몸에 지닌다.

초29일부	초30일부	귀신불침부
1장만 평상 위에 붙인다.	1장만 몸에 지닌다.	날짜에 관계 없이 가지고 붙이는 부적

그런데 이와 같은 부적을 써 가질 때는 반드시 고치삼통
(叩齒三通;상하 이를 세 번 서로 마주치는 것)하고 깨끗한 물
한 모금을 머금어 동쪽을 향해 뱉고 다음 주문을 외우라 하
였다.

"질출혁혁양양 일출동방 오칙차부 보제불상 구토삼매지화 복비
문읍지광 착괴 사천 봉파질용비적금강 항복요괴 화위길상 급
급여율령(叱出赫赫陽陽 日出東方 吾勅此符 普除不祥 口吐三
昧之火 服飛門邑之光 捉怪 使天 蓬破疾用秘跡金剛 降伏妖怪
化爲吉祥 急急如律令)"

② 통병부(通病符)
이 세 부적은 어떠한 병자든지 몸에 지니면 좋다 하였다.

〈도병부(都病符) (1)〉   〈도병부(都病符) (2)〉   〈치병벽사부(治病僻邪符)〉

③ 벽온부(辟瘟符)

다음 두 부적은 전염병을 예방하기 위하여 가지는 부적이다.

〈불설벽온부〉

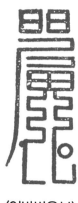

〈일반벽온부〉

④ 소제부(消除符)

이 부적은 질병을 없애고 수복을 비는 부적이다.

⑤ 토황신살금기부(土皇神殺禁忌符)

이 부적을 항상 몸에 지니고 기도하면 모든 금기가 없어지고 악몽 급병의 화를 면한다 하였다.

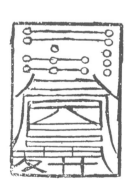
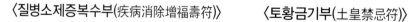

〈질병소제증복수부(疾病消除增福壽符)〉

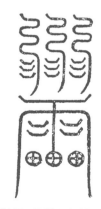

〈토황금기부(土皇禁忌符)〉

〈밝은 빛으로 귀신을 제압하는 부적〉   〈복과 지혜를 구족한 부적〉

⑥ 오뢰치백부(五雷治百符)와 삼광백령뇌전불침부(三光百靈雷電不侵符)

이 두 부적은 뇌성을 다스리고 백 가지 병을 치료하는 부적

이다.

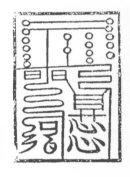

〈오뇌부(五雷符)〉   〈삼광백령뇌전불침부(三光百靈雷電不侵符)〉

⑦ 천존부(天尊符)

원명은 구천응원뇌성보화천존부(九天應元雷聲普化天尊符)

다. 미친 사람을 치료할 때 방 5방(東西南北)과 중앙(天井)에

붙이고 옥추보경을 읽는다.

※ 부적은 '사도세자와 천존부' 참고.

⑧ 환중불약부(患中不藥符)

환자가 병에 대한 약을 사용하여도 효력을 보지 못하고 장시일 고생할 때 이 두 부적을 써 하룻밤 동안 몸에 간직했다가 다음날 불에 태워 먹으면 효력을 본다 하였다.

〈환중불약(患中不藥) (1)〉 〈환중불약(患中不藥) (2)〉 〈치백사병(治百事病)〉

⑨ 만겁생사불수부(萬劫生死不受符)

이 부적은 아주 생명이 위태로울 때 써 지니거나 태워 먹는다.

⑩ 조문문병부(吊問問病符)

이 부적은 조문을 갈 때나 병문안(특히 전염성 질환)을 갈 때 써 몸에 지니면 상문이 나지 않고 문병 후 아무 탈이 생기지 않는다 하였다.

⑪ 소아야제부(小兒夜啼符)

어린 아이들이 밤에 심히 울거나 보채고 젖을 잘 먹지 않고 토하면 이 부적을 써 하룻밤 간직한 다음 불에 태워 먹이면 효력을 본다 하였다.

〈만겁생사불수부〉　　〈조문문병부〉　　〈소아야제부〉

(2) 몽부(夢符)

① 12지 몽부

공자님은 '서사야몽(書事夜夢)'이라 하여 낮에 한 일이 밤에 꿈에 나타난다 하고, 불교에서는 첫째 무명훈습(無明薰習)이고, 둘째 구참순유(舊讖巡遊)며, 셋째 사대편증(四大偏增)이고, 넷째, 선악선조(善惡先兆)라 하여 제후는 꿈이 나쁘면 덕을 닦고, 대부는 관(官)을 닦고, 선비는 몸을 닦아 재화를 스스로 물리치라 하고, 또 장주(莊主)는 "지인(至人)은 무몽(無夢)이니 무욕고(無欲故)로 무몽(無夢)이라" 하였다.

그러나 후세 호사가들이 매일의 꿈을 12지에 배대(配帶)하고 길흉을 점쳐 꿈이 나쁜 사람은 누구에게도 꿈 이야기를 하지 말고, 고치삼통후(叩齒三通後) 깨끗한 물을 머금어 동방을 향해 뱉고

"나쁜 꿈은 착초목(着草木)하고, 좋은 꿈은 성주옥(成株玉)"
이란 주문을 외우든지,

"혁혁양양 일출동방 차부 단각 악몽 불제불상 급급여율령(
赫赫陽陽 日出東方 此符 斷却 夢中 祓除不祥 急急如律令)"
이란 주문을 외운 뒤 다음 각 항에 해당되는 부적을 가지면 좋다 하였다. 즉,

"子日夢은 자신도 괴롭고 내외가 다 흉하고,
丑일몽은 남방에 기쁜 일이 있고 또 백 가지 일이 다 길하며,
寅일몽은 남방에서 재물이 들어오거나 관사(官事)가 있고,
卯일몽은 집안에 구설이 있고, 또 병을 얻으면 스스로 괴롭다.
辰일몽은 재물이 들어오고 또 귀인을 상봉하게 된다.
巳일몽은 기쁜 일이 있으나 3, 4일 이내에 흉을 보고 구설수가 있어 집안이 불안하게 되고,
午일몽은 술 마실 즐거움이 있고 천하가 태평하고 대통길상하며,
未일몽은 동방에서 주식 재물이 스스로 돌아오고,
申일몽은 혹 문상, 재물이 들어오고 혹 좋지 못한 것(凶)을 본다.
酉일몽은 기쁜 일이 있으면서도 구설수가 염려되고,
戌일몽은 손재수가 아니면 몸이 고단하고,
亥일몽은 주식에는 길하나 관재수가 있다."

하고, 만일 그 날 그 날의 꿈이 매우 불상(不詳)하다고 생각
될 때 다음 부적 가운데 각 항에 해당하는 것을 골라 써 가
지라 하였다.

子日夢符	丑日夢符	寅日夢符
베개머리에 지닌다.	베개머리에 지닌다.	몸에 지닌다.

卯日夢符	辰日夢符	巳日夢符
북쪽 벽에 붙인다.	문에 붙인다.	문에 붙인다.

午日夢符	未日夢符	申日夢符
남쪽 벽에 붙인다.	베개머리에 지닌다.	왼쪽 허리에 찬다.
酉日夢符	戌日夢符	亥日夢符
베개머리에 지닌다.	서쪽 벽에 붙인다.	부엌 중앙에 붙인다.

② 효신탈식부(梟神奪食符)

춘하추동 계절마다 집안에 우환질고가 그치지 않고, 또 꿈
자리가 뒤숭숭하며, 자다가 자주 놀랠 때 이 부적을 써 내실
문 위에 붙이면 해소된다.

③ 악귀불침부(惡鬼不侵符)

사나운 귀신이 침노하여 가운이 불이하고 가정에 병고가
그치지 않을 때, 또는 그러한 것을 미리 예방하려면 다음 부
적을 써서 문지방 위에 붙인다.

〈효신탈식부(梟神奪食符)〉

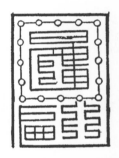

〈잡귀가 침범하지 못하는 부적〉

(3) 삼재부(三災符)

3재란 사람이 살아가다가 나쁜 운이 드는 해를 말한다. 3
재의 3은 바람·물·불이고, 재는 바람과 물·불로 인해서 오
는 재앙이다.

원래 이것은 불교나 기독교 가운데서 세계가 괴멸될 때 일
어나는 대변재로 인식되었으나 술사들은 그것을 겁삼재(劫三
災)라 이르고, 인간에게 있는 것을 인삼재(人三災) 혹은 소삼

재(小三災)라 부른다.

3재가 드는 해는 주로 물과 불, 바람으로 인한 대재난을 겪게 되든지 아니면 속으로 심화(心火)·풍병(風病)·수종(水腫) 같은 병환을 겪어 정신적으로 타격을 받는다 하는데, 먼저 것을 물삼재(物三災)라 하고, 뒤에 것을 병삼재(病三災)라 이르기도 한다. 혹 3재 중에도 일생에 한두 번은 복삼재(福三災)라는 것이 있어 그 때에는 비록 3재가 들어도 아무 탈이 없으며, 오히려 5복을 구성하게 된다고 한다.

대개 3재의 출입법은 12지 중,

申子辰生은 寅(入) 卯(滯) 辰(出)年
亥卯未生은 巳(入) 午(滯) 未(出)年
寅午戌生은 申(入) 酉(滯) 戌(出)年
巳酉丑生은 亥(入) 子(滯) 丑(出)年

에 각각 3재가 들고 난다. 3재가 드는 해를 '드는 삼재(入三災)', 쉬는 해를 '쉬는 삼재(滯三災)', 나는 해를 '나는 삼재(出三災)'라 하여 한 번 들면 3년이 걸리므로 결국 사람은 누구나 9년마다 한 번씩 3재가 드는 편이다.

일반 민속신앙에서는 매년 정월 초하룻날 3재가 든 사람은 매의 날개 3개를 그려 문도리 위에 붙이면 액을 면한다(한국 세시풍속) 하였는데, 일반 부서(符書)에서는 다음과 같은 여러 가지 부적을 사용하고 있다.

① 삼두일족응부(三頭一足鷹符)

　이것은 우리 민속 가운데 '매의 날개 셋이 발전된 것이라 보아야 하는데, 옛 사람들은 호랑이를 산의 수호자, 용을 바다의 수호자로 보고 매를 영공(領空)의 수호자로 간주했다. 천지인의 풍수화 3재를 영공의 수호자 매 3마리가 각기 찍어 없앤다는 뜻에서 만들어진 부적이 이 삼두일족응부이다. 주사로 써서 문지방 위에 붙인다.

② 삼재소멸부(三災消滅符)

　몸에 지니거나 문지방 위에 붙이면 3재 뿐 아니라 천형살(天刑殺)이 제거된다 함.

〈삼두일족응부(三頭一足鷹符)〉　　〈삼재소멸부(三災消滅符)〉

③ 자연원리삼재부(自然遠離三災符)

이 부적은 '일두일족저부(一頭一足鰭符)' 속에 포함하여 함께 그리는 경우도 있으나 대개는 독립적으로 사용한다.

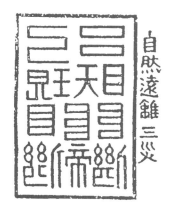

〈자연원리삼재부(自然遠離三災符)〉

〈호응삼재부(虎鷹三災符)〉
경주민속박물관 소장

④ 옥추삼재부(玉樞三災符)

도교의 성전 옥추보경에 있는 부적으로 몸에 지니면 3재8난이 침범치 못하고 귀사(鬼邪)가 멀리 도망하고 관재구설이 자연히 소멸한다고 하였다.

⑤ 수화도액부(水火都厄符)

이것도 옥추부에서 나온 것인데 원 이름은 '도우기청지양화액부(禱雨祈晴止穰火厄符)'라 한다. 이 부적을 몸에 지니면 홍수·한재(旱災)·화재 및 그로 인한 가옥, 전답의 유실을 방지하고 몸이 함정에 빠진다든지 뱀·벌레 등의 침입을 받지 않는다 하였다.

〈옥추삼재부(玉樞三災符)〉　　　　〈수화도액부(水火都厄符)〉

⑥ 신농삼재부(神農三災符)

　이 부적은 염제신농씨가 제작한 것이라 전하는데, 둘다 3
재8난에 접했을 때 써 몸에 지니면 액을 면한다 했는데, 3재
가 든 사람은 3년간 지닌다 했다.

〈삼재부(三災符) (1)〉　　　　〈삼재부(三災符) (2)〉

⑦ 삼재제살부(三災諸殺符)

이것도 신농비전 중의 하나로 3재가 들기 1년 전부터 몸에 지니면 화삼재가 복삼재로 된다 함.

⑧ 화재예방부(火災豫防符)

이것은 특히 화재에 위험이 있다고 할 때 그 예방을 위해 가지는 부적이다.

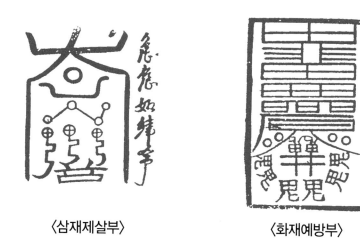

〈삼재제살부〉　　　　〈화재예방부〉

(4) 제살부(諸煞符)

살(煞)이란 사물에 해로운 빌미가 되는 독하고 모진 기운을 말한다. 이런 기운이 발동하면 대수롭지 않는 일에도 공교롭게 상하거나 깨지는 사고가 생기는데, 가령 상여 뒤에 따라가다가 갑자기 쓰러져 죽는다든지, 손으로 그릇을 만졌는데 우연히 깨진다든지, 조금도 해치려는 마음을 가지고 사람을 치지 않았는데도 우연히 죽는다든지 하는 것이다.

대개 이러한 경우를 민간신앙에서는 '살 맞는다', 살 내린다' 하고, 그의 원인을 '살이 낀' 까닭이라 하는데, 대개 그 '살'을 선천적인 것과 후천적인 것으로 구분한다.

선천적인 것은 4주에 고진(孤辰)·연숙(宴宿)·대패(大敗)·적랑(赤狼)·팔패(八敗)·천랑(天狼)·소랑(小狼)·파가(破家)·삼형(三刑)·육합(六合)·대내(大耐)·사관(四關) 등, 살(煞;殺)이 든 사람이나 인상이 흉험하여 살기가 등등하다든지 하는 것으로 구분하고, 후천적인 것은 오귀(五鬼) 삼살방(三殺方)이나, 대장군 방위로 이사를 잘못 하거나, 혹 선영의 묘를 잘못 쓰거나, 또는 남의 관혼상제에 잘못 드나들다 주당살(周堂殺) 맞는 것 등을 말하는데, 이러한 사실은 가정의 우환으로 증험하거나 4주 관상가의 점의 영험으로 인식할 수밖에 없다.

대개 이러한 살이 범했을 때는 '살풀이'를 위해서 굿을 하거나 독경을 하는 수도 있으나 다음과 같은 부적을 지녀 예방하는 수도 있다.

① 말두살부(抹頭煞符)와 유혼살부(游魂煞符)

말두살은 남녀 상호간에 상충살이 있는 것이고, 유혼살은 본의 아닌 타인의 유혹에 빠져 가출 또는 방탕에 드는 것을 말한다. 말두살의 경우 "설사 모르고 상, 사업에 관한 모사를 했을 때 풍파가 발생하여 신운이 불길하므로 이 부적을 써서 몸에 간직하면 화를 면하게 된다" 하였고, 유혼의 경우는 "부

적을 써서 1장은 내실 문 위에 붙이고, 1장은 본인의 몸에 간
직하면 화를 면한다" 하였다.

〈말두살부(抹頭煞符)〉

〈유혼살부(游魂煞符)〉

② 장군살부(將軍煞符)와 투생살부(偸生煞符)

장군살은 12세 미만의 어린이들로써,

① 3세전 유(酉)·술(戌)·진시생(辰時生)

② 6세전 미(未)·묘(卯)·자시생(子時生)

③ 9세전 오(午)·인(寅)·축시생(丑時生)

④ 12세전 신(申)·사(巳)·해시생(亥時生)

에 각각 끼는 살로서 이 살이 끼면 극심한 액이 자주 든다
한다.

또 5세 미만의 어린이들로서 장군살도 끼지 않았는데, 잔
병이 많고 발육이 부진한 아이는 다 투쟁살 때문이라고 한다.

장군부는 각기 해당되는 아이들에게 일생 1회 태워 먹이면
되지만, 투생부는 춘하추동 계절마다 1장식 태워 먹이고 약
을 써야 효력을 본다 하였다.

〈장군살부(將軍煞符)〉

〈투생살부(偸生煞符)〉

③ 호리살부(狐狸煞符)와 흉악살부(凶惡煞符)

호리살은 부부에 원진이 있는 것이고, 흉악살은 교통사고·낙상 등으로 불의에 위해를 당하는 것이다. 둘 다 부적을 써 몸에 지니면 미연에 해를 방지하고 살을 면할 수 있다 한다.

〈호리살부(狐狸煞符)〉

〈흉악살부(凶惡煞符)〉

④ 삼형육해부(三刑六害符)와 비렴부(飛廉符)

3형은 관재·구설·자살수를 말하고, 6해는 가운이 불길하고, 6축이 잘 되지 않는 해를 말하며, 비렴은 재물이 모아지지 않고 헛되이 재물을 지출하여 손재수가 많은 것이다.

삼형육해부(三刑六害符)는 내실 문 위에 붙이거나 몸에 간직하면 효력이 있고, 비렴부(飛廉符)는 집 사방 네 귀에 붙이면 액을 면할 수 있다 하였다.

〈삼형육해부(三刑六害符)〉

〈비렴부(飛廉符)〉

⑤ 충천살부(冲天煞符)와 발난살부(撥亂煞符)

충천은 상호 의사가 불통하여 뜻밖에 재액을 당하는 것을 말하고, 발난은 남녀 간에 스스로 음욕을 자재하지 못하여 외간을 즐기는 것을 말한다.

특히 충천살부는 사업장에서 대인관계로 우연히 구설수나 관재수 송사가 발생하였을 때 몸에 간직하면 좋고, 발난부는 당사자 몰래 베개 속에 넣어두면 자연히 액살이 면제된다 하였다.

〈충천살부(冲天煞符)〉

〈발난살부(撥亂煞符)〉

⑥ 투정살부(投井煞符)와 화개살부(華蓋煞符)

　투정살은 우물에 빠져 자살한다는 살이고, 화개살은 집안에 외인이 방문하여 부정이 끼는 살이다. 대개 이러한 살이 있다고 판정될 때 투정부는 몸 안에 간직하고, 화개부는 내실 문 위에 써 붙이면 예방의 효력을 발생한다 하였다.

〈투정살부(投井煞符)〉

〈화개살부(華蓋煞符)〉

⑦ 암해살부(暗害煞符)와 매아살부(埋兒煞符)

　암해는 집안에 재패(財敗) 도난수가 있는 것을 말하고, 매아살은 죽은 어린아이의 묘소를 잘못 택하여 가환이 부차적으로 발생하는 것을 말한다.

　암해살부는 4장을 서서 집안 네 귀에 붙이면 효력을 보고, 매아부는 두 장을 써서 묘소 앞뒷면에 묻으면 살이 해소된다 하였다.

〈암해살부(暗害煞符)〉

〈매아살부(埋兒煞符)〉

⑧ 오귀살부(五鬼煞符)와 야제살부(夜啼煞符)

오귀살은 오귀(五鬼) 삼살방(三殺方)으로 잘못 이사하여 발생한 살이고, 야제살은 어린아이들이 원인을 알 수 없이 밤중에 울거나 심히 보채는 것이다.

오귀부는 네 장을 써 집 네 귀에 묻고, 야제부는 하룻저녁 동안 몸에 지니고 있다가 불에 태워 먹이면 효력을 본다.

〈오귀살부(五鬼煞符)〉

〈야제살부(夜啼煞符)〉

이외에도 구교살(勾絞殺)·백호살(白虎殺)·구녀성살(九女星殺)·호신살(虎神殺)·미혼살(迷魂殺)·혈기살(血氣殺)·적객살(吊客殺)·사골투태살(死骨投胎殺)·주도살(走跳殺)·경안살(硬眼殺)·비재살(飛財殺)·현량살(懸梁殺)·관부살(官符殺)·기노살(氣勞殺)·투암살(投岩殺)·암시살(暗矢殺) 등 수없이 많은 살부가 있으나 생략한다.

(5) 소원성취부(所願成就符)

세상에 소망이 없는 자가 없을 것이다. 밥이 없는 자는 밥을, 옷이 없는 자는 옷을, 집이 없는 자는 집을 각각 원하되 원하는 바 또한 끝이 없다.

불교에서 말하는 중생은 유정으로 욕심덩어리를 말한다. 그 욕심덩어리 또한 끝이 없으므로 불보살의 원 또한 끝이 없지만 하여간 그 원을 달성하기 위한 수단은 가지가지 많다. 따라서 모든 부적이 따지고 보면 소원성취를 위한 것에 지나지 않으나 특별히 소망을 원하는 자를 위해서 이미 제작되어 있는 부적이 있으니 몇 가지만 소개하고자 한다.

① 칠성부(七星符)

7성은 하늘에 있는 일곱 개의 별을 말한다. 동양인은 예로부터 하늘과 땅, 인간을 별개의 것으로 생각하지 않고 하늘은 양, 땅은 음, 인간은 그 음과 양이 배합된 소우주라 생각하고, 곧 그 관리권이 하늘에 있는 것으로 믿었다. 따라서 하늘에 있는 일곱 개의 별은 옥황상제의 신하로서 인간의 명과 복, 재산과 명예, 자손 등의 모든 권능을 가지고 있는데 그들의 가피를 입는 방법의 하나로 다음과 같은 부적을 갖고 7성경을 외운다. 그런데 그 일곱 개의 별은 모두 전인류를 통괄적으로 지배하고 있는 것이 아니라 각기 자기 직무에 따라,

북두제일 양명탐랑성군(陽明貪狼星君)은 12지 중의 子生을 담당하고,

북두제이 음정거문성군(陰精巨門星君)은 丑亥生을,

북두제삼 진인록존성군(眞人祿存星君)은 寅戌生을,

북두제사 현명육곡축성군(玄冥六曲軸星君)은 卯酉生을,

북두제오 단원렴정강성군(丹元廉貞剛星君)은 辰申生을,

북두제육 북극무곡기성군(北極武曲紀星君)은 巳未生을,

북두제칠 천관파군관성군(天關破軍關星君)은 午生을 각각 담당하고 있는 것으로 되어 부적도 일곱 개로 분류된다.

탐랑성부	거문성부	녹존성부	문곡성부
쥐 해에 난 사람이 지닌다.	소·돼지 해에 난 사람이 지닌다.	호랑이·개 해에 난 사람이 지닌다.	토끼·닭 해에 난 사람이 지닌다.

염정성부	무곡성부	파군성부
용·원숭이 해에 난 사람이 지닌다.	뱀·양 해에 난 사람이 지닌다.	말 해에 난 사람이 지닌다.

그리고 또 이것을 종합적으로 그려놓은 칠성부가 있는데 이것은 누구나 가지면 소원을 성취한다는 부적이다.

② 일반소원성취부

일반적으로 소망을 세워 뜻은 크나 잘 이루어지지 않을 때 이 부적을 써서 가지면 소원을 이룬다 함.

〈통칠성소원성성취부(通七星所願成星就符)〉

③ 구령부(九靈符)

이 부적은 옥추부에서 나온 것인데 이 부적을 가지고 마음에 드는 경을 외우면 구령(九靈)과 삼정(三精)을 불러 영보장생(永保長生)하고 소원성취한다 함.

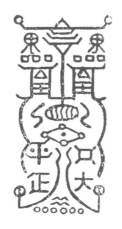

〈구령부(九靈符)〉 　　　　　　〈소원부(所願符)〉

④ 소원부(所願符)

이 부적은 신농 비전에서 나온 것이다. 이 부적을 써서 가지면 인파 천액살·신액살이 소멸되고 관운·사업운·상업운이 뜻대로 소원성취된다 함.

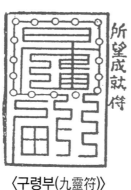

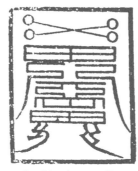

〈구령부(九靈符)〉 　　　　　　〈소원부(所願符)〉

(6) 만사대길부(萬事大吉符)

만사대길부는 모든 일을 다 영광되게 하는 부적이다.

① 적갑부(赤甲符)

최치원과 5색부 참고.

② 만사대길부(萬事大吉符)

써서 몸에 지닌다.

③ 치백사부(治百事符)

1장은 써서 문 위에 붙이고 1장은 몸에 지닌다.

〈만사대길부(萬事大吉符)〉   〈치백사부(治百事符)〉

④ 계용부도(鷄龍符圖)

이 부적은 계룡산에서 제작했다고 해서 계룡부라 하는 모양인데 산신과 卍자 육자주(六字呪)·삼재(三災)·동토(動土)·화재부(火災符)·관재불침부(官災不侵符)·부부자손화합부(夫婦子孫和合符)·소원성취부다라니(所願成就符陀羅尼) 등을 한데 모아 하나의 부적을 만든 것이 특색이다.

(7) 화합부(和合符)

가정의 평화는 부부의 화합으로부터 오고, 국가의 평화는 국민의 화합으로부터 온다. 따라서 옛 사람들은 가정의 평화와 국가의 안녕을 위하여 정치·경제·사회·문화 온갖 방면으로 지혜와 정력을 쏟아 왔지만 정신적인 화합을 위하여 다음과 같은 부적을 만들어 사용하여 왔다.

① 부부자손화합장수부(夫婦子孫和合長壽符)

이 부적을 써서 문 위에 붙이면 부부 자손의 화합은 물론 건강, 장수까지 겸할 수 있다.

② 부부화합부(夫婦和合符)

이 두 부적은 부부 사이에 원진 및 상충살이 있어 화합하지 못하거나 이유 없이 가정불화가 잦을 때 3장을 써서 2장은 남편과 아내가 각기 1장씩 지니고 1장은 문 위에 붙인다.

③ 전체화합부

이 부적은 가정불화는 물론 전 가족의 불화, 일가친척과의 불화, 친구지간에 불화가 지속될 때 써 몸에 지니면 자연 화해가 도래한다 하였다.

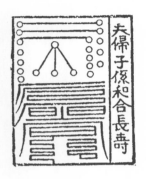

〈부부자손화합장수부〉

〈부부화합부 (1)〉
살이 끼어 불화할 때

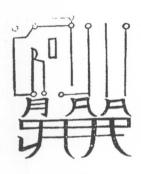

〈부부화합부 (2)〉
이유없이 불화할 때

〈화합부〉

(8) 우환부(憂患符)

우환부는 가정에 근심과 걱정이 가시지 않을 때 쓰는 부적
이다.

① 우환소멸부(憂患消滅符)

순수히 우환을 소멸하기 위하여 쓰는 부적이다. 1장은 문
위에 붙이고 1장은 몸에 지닌다.

② 가택편안부(家宅便安符)

여러 가지 근심 걱정으로 가정이 편안치 못할 때 1장은 문 위에 붙이고 1장은 몸에 지닌다.

〈우환소멸부〉

〈가택편안부〉

③ 도액부(都厄符)

가정의 근심과 걱정이 액으로 인해서 온다고 할 때 이 부적을 써서 문 위에 붙인다.

④ 관재부(官災符)

가정의 근심 걱정이 관재 구설로 인해서 올 때 이 부적을 써서 1장은 몸에 지니고 1장은 문 위에 붙인다.

⑤ 신축령부(神祝靈符)

이 부적은 옥추부이다. 집안에 관재 구설로 인하여 근심 걱정이 많을 때 이 부적을 써 가지면 자연 화가 소멸된다.

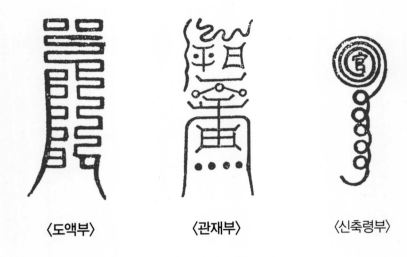

〈도액부〉   〈관재부〉   〈신축령부〉

(9) 악귀불침부(惡鬼不侵符)

옛 사람들은 사람이 재수가 없고, 병이 들고, 가정에 근심 걱정이 생기는 것이 다 귀신의 장난 때문이라 생각하고, 그를 추방하기 위하여 여러 가지 방법을 써 온 것에 대하여는 누차 설한 바와 같다.

그런데 그 귀신 가운데도 선신과 악신이 있어 선신은 사람을 수호하고, 악신은 사람을 뇌해(惱害)하므로 악신을 물리치고(逐鬼), 침범치 못하게 하는데 온갖 방애를 다 써왔다. 여기 이 부적도 그 방애 중의 한 가지다.

① 관음부(觀音符)

불교의 관세음보살은 자비 구원의 성자로서 고뇌와 죽을 액에 있어서 능히 의지와 믿음을 짓는다 하였다.

경전에 의하면 (모든 불경이 다 그렇지만 특히) 관세음보살의 그림이나 조각을 몸에 지니거나 그의 명자를 써 가지면 모든 악귀가 침범치 못하고, 착한 신들이 수호한다 하여 옛 사람들은 '관음첩'이라 하는 것을 만들어 집안 요소에 걸어놓기도 하고, 몸에 지니기도 하였으며, 요즈음도 구생관음(救生觀音)의 '호신불(護身佛)'을 목에 걸고 다니는 자가 적지 않다.

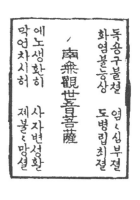

〈관세음보살부〉

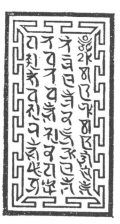

〈관음주력부〉

위의 명호관음부는 일명 '악귀불침부'라고도 하는데, 대개 이것을 지니고 관음경 (법화경 제25품)을 독송하기 마련이므로 '독송구불철 염염심부절 화염불능상 도병입최멸(讀誦口不綴 念念心不絶 火燄不能傷 刀兵入催滅)'의 송구가 붙어 있다. '독송구불철'은 경전을 그치지 않고 꾸준히 읽는다는 말이고, '염염심부절'은 관세음을 생각하는 마음을 그치지 않는다는 말이며, '화염불능상 도병입최멸'은 그렇게 하면 불도 능히 태우지 못하고 칼과 병란도 능히 꺾지 못하여 슬픈 고통 속에서 환희를 얻고(哀勞生歡喜) 죽어가는 사람이 살아난다(死者變成

活)는 것이다. 이 말은 모든 부처님이 증명하신 말이므로 "이 말은 허망한 말이 아니고(莫言此是語) 모든 부처님들은 거짓말을 않는다(諸佛不妄說)"한 것이다.

그리고 아래 부적은 '제신자복부(諸神自伏符)'라 이르기도 하는데, 이 부적을 가지면 저절로 모든 신들이 항복하고 수호하는 까닭이다.

② 귀신불침부(鬼神不侵符)

이 부적을 써 붙이거나 지니면 어떠한 귀신도 범접치 못한다 함.

③ 악귀불침부(惡鬼不侵符)

마음이 항상 불안하고 어지러운 꿈을 꾸면 마음먹은 일이 잘 되지 않을 때 이 부적을 써서 지니거나 문 위에 붙이면 악귀가 불침하고 만사형통한다 함.

〈귀신불침부〉

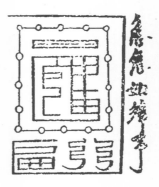

〈악귀불침부〉

④ 백신불침부(百神不侵符)

이 부적을 써 붙이거나 지니면 어떠한 신도 범접치 못한다 함.

⑤ 잡귀불침부(雜鬼不侵符)

이 부적을 써 붙이거나 지니면 어떠한 잡귀도 범접치 못한다 함.

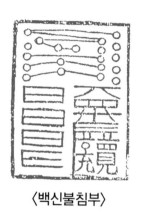
〈백신불침부〉

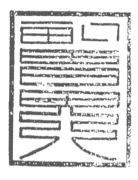
〈잡귀불침부〉

(10) 멸죄부(滅罪符)

인간이 고통을 받는 원인을 기독교에서는 원죄(原罪) 때문이라 하고, 불교에서는 전생의 업 때문이라 한다. 그래서 기독교에서 그 죄를 사하기 위하여 하느님을 찬송하고 자신의 죄업을 회개하는 기도를 드리지만, 불교에서는 자신의 지은 바 모든 업을 마음 속으로부터 뉘우치고 깨달으며 여러 불보살의 멸업장 진언을 외우면서 참회한다. 죄를 멸하지 않고는 천당도 성불도 불가능하기 때문이다.

① 멸죄성불부(滅罪成佛符)

이 부적은 죄를 멸하므로 성불을 가능하게 하는 부적이다.

② 제죄능멸부(諸罪能滅符)

모든 죄를 능히 소멸시키는 부적이다.

③ 문경멸죄부(聞經滅罪符)

이 부적은 품행이 예답지 못하고 언어가 망동하여 많이 과오를 범하는 사람이 가지고 항상 선경(仙經)을 들으면 자연 충효에 들어가 모든 악을 소멸하는 부적이다.

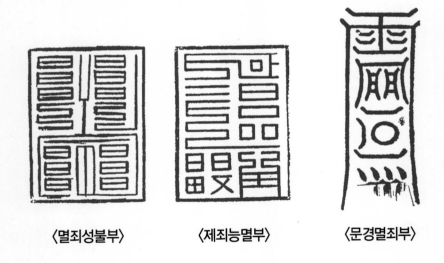

〈멸죄성불부〉　　　　〈제죄능멸부〉　　　　〈문경멸죄부〉

(11) 제신수호부(諸神守護符)

모든 죄가 소멸하고 심성이 청정해지면 모든 신이 스스로 복종 수호한다. 다음 부적은 다 악신이 물러나고 선신이 수호하는 부적이다.

① 선신수호부(善神Y守護符)

이 부적을 가지면 모든 선신이 옹호한다 함.

② 견군밀호부(見君密護符)

이 부적을 가지면 모든 선신이 옹호한다 함.

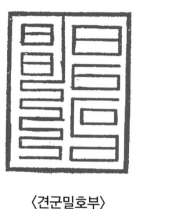 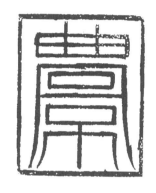

〈견군밀호부〉   〈선신수호부〉

③ 제불제천제성수호부(諸佛諸天諸聖守護符)

이 부적을 가지면 모든 부처님과 천신 성현이 보호한다 함.

④ 선신가호사귀퇴산부(善神加護邪鬼退散符)

이 부적을 가지면 모든 선신이 더욱 보호하고 삿된 귀신이 물러난다.

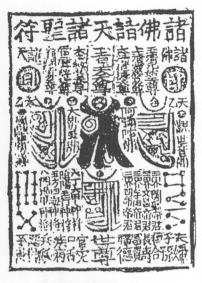

〈제불제천제성수호부〉　　　　　〈선신가호사귀퇴산부〉

(12) 부귀부(富貴符)

부와 귀는 우리 인간이 꼭같이 중히 여기는 보배이다. 어떤 사람은 일생의 부를 위하여 사랑하는 첩을 버리고, 천금의 성찬으로 시 한 수를 얻어 백세에 유방(遺芳)한 일이 있다.

부와 귀가 반드시 금은으로 평가되는 것은 아니지만 금은이 만물의 척도가 되었으므로 옛 사람들은 부재(富財)의 왕을 금은으로 표준하여 다음과 같은 부적을 만들었다.

① 금은자래부귀부(金銀自來富貴符)

이 부적은 금과 은이 스스로 옴으로 부와 귀를 겸전하게 된다는 부적이다.

② 구산부(救産符)

이 부적은 도산의 위기에 있는 재산을 구원하고 금은이 스
스로 와 얻어진 부귀를 영원히 보장키 위해 가지는 부적이다.

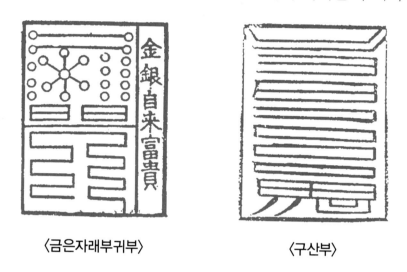

〈금은자래부귀부〉   〈구산부〉

③ 준제부(準提符)

이 부적은 불교의 준제진언을 부적화한 것으로 이 부적을
가지면 복과 수를 바다와 산과 같이 가져 평생의 부귀를 누
릴 수 있다 한다.

④ 금강부(金剛符)

이것은 불교의 금강저를 부적화한 것인데, 이 부적을 가지
면 일체의 사가 부서지고 건강과 장수가 돌아와 영생을 행복
하게 살 수 있다 함.

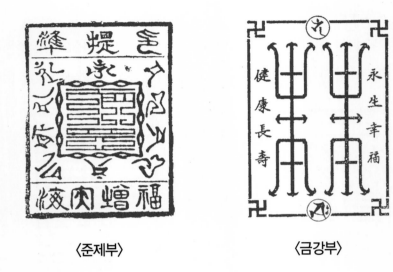

〈준제부〉   〈금강부〉

(13) 벽사부(辟邪符)

사(邪)는 망정(妄情)으로 정의의 적이다. 그릇된 소견을 사견
(邪見), 요사스런 길을 사곡(邪曲), 바르지 못한 교를 사교(邪
教), 못된 귀신을 사귀(邪鬼), 몸을 해치고 병을 가져오는 나
쁜 기를 사기(邪氣), 바르지 못한 생각을 사념(邪念), 간사한 무
리를 사당(邪黨), 못된 길을 사도(邪道), 잘못 맺어진 사랑을
사연(邪戀), 바른 견해를 해치는 귀신을 사마(邪魔), 바르지 못
한 말을 사설(邪說), 못된 술법을 사술(邪術), 도리에 어긋나는
것을 사악(邪惡), 재앙을 내리는 귀신을 사신(邪神), 못된 마음
을 사심(邪心), 남의 남녀와 간음하는 것을 사음(邪淫), 못되고
악한 것을 사야(邪惹), 그릇된 학문을 사학(邪學)이라 하여 모
두 이 사(邪) 자가 붙은 것은 바르고 떳떳하지 못하다. 그래서
이 사를 쫓아내기 위하여 사람들은 굿을 하고 가지가지 방법
을 하며, 또 이와 같은 부적을 가진다.

① 벽사부(辟邪符)

원래 이 부적은 범의 그림과 함께 문지방 위에 붙이는 것인데, 그렇게 하면 모든 잡귀는 물론 학질 같은 병과 그릇된 허물이 물러나기 때문이라는 것이다.

② 제요멸사좌마부(除妖滅邪坐魔符)

이 부적은 요귀가 장난하여 밤에 이상한 소리가 나고, 사람이 미쳐 날뛰며, 입으로 쓸데없는 말을 할 때 써 하룻날 하룻저녁 가지고 있다 태워 먹으면 효과가 있다 함.

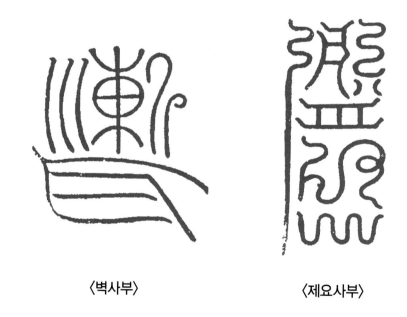

〈벽사부〉   〈제요사부〉

③ 옴마니발묘부(唵摩尼發妙符)

이 부적을 몸에 지니면 못된 잡귀와 사귀가 물러간다 함.

④ 태을부(太乙符)

　이 부적을 벼락 맞은 대추나무나 복숭아나무, 혹은 천금목 (千金木 ; 길이 3척 넓이 3척 정도 되게)에 갑자일(甲子日) 경신일(庚申日) 혹은 오월오일(五月五日)이나 생기(生氣) 복덕일(福德日) 천의일(天宜日)에 목욕재계 봉행하고 태을경을 읽으며 음각(陰刻), 진짜 주사로 칠해 아무도 모르게 가지면 일체의 사가 범접치 못하고 만사형통한다 하였다.

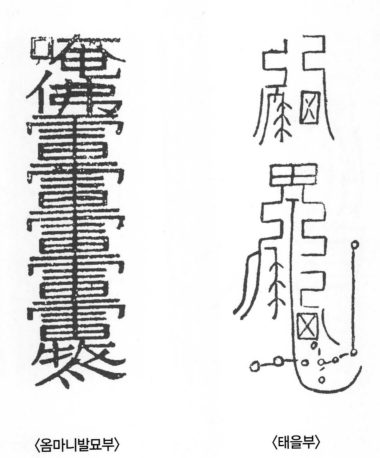

〈옴마니발묘부〉　　　　　　〈태을부〉

⑤ 팔문신장부

경문부(景門符)	상문부(傷門符)	휴문부(休門符)	두문부(杜門符)

생문부(生門符)	경문부(驚門符)	사문부(死門符)	개문부(開門符)

이 여덟 개의 부적을 몸에 지니거나 집에 붙이면 동서 8방의 일체 사귀가 범접치 못하고, 모든 신장이 옹호하여 만사형통하고 병자는 쾌차하며, 나간 사람은 들어오고 보고 싶은 자를 본다 하였다.

(14) 왕생정토부(往生淨土符)

사람이 죽어서나 살아서나 재난, 고난을 피하려 하는 것은 매양 일반이다. 그래서 기독교인은 죽어서 천당 가기를 원하고, 불교인은 극락세계에 나기를 원한다.

기독교인은 십자가를 등에 지고 하나님의 사업을 충실히 하면 천당에 나기는 어렵지 않다 하고, 불교에서는 5계와 10선을 닦고 염불 참선하면 극락세계에 나기 어렵지 않다 한다.

그러나 사람이 죽고 보면 말없는 등걸만 남고 영혼은 눈에 보이지 않으므로 세상 사람들은 잘 곧이 듣지 않는다. 그러나 신앙이란 남의 인정을 구해서 믿는 것이 아니다. 마음에 '이렇다'하는 확신이 서면 벌써 그것은 깊은 신앙의 한 자리에 오른다. 따라서 그들은 남이야 믿건 말건 자기가 믿는대로 행동한다.

부적이 왕생극락의 좋은 방편인지에 대해 의심하는 사람들도 있으나, 사람이 죽고 나면 먼저 여러 가지 주구(呪具)들을 걸어 놓고 영혼을 깨우쳐 줄 경문을 외운다.

① 왕생정토부(往生淨土符)

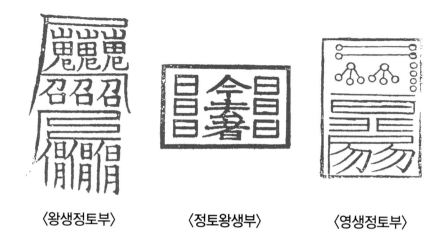

〈왕생정토부〉　　　〈정토왕생부〉　　　〈영생정토부〉

② 파지옥생정토부(破地獄生淨土符)

　이 두 부적은 술사의 예언으로 상세선망 부모나 일가친척이 지옥에 빠져 고통하는 것을 알게 된다든지, 스스로 자기의 업을 반성하여 타옥(墮獄)을 면치 못할 것을 걱정하는 사람이 써 가지고 정토삼부경이나 지장경을 읽으며 아미타불을 염하면 지옥이 부서지고 극락세계에 탄생하게 된다는 것이다.

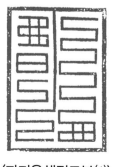
〈파지옥생정토부(1)〉

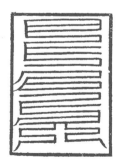
〈파지옥생정토부(2)〉

(15) 구도성불부(求道成佛符)와 염불부(念佛符)

불교의 목적은 이고득락(離苦得樂)에 있고, 그의 방법은 전미개오(轉迷開悟), 즉 부처가 되는데 있으니 성불을 중요시 하는 것은 자연한 이치다. 대개 성불은 도(마음)를 깨달음으로서 이루어지는 것이지만, 죄를 멸하고 그러한 원을 세우지 않으면 아니되므로 그러한 염원에서 이러한 부적이 생기게 된 것이다.

① 구도부(求道符)

이 부적은 도를 구하는 사람이 여러 가지 장애가 많고 번뇌가 물밀듯이 일어날 때 써서 몸에 지니면 모든 장애가 없어지고 좋은 스승을 만나 공부할 수 있게 된다 하였다.

② 당득견불부(當得見佛符)

이 부적을 가지고 꾸준히 노력하면 결정코 미래에는 친히 부처님을 뵙고 부처가 되는 부적이다.

③ 염불부(念佛符)

원래 모든 업은 자업자득이라 추호도 대신이라는게 없지만 원행(願行)이 지극하면 남을 위해 업보를 바꾸어 놓을수도 있는 것이다. 불교에서 말하는 '보살'은 그러한 행을 자처하고 나온 성자들인데 알고보면 자식을 위해 기도 드리는 부모, 부모를 위해 기도 드리는 자식, 이 모두가 살아 있는 보살이다.

이들이 남을 위해 기도 염불할 때 이 부적을 가지고 하면 일푼도 허실이 없이 그에게 돌아간다 하여 일면 '학인염불부(學人念佛符)'라고도 한다.

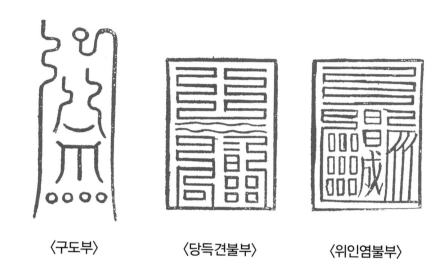

〈구도부〉　　　　〈당득견불부〉　　　　〈위인염불부〉

(16) 해산부(解産符)

예나 지금이나 낳고 죽는 것은 큰 일 가운데서도 큰 일이라 생사대사를 인간대사라 부른다. 특히 어린아이의 생산은 산모의 건강과 직결되므로 산모를 여간 중시하지 않았다.

① 난산부(難産符)

이 부적은 어린애가 바로 잘 나오지 않고 난산이 될 때 가지는 부적이다. 산모가 한참 고통할 때 태워 먹이면 크게 효과를 본다 하였다.

② 태출부(胎出符)

이 부적은 어린애는 나왔어도 태가 나오지 아니하여 고통을 받는 사람들이 이 부적을 써 먹으면 곧 낫는다 하였다.

③ 생자부(生子符)

고대로 우리 사회에서는 아들을 중시하고 딸을 천히 여기는 것은 매양 일반이다. 유교에서는 시집온 여인이 아들을 낳지 못하면 칠거지악에 들어 쫓겨나게 되므로 이러한 사상에 물들어 있는 우리 한국 사람들은 결혼하면 그저 아들 먼저 발원하게 되었다.

이 부적은 아들을 낳기 원하는 사람이 가지는 부적인데 혼인 후에 이 부적을 동으로 뻗어나간 복숭아 나뭇가지에 매달고 주사로 황성대장군(黃省大將軍)이라 써 옥상에 걸어놓으면 구설(口說) 난산(難産)이 없고 반드시 귀자를 낳는다 하였다.

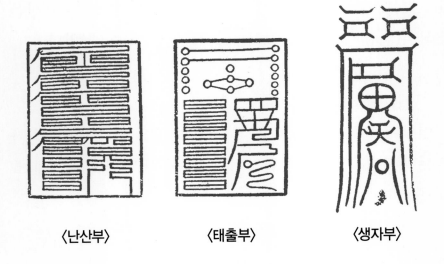

〈난산부〉   〈태출부〉   〈생자부〉

(17) 동토부(動土符)

동토란 원래 역사(役事)하다가 지신(地神)의 성냄을 얻어 재앙을 받는 것을 말하는데, 후세에는 그 의미가 변하여 무슨 일이든지 건드리지 않아도 될 일을 공연히 건드려 스스로 걱정을 장만하게 되는 것을 말한다.

① 인동부(引動符)

인동이란 사람이 남의 집에 가 탈이 나는 것이다. 민속에 정월 7일을 인일(人日)로 정하고, 그 날만은 외박하지 않는 것으로 되어 있어 그 날 만일 남의 집에 가 자게 되면 주인과 머리를 반대로 하고 자게 되어 있다. 그러나 백방길흉전집(百方吉凶全集)에는 매월 매일 이 인일(人日) 인시(人時)가 있어 그 날 사람이 들어오면 재수가 없다 하여 다음과 같은 부적을 만들어 가졌다.

② 동상부(動喪符)

이 부적은 사람이 죽은 곳이나 묘지를 이장하는 곳, 또는 제사 지내는 곳에 가 탈이 나거나 가면 상문이 동한다는 것을 알면서도 가야 하는 경우 이 부적을 지닌다.

〈인동부(引動符)〉 〈동상부(動喪符)〉

③ 조왕부(竈王符)

조왕은 부엌신이다. 부엌을 잘못 고친다든지 굴뚝을 잘못 손댄다든지 집안에 부정이 끼면 혹 부엌신이 동하는 수가 있는데 이럴 때는 다음 조왕부를 그려 모시고 조왕경을 읽으면 괜찮다 하였다.

〈조왕부〉 〈조왕동토부 (1)〉 〈조왕동토부 (2)〉

④ 동토부(動土符)

흙을 잘못 다루어 탈이 났을 때 이 부적을 써 붙이면 좋다.

⑤ 동목부(動木符)

이 부적은 나무를 다루어 탈이 났을 때 붙이는 부적이다.

⑥ 동석부(動石符)

이 부적은 돌을 잘 못 다루어 탈이 났을 때 붙이는 부적이다.

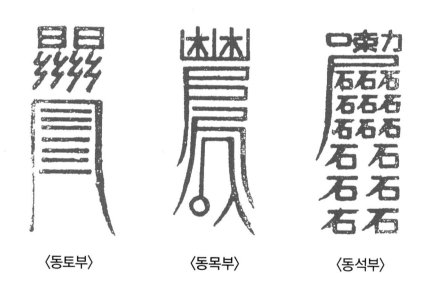

〈동토부〉   〈동목부〉   〈동석부〉

⑦ 기타 동물부(動物符)

이 부적은 여러 가지 물건을 잘못 다루어 탈이 났을 때 붙이는 부적이다.

총동부(總動符)	선차부(船車符)	야수부(野獸符)	상침부(床枕符)
무슨 그릇이든지 그릇으로 인해 탈이 났을 때 써서 그 그릇에 붙인다.	배, 수레 등에 붙인다.	들짐승이 집에 들어왔을 때 문지방 위에 붙인다.	상·벼개·이불 장막 등에 붙이면 좋다 함.

관혜부(冠鞋符)	육축부(六畜符)	비수부(飛獸符)	계란부(鷄鸞符)
의관과 신에 대하여 탈이 났을 때 써서 그 곳에 붙인다.	소·말·육축에 대하여 축사에 붙이면 좋다 함.	날짐승이 방안이나 집안으로 들어왔을 때 문에 붙인다.	닭·거위·오리에 대하여 몸에 지니면 좋다 함.

⑧ 총동부(總動符)

이 부적은 무슨 동토든지 동토로 인하여 탈이 난 데 쓰면 좋다.

〈백사동토인(百事動土符)〉

〈부증부(釜甑符)〉
솥·가마·시루 등에 붙인다.

(18) 진괴부(鎭怪符)

괴(怪)는 괴상한 일로 무슨 일이든 정상적이 아니라고 생각될 때 각기 거기에 해당되는 부적을 붙이면 도액(都厄) 석재(釋災)된다 함.

① 피열부(避熱符)

열이 정상을 넘어 상해(傷害)에 이를 때 이 부적을 가지면 아무런 탈이 없다 함.

② 견굴토예방부(犬堀土豫防符)

개가 땅에 굴을 파는 것은 가환(家患)을 초래하는 일이라

하여 옛 사람들은 매우 금기하였다. 이러한 때 이 부적을 붙이면 일체의 가환을 면한다 하였다.

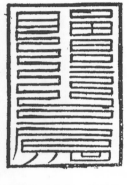

〈열을 피하는 부적〉

〈개가 땅을 팔 때 쓰는 부적〉

③ 총괴부(總怪符)

날짐승이 의관에 똥을 싸고 갔을 때나 기타 어떠한 괴상한 일이 있을 때는 다음 부적을 가지면 좋다.

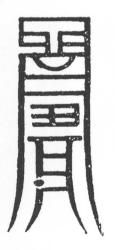

날짐승이 의관 위에 똥을 쌀 때 몸에 지닌다.

모든 괴물이 이 부적을 차고 있으면 범접치 못한다.

(19) 기타 잡부(雜符)

① 도적불침부(盜賊不侵符)

이 부적은 도적이 자주 들 때, 도적이 두려워질 때 써 붙이면 도적이 침범치 않는다.

② 대장군부(大將軍符)

우리 민속에 손이 있는 방향은

매 음력 1, 11, 21일은 정동방,

2, 12, 22일은 정남간방,

3, 13, 23일은 정남방,

4, 14, 24일은 서남간방,

5, 15, 25일은 정서방,

6, 16, 26일은 서북간방,

7, 17, 27일은 정북방,

8, 18, 28일은 동북간방,

9, 19, 29일은 중앙방,

10, 20, 30일은 在天이라 중앙방,

재천만 8방에 길하고 나머지는 손이 있다고 함.

또 3살방은

申子辰년은 巳午未方(南),

亥卯未년은 申戌方(西),

寅卯戌년은 亥子丑方(北),

巳酉丑년은 寅卯辰方(東)이 각각 3살방이 된다.

또 대장군방(大將軍方)은
寅卯辰년은 子方(正北),
巳午未년은 卯方(正東),
申酉戌년은 午方(正南),
亥子丑년은 西方(正西)에
이사하거나 일을 시작하면 반드시 죽지 않으면 죽음보다 무
서운 탈이 난다 하여 금기하였다.

만일 모르고 작동하여 탈이 나거나 이미 알고도 어쩔 수
없이 동하게 되면 다음 부적을 써 지니면 괜찮다 하였다.

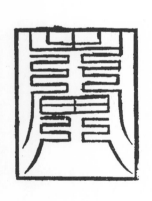
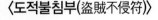

〈도적불침부(盜賊不侵符)〉

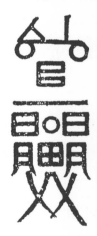

〈대장군부(大將軍符)〉

③ 능피쟁송부(能避爭訟符)

이 부적은 이미 쟁송을 보거나 쟁송이 예상되어 피하기 어려
울 때 가지면 능히 피해를 조금도 당하지 않는다는 부적이다.

④ 여범파가부(女犯破家符)

이 부적은 첩을 얻어 집안이 파탄 지경에 이른 사람이 첩을 떼기 위해 가지는 부적이다.

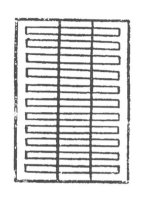

〈능히 쟁송을 피하는 부적〉

〈여범파가부(女犯破家符)〉

4. 부적의 제작

(1) 제작시의 금기사항

그러면 부적은 어떻게 만들어 지니는가. 만복진결(萬福眞訣)에는 "벼락 맞은 대추나무나 복숭아나무 혹은 천금목(千金木)을 길이 3촌 넓이 2촌 두께로 적당히 잘라 60갑자 중 갑자일이나 경신일, 음력 5월 5일이든지 아니면 부적을 가지고자 하는 자와 생기(生氣) 복덕(福德) 천의일(天宜日)을 선택하여 목욕재계하고, 향사루고 음각한 뒤 진짜 주사로서 밤중에 아무도 모르게 가지든지 붙이라." 하였다.

그리고 '불경요집(佛經要集)'에서는 부적을 사용할 때는 "괴황지(槐黃祗)에 경면주사로 쓰되 반드시 갑자시에 의관을 정대하고 동쪽을 향하여 깨끗한 물과 향을 사르고 하나님을 향하여 묵상 주문(讀經)한 뒤 쓰라" 하고, 부적을 제작할 때는 "일체 상중(喪中)인 사람과 남녀 합방을 금한다." 하였다.

또 가정비결백방길흉신감(家庭秘訣百方吉凶新鑑)에는 "무릇 부적을 쓸 때는 고치삼통(叩齒三通)하고 깨끗한 물을 한 모급 머금어 동쪽을 향해 뱉고 한 번 크게 소리친 뒤,

"혁혁양양일출동방 오칙차부 보탱불상 구토삼매지화 복비문읍지광착괴 사천봉력사 파질용비적금강 항복요괴 화위길상 급급여율령(赫赫陽陽日出東方 吾勅此符 普撐不祥 口吐三昧之火 服飛門邑之光捉怪 使天蓬力士 破疾用秘跡金剛 降伏妖怪 化爲吉祥 急急如律令)"

이란 주문을 외운 뒤에 주사로 써 법대로 차던지 먹든지 묻든지 붙이던지 하라 하였다.

이로 미루어 보면 부적은 탄생 자체가 철저한 금기와 비밀 속에 이루어지고 있다.

(2) 부적의 자료

부적의 자료는 목부(木符)를 할 때는 벼락 맞은 대추나무나 복숭아나무, 천금목이 필요하지만, 직접 종이에 쓸 때는 괴황지(槐黃祗)와 경면주사(鏡面朱砂)만 가지면 된다.

괴황지란 느티나무나 홰나무(정자나무) 열매로 만든 누른 물감으로 물들인 조선종이이고, 경면주사는 중국의 깊은 섬 중 경면산 꼭대기에서 난다는 단사(丹砂)이다. 전설에 의하면 깊은 섬 중에 살고 있는 원숭이에게 술을 많이 먹인 뒤 사람 수십 명이 석전(石戰)을 벌이면 원숭이들이 응전하는데, 그때 원숭이들이 산 꼭대기에 있는 주사를 던지면 그것을 주워 경면주사로 쓴다 하였다. 그러나 최신종합 본초학에 보면 외국에서는 서반아·이태리·헝가리 등지에서 생산되고 우리나라 경주·고양·양주 등지에서 산출되는데 중국의 선주산(宣州産)이 최상품이 되므로 선사라 부르기도 한다 하였다. 또 주사는 화학요법에 의하여 생산되는 영사(靈砂)로 대용하기도 한다.

(3) 부적의 제작

그러면 괴황지나 영사(朱砂)를 사용하여 어떻게 부적을 만드는가? 대개 괴황지는 넓이 9.5cm 길이 14.5cm 크기로 부작 용지를 만들고 영사(혹 주사)는 가늘게 분말을 만들어 참기름 또는 들기름에 개어서 쓰기도 하고, 맑고 깨끗한 청수에 개어서 쓰기도 한다. 대개 보통 부적 1장 주사의 용량은 1푼에서 8리까지 사용하고, 평생부 같은 것은 예외로 쓴다 하였다.

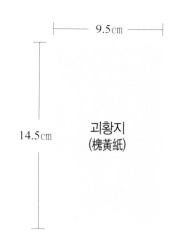

9.5㎝
14.5㎝
괴황지
(槐黃紙)

5. 부적과 주문

그런데 한 가지 부적신앙에서 빼놓을 수 없는 것은 주문이다. 주문은 부적을 제작하는 사람 뿐 아니라 부적을 지니는 사람도 반드시 읽는 것을 원칙으로 하고 있다. 왜냐하면 주문은 부적의 역량을 최대한으로 발휘할 수 있는 술법이기 때문이다. 사실 주문은 부적신앙에서 뿐만 아니라 일반 고등종교에서도 주력을 빼 버리면 거의 신비성이 상실된다.

가령 불가에서 불상이나 탱화를 조성해 놓고도 점안이라는 것을 하지 아니하면 하나의 예술품으로선 인정할 수 있으나 신앙의 대상으로서는 숭배하지 않는다. 그런데 그 점안이라는 것을 할 때는 모든 의식이 거의 주문에 의하여 행사되고 있다.

또 부처님께 공양을 올리거나 영가에게 시식을 할 때도 다라니를 외우지 아니하면 제대로 공양 시식을 올린 것이 되지 않는다 하는데, 다 아는 주문의 신비 위력을 뜻하는 것이다.

주문은 범어 다라니로 총지(總持)·능지(能持)·능차(能遮)라 번역한다. 악한 법을 버리고 선한 법을 가지는 것으로 이해되고 있으나 일반적으로 술사들은 설사 선한일이 아니라 할지라도 자기의 목적을 달성하기 위해서는 주문을 외우고 부적을 만든다. 여기에 부적신앙의 사회성과 도덕성이 문제된다.

대개 부적을 가지면서 외우는 주문은 불교일 경우 소재주·모다라니주·천지팔양신주·안택주·명당주·백살주 등이 있고, 도교일 경우 해비주·금강주·현온주·옥음주·옥추경이 있으며, 일반적인 경우에도 태을주·팔문신주·삼재경·축사경·단목경·동토경·조왕경 등 수많은 경·주문이 있다. 이제 그 실례를 직접 부적과 대비하여 보면 다음과 같다.

① 모든 병부(病符)를 가질 때 외우는 주문은
　"혁혁양양 일출동방 오칙차부 보제불상 구토삼매지화 복비문읍지광 착괴사천봉파질용비적금강 항복요괴화위길상 급급여율령(赫赫陽陽 日出東方 吾勅此符 普除不祥 口吐三昧之火 服飛門邑之光 捉怪使天逢破疾用秘跡金剛 降伏妖怪化爲吉祥 急急如律令)"

② 모든 몽부(夢符)를 가질 때 외우는 주문은
　"혁혁양양 일출동방 차부단각악몽 발제불상 급급여율령(赫赫陽陽 日出東方 此符斷却惡夢 拔除不祥 急急如律令)"

③ 모든 관음부를 가질 때 외우는 주문은 천수경(석문의범 저녁송주편), 관음경(묘법화경 보문품), 몽수경(불경요집 13쪽), 신주경(불경요집 30쪽), 구고경(불경요집 30쪽), 42주(석문의범 관음예문), 모다라니주(석문의범 아침송주편), 고왕경(불경요집 12쪽 고왕관세음경), 육자주(관

세음보살 육자대명왕진언, 옴마니반메훔), 반야심경(불경
요집 71쪽)을 외운다.

④ 삼재부(三災符)는 삼재경(불경요집 50쪽 불설삼재경 참
고), 적호경(불경요집 84쪽), 소재길상다라니경(석문의범
아침송주 참고)

⑤ 제살부(諸煞符)는 육모적살경(불경요집 48쪽 참고), 칠
살경(불경요집 40쪽 불설칠상경 참고), 백살신주경(불경
요집 46쪽 불설백살신주경 참고), 제왕경(불경요집 48
쪽 불설제왕경 참고)

⑥ 인동부(引動符)는 오성반지경(불경요집 41쪽 불설오성반
지경 참고)

⑦ 도액부(度厄符)는 도액경(불경요집 39쪽 불설도액경
참고)

⑧ 멸죄부(滅罪符)는 삼지불수경(불경요집 39쪽 불설삼지불
수경 참고)

⑨ 동토부(動土符)는 명당경(불경요집 37쪽 불설명당경 참고),
안택신주경(불경요집 37쪽 불설안택신주경 참고), 동토

경(불경요집 53쪽 불설동토경 참고), 지신경(불경요집
55쪽 불설지장경 참고)

⑩ 해원부(解寃符)는 해원경(불경요집 49쪽 불해원경 참고)

⑪ 동목석부(動木石符)는 단목경(불경요집 53쪽 불설단목
경 참고)

⑫ 화합부(和合符)는 돌굴경(불경요집 57쪽 불설돌굴경 참
고), 오작경(불경요집 87쪽)

⑬ 칠성부(七星符)는 북두주(석문의범 칠성청 참고), 대성북
두연명경(불경요집 78쪽)

⑭ 조왕부(竈王符)는 환희조왕경(불경요집 34쪽), 조왕경(불
경요집 34쪽)

⑮ 산신부(山神符)는 산왕경(석문의범 산왕청)

⑯ 채토부(採土符)는 미타경(정토삼부경), 관무량수경(정토삼
부경)

⑰ 대길부(大吉符)는 천지팔양신주경(불경요집 17쪽 불설천

지팔양신주경 참고)

⑱ 축사귀부(逐邪鬼符)는 용호축사경(불경요집 51쪽 불설
용호축사경 참고), 축귀경(불경요집 56쪽 불설축귀경 참
고), 구호신명경(불경요집 42쪽 불설구호신명경 참고),
간귀경(불경요집 85쪽)

⑲ 장수부(長壽符)는 속명경(불경요집 41쪽 불설동자속명경
참고), 연명경(불경요집 45쪽 불설동자연명경 참고)

⑳ 옥추부(玉樞符)는 옥추경(불경요집 부록 참고)
태을부(太乙符)는 태을경(백방길흉전서)

6. 부적의 성전

부적은 이와 같이 그 형태와 종류에 있어서 수를 헤아릴
수 없이 많다.

그러면 이 많은 부적이 어디에 근거하여 이루어진 것인가.
대개 그것은 우리 인류의 천지자연 숭배와 서물신앙(庶物信仰)·
정령숭배(精靈崇拜)·토테미즘 등에서 유래된 것이지만, 사실
적으로 문자상 정리되기는 도교와 불교, 기타 여러 복무(卜巫)
서적에 정리되어 나온다.

(1) 옥추보경(玉樞寶經)과 옥추령부(玉樞靈符)

도교는 원래 노자, 장자의 무위자연사상(無爲自然思想)을 바탕으로 하여 발전한 것인데, 후세에 5행 참위사상(讖緯思想) 과 신선 둔갑술이 가미되면서 조식(調息)·복약(服藥)·방중(房中)·둔갑술 등이 발달하여 정경인 도덕경이나 남화경, '장자경' 보다도 방경(傍經)인 영보진문(靈寶眞文) 태상옥결(太上玉訣) 삼원부록(三元符錄) 같은 것이 발전하게 되었다.

옥추보경은 천상의 뇌성보화천존(雷聲普化天尊)이 중생을 교화하기 위한 방편으로 설한 경으로서 시각장애인들은 이것을 읽어 미친 사람들을 치료하고 있다. 추정강백(秋汀講伯) 은 이 글을 읽을 때 "천존부를 모시고 만 번 읽으면 진단(震壇)에 이상한 향기가 돌고, 5만 번 읽으면 꿈에 천존을 뵙게 되며, 10만 번 읽으면 흰 빛이 몸에 감돌고 눈에서 밝은 빛이 나며, 오래 오래 읽으면 세상 욕심을 모두 제하고 망념을 모두 쉬고 대도를 문득 깨달아 만신을 부릴 수 있다." 하고, 매 장마다 부적을 만들어 사용하는 법을 설명하여 이 경에서 나온 부적이 무려 21종이나 된다.

① 구천응원뇌성보화천존부(九天應元雷聲普化天尊符, 治狂症)
② 초구령삼정부(招九靈三精符, 永保長生所願成就)
③ 구도선인부(求道仙人符, 大道忽覺萬神聽命)
④ 제삼재팔난부(除三災八難符, 삼재팔난소멸)
⑤ 해오행구요부(解五行九曜符, 은근히 신들이 도와준다.)

⑥ 침아고질부(沈痾痼疾符, 長病神効)

⑦ 관재구설부(관재와 구설이 없어지는 부)

⑧ 토황신살금기부(土皇神殺禁忌符, 百無急病惡夢禍免 부적
은 본문 참고)

⑨ 화목창성부(부부화합 일체구설 소멸)

⑩ 조서사충부(鳥鼠蛇蟲符, 麟犬牛馬가 해하고 사요살도할 때)

⑪ 제요멸사좌마부(除妖滅邪坐魔符, 귀신과 요괴의 장난을
제압)

⑫ 소제고완초도조현부(消除蠱盌超度祖玄符, 장사 후 가택 불
안시)

⑬ 수륙원행부(水陸遠行符, 먼 길을 갈 때)

⑭ 만사자이부(萬事自移符, 가옥 매도시)

⑮ 면재횡부(免災橫符, 단명횡사)

⑯ 보경공덕부(寶經功德符, 일체 소원성취)

⑰ 개경멸죄부(開經滅罪符, 품행이 단정치 못하고 언어가 망
동할 때)

⑱ 옴마니발묘부(唵摩尼發妙符, 잡사귀 퇴산)

⑲ 도우기청지양수재화액부(禱雨祈晴止穰水災火厄符, 홍수,
천재, 한재 때)

⑳ 오뇌치백부(五雷治百符, 뇌성진압)

㉑ 치백사부(治百事符, 모든 일이 뜻대로 되는 부적)

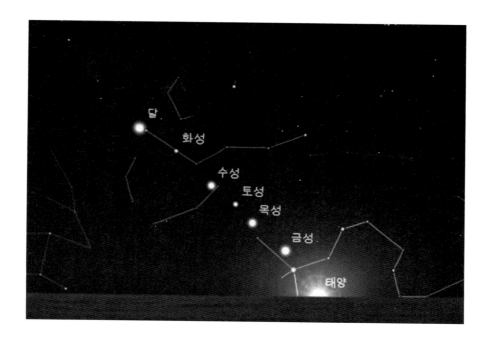

〈별자리 관측에서 나타난 화성·수성·토성·목성·금성 5성이 일렬로 서 있는 모습. 1733. 7. 13. 천문관측도. 단군세기 BCE 1734년과 일치.〉

초구령삼정부	구도선인부	제삼재팔난부	해오행구요부
이 부적을 봉안하고 마음에 드는 경을 외우면 영보장생하고 소원성취 한다 함.	신선 되기를 원하는 사람이 이것을 가지면 망념은 쉬고 대도를 당장 깨닫는다 함.	삼재 든 사람이 가지면 귀사축멸하고 관제구설이 없어진다 함.	성심을 다해 가지다가 북향하여 사루면 모든 신이 암암리에 도와준다 함.

침아고질부	관재구설부	토황신살금기부	화목창성생자부
병들어 백약이 무효할 때 사루어 먹으면 자연히 병이 낫는다 함.	신 앞에 축원하고 부적을 가지면 자연 화가 소멸된다 함.	항상 몸에 지니고 기도하면 악몽, 만사가 다 소멸한다 함.	혼인 후 이 부적을 동쪽으로 뻗은 복숭아 나뭇가지에 달고 주사로 '황백대장군'이라 써 옥상에 걸어두면 생자부 귀하고 화목창성한다 함.

조서사충부	제요멸사좌마부	소제고완초도조현부	수륙원행부
뱀·개·소·말이 해하고 사요살음할 때 기도 후 사루어 먹으면 면액한다.	귀요가 장난하여 밤중에 이상한 소리가 나고 사람이 미칠 때 이 부적을 가지고 기도하면 증험이 있다 함.	장사 후 집안이 불리하고 관 속에서 피고름이 나고 나비가 날면 이 부적을 가지고 기도하라.	먼 길을 떠날 때 가지고 가면 행로가 편안타 함.

만사자이부	면재횡부	부귀공덕부	문경멸죄부
가옥이 잘 팔리지 않을 때 이 부적을 가지면 곧 팔린다 함.	입추에 이 부적을 가지고 북향설단 백일기도 하면 지혜 총명하고 천수만세한다 함.	집에 그려 봉안하고 지성 존경하면 사즉왕생하고 생즉 부귀 다복하다 함.	품행이 단정치 못하고 언어가 거친 자가 개과천선코자 하면 이 부적을 가지고 기도하면 충효선행케 함.

옴마니반메부	도우기청지양수재화액부	오뇌치백부	치백사부
몸에 지니면 모든 잡귀 잡신이 물러간다 함.	이 부적을 몸에 지니면 홍수 한재에도 전답 가옥이 안전하고 물이 무익, 사충의 해를 받지 않는다 함.	뇌성을 진압하고 백병을 다스리는 부적.	이 부적을 항상 몸에 지니면 백사를 뜻대로 이룬다 함.

(2) 예적금강경(穢跡金剛經)과 불교부적

불교는 불타의 정각을 신봉하여 상구보리하고 화하중생하되 전미개오로서 이고득락하는 종교이다. 따라서 일체의 고락성쇠를 마음 밖에서 구하지 않으나 중생의 근기가 천차만별하여 부처님을 옹호하는 예적금강이 말세중생을 위하여 방편으로 베푼 부적이 42종이 되고, 또 6자 대명왕 다라니경에 설한 3가지 부적을 합하여 45종이나 된다. 그러나 사실상 도면으로 나타나 있지 않아 여기서는 해인사판 일용집(日用集)에 실려 있는 25부를 중심으로 근간에 시중에 유포되고 있는 몇 가지 부적을 소개한다.

① 피열부(避熱符, 지옥의 뜨거운 열을 피하는 부적)
② 파지옥생정토부(破地獄生淨土符, 지옥의 고통을 벗어나 극락세계에 나는 부적)
③ 만겁생사불수부(萬劫生死不受符, 만겁에 생사를 받지 않는 부적)
④ 구산부(救産符, 임산시 먹으면 안산하는 부적)
⑤ 파지옥왕생정토부(破地獄往生淨土符, 지옥에 있는 자를 극락세계로 왕생하게 하는 부적)
⑥ 당득견불부(當得見佛符, 죽어서 극락세계에 가서 부처님을 뵈올 수 있는 부적)
⑦ 선신수호부(善神守護符, 착한 신들이 수호하는 부적)
⑧ 멸죄성불부(滅罪成佛符, 죄를 멸하고 부처가 되는 부적)
⑨ 당생정토부(當生淨土符, 내세에 정토에 나는 부적)

⑩ 소망성취부(所望成就符, 모든 소망을 성취하는 부적)

⑪ 귀신불침부(鬼神不侵符, 귀신이 침범치 못하는 부적)

⑫ 제죄능멸부(諸罪能滅符, 모든 죄를 능히 멸하는 부적)

⑬ 금은자래당귀부(金銀自來當貴符, 금은이 스스로 들어오는 부적)

⑭ 삼광백령뇌전불침부(三光百靈雷電不侵符, 삼광과 백령 뇌전이 침범
치 못하는 부적)

⑮ 능피쟁송지액부(能避爭訟之厄符, 능히 쟁송의 액을 피하는 부적)

⑯ 산녀태혈능출부(産女胎血能出符, 어린애를 안전하게 낳는 부적)

⑰ 실내백신불침부(室內百神不侵符, 집안에 모든 신이 침범치 못하는
부적)

⑱ 자연원리삼재부(自然遠離三災符, 자연히 3재를 멀리 떠나보내는
부적)

⑲ 위인염불부(爲人念佛符, 남을 위하여 염불할 때 가지는 부적)

⑳ 대초관직부(大招官職符, 관직, 승급을 원하는 사람이 가지는 부적)

㉑ 부부자손화합장수부(夫婦子孫和合長壽符, 부부자손이 화합하고 장
수하는 부적)

㉒ 견군밀호부(見君密護符, 인군을 보고 모든 신이 비밀리에 보호하는
부적)

㉓ 우환소멸부(憂患消滅符, 근심걱정이 없어지는 부적)

㉔ 질병소제증수부(疾病消除增壽符, 질병이 들었을 때 가지면 건강 장
수하는 부적)

㉕ 화재예방부(火災豫防符, 화재를 예방하는 부적

피열부	파지옥생정토부	만겁생사불수부	구산부
이 부적을 가지고 있으면 불 가운데 있어도 뜨거운 줄을 모른다 함.	지옥을 벗어나 극락에 나는 부적.	만겁 동안 생사를 받지 않는 부적.	난산에 임한 산부가 이것을 태워 먹으면 곧 난다 함.

파지옥왕생정토부	당득견불부	선신수호부	멸죄성불부
지옥을 피하고 극락에 나는 부적.	부처님을 뵙기 원하는 사람이 이 부적을 가지고 기도하면 부처님을 뵙는다 함.	이 부적을 가지고 있으면 항상 신선이 옹호한다 함.	죄많은 사람이 이 부적을 가지고 참회하면 모든 죄가 멸한다 함.

당생정토부	소망성취부	귀신불침부	제죄능멸부
극락세계 나기를 원하는 사람이 가지는 부적.	모든 소망을 달성하는 부적.	이 부적을 가지고 있던지 집안에 써붙이면 귀신이 침범치 못한다.	모든 죄를 능히 멸하는 부적.
금은자래당귀부	삼광백령뇌전불침부	능피쟁송삼액부	산녀태혈능출부
금과 은이 스스로 들어오는 부적.	오귀백령 및 자연의 침해를 면하는 부적.	소송 중에 있는 자나 시비가 많은 사람이 가지면 쟁송의 액을 면한다 함.	산부의 태혈이 능히 터져 나오는 부적.

댁내백신불침부	자연원리삼재부	위인염불부	대초관직부
집안에 모든 잡신이 침범하지 못하는 부적	삼재가 스스로 멀리 물러가는 부적.	남을 위하여 염불하는 사람이 가지는 부적.	관직의 승급을 원하는 자가 몸에 가지면 소원성취한다는 부적.
부부자손화합장수부	견군밀호부	우환소멸부	질병소제증수부
부부 자손이 화합하고 장수하는 부적.	모든 성현이 항시 보호해주는 부적.	모든 근심 걱정이 소멸되는 부적.	모든 질병이 없어지고 건강해지는 부적.

화재예방부

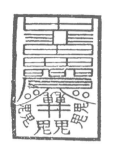

이 부적을 가지거나 써 붙이면 화재가 예방된다.

이 외에 석문의범에 칠성부가 있고, 기타 불 보살의 영험 신력을 기리는 여러 가지 관음부와 호신부(불)가 있으며, 근세에는 의상대사 법성게(해인도), 문수보살항마게, 육자주, 준제주, 천수다라니 같은 것도 부(符)의 일종으로 사용되고 있는 경우도 있다.

〈계룡부(鷄龍符) 속칭 계룡산 부적〉

예적금강의 여러 가지 부적과 산신, 기타 다라니, 卍字 등을 종합하여 만든 짬뽕식 부적

〈천수관음부〉
천수다라니를 부적화한 것

〈법성부〉
의상대사의 법성게를 부적화 한 것

(3) 염제신농씨(炎帝神農氏)의 비전부(秘傳符)

이것은 누구에 의하여 어떻게 전하여 오다가 새로 편성되었는지 알 수 없으나 고 동양철학원 원장 박철민(朴哲民)씨가 자해(自解)하여 출판한 것으로 총 77符가 실려 있다.

〈염제신농〉
섬서성(陝西省) 보계시(寶鷄市) 염제신농 사당에 모셔져 있는 신농씨 像

〈태호복희〉
하남성(河南省) 회향현 천하제일묘(天下第一廟). 중국에서 태호복희를 모신 사당

소원부(所願符)	재수부(財數符)	부부불화부(夫婦不和符)
인파, 천액살이 소멸되고 관운·사업·상업운이 열리는 부적	관재 신액이 소멸되고 제반 상사업에 재수가 형통된다. 몸에 간직하거나 영업장소에 붙임.	원진, 천인살이 있어 화합하지 못하고 가정불화가 잦을 때 각각 1장씩 가진다.
구설송사부(口舌訟事符)	삼재부(三災符) (1)	삼재부(三災符) (2)
인파, 천인살로 인해 관재 구설 송사가 있을 때 유아의 배안 저고리를 1치 가량 잘라 함께 지닌다.	3재가 들었을 때 써서 3년 동안 몸에 지닌다.	인폐·재폐·우환·질고가 심한데 3재가 거듭 들면 이 부적을 써 3년 동안 지닌다.

문학입신부(文學入身符)	대장군부(大將軍符)	삼살방위부(三殺方位符)
진학·입학시험 또는 출마·관직·회사 진급시험 등에 응시코자 할 때 7일전부터 몸에 지닌다.	대장군 방위로 이사를 잘못 갔을 때 이 부적을 4장 써 집 어귀에 1장씩 붙이면 우환이 소멸된다.	3살방으로 집을 이사했거나 3살이 접했을 때 집 네 귀퉁이에 1장씩 붙이면 액을 미연에 방지한다.
조문문병부(吊問問病符)	부부신액부(夫婦身厄符)	인지유덕부(人之有德符)
상갓집·조문·문병·먼 길 떠날 때 미리 몸에 지니면 좋다.	내외 7살이 범해 가환이 그치지 않을 때 문 위에 붙이면 좋다.	독립사업하거나 흥업을 하는데 구설수가 있거나 재운이 없을 때 이 부적을 가지면 덕망을 얻는다.

지신발동부(地神發動符)	재수부(財數符)	가운불리부(家運不利符) (1)
지신 발동으로 가환이 있으면 이 부적을 두 장 써 1장은 집에 붙이고 1장은 대문간에 붙인다.	재운은 있으나 이사를 잘못 갔거나 지신 발동으로 매사 손재가 있으면 이 부적을 써 대문 위에 붙인다.	가운이 불리한 때 생물의 난이 그치지 않을 때 이 부적을 써서 내실 문위에 붙인다.
가운불리부(家運不利符) (2)	가운불화부(家運不和符)	가옥개수부(家屋改修符)
(1)의 부적만으로 효험을 보지 못할 때 이 부적을 써서 함께 붙인다.	집안에 우환 질고가 있고 식구중 7살이 들면 이 부적을 써서 집안에 붙인다.	집을 건축, 수리할 때 이 부적을 4장 써서 부지 네귀에 묻으면 좋다.

가옥수리상충부(家屋修理相沖符)	재해지난부(財害之難符)	구설송사부(口舌訟事符)
집을 잘못 수리하여 우환 질고가 있을 때 집안 네 귀에 1장씩 붙인다.	집안 재물에 피해가 잦을 때 대문 위와 내실 문 위에 붙이면 좋다.	상·사업·금전거래로 송사가 있을 때 몸에 지닌다.
육친불화부(六親不和符)	가화불리부(家和不利符) (1)	가화불리부(家和不利符) (2)
6친에 불화가 생길 때 집 내실에 붙인다.	집안에 불화가 그치지 않고 화재 도난이 극심할 때 내실에 붙인다.	(1)로서는 도저히 효력을 발생하지 못할 때 함께 붙인다.

환중불약부(患中不藥符) (1)	환중불약부(患中不藥符) (2)	초재부(招財符) (1)
긴 병에 약효가 없는 환자가 이 부적을 써 하룻밤 몸에 간직하고 있다가 태워 먹으면 좋다.	첫날은 (1)을 태워먹고 다음날은 이 부적을 태워먹는다.	상, 사업의 왕성을 희망하는 자는 이 부적을 써서 1장은 점포와 출입문 위에 붙이고 1장은 몸에 지닌다.
초재부(招財符) (2)	서불침부(鼠不侵符)	부부불화부(夫婦不和符)
(1)만으로 효력을 보지 못할 때 함께 갖고 붙인다.	집 천정에 쥐가 많아신경질이 날 때 이 부적을 4장 써 천정 4귀에 붙이면 1개월 이내에 완전 퇴치된다고 함.	알 수 없이 부부사이에 간격이 생길 때 이 부적을 2장 써 1장은 방안에 붙이고 1장은 부인이 갖는다.

초재부(招財符)	호리살부(狐狸煞符)	흉악살부(凶惡煞符)
경영사가 제대로 되지 않을 때 1장은 사업장에 붙이고 1장은 내실 문 위에 붙인다.	부부 원진살이 있는 사람이 가지는 부적.	낙상·교통사고·구설수가 있다고 할 때 이 부적을 몸에 간직한다.

발난살부(撥亂煞符)	충천살부(沖天煞符)	구교살부(句絞煞符)
남녀의 외간을 방지하는 부적. 1장은 몸에 간직하고 1장은 베개 속애 넣는다.	우연히 구설, 관재 송사가 발생할 때 이 부적을 가진다.	사주에 구교살이 있는 사람이 몸에 지닌다.

백호살부(白虎煞符)	구녀성살부(九女星煞符)	호신살부(虎神煞符)
사주에 백호살이 있는 자가 가진다.	아들을 낳으면 기르기가 어렵고 딸만 낳는 사람이 이 부적을 가지면 9녀성살을 면한다.	집안에 우환·질고가 끝이지 않을 때 문 위에 붙인다.
흥왕성부(興旺星符)	미혼살부(迷魂煞符)	혈기살부(血氣煞符)
자녀 양육이 어려울 때 내실 문 위에 붙이면 건강 태평한다 함.	재난 및 타인의 유인으로 자기도 모르게 가출, 타락하는 자가 가지는 부적.	혈기가 쇠약하여 일신이 원만치 못할 때 1장은 몸에 지니고 1장은 태워 먹는다.

조객살부(弔客煞符)	야제살부(夜啼煞符)	오귀살부(五鬼煞符)
상문으로 죽게 되었을 때 1장은 태워먹고 1장은 몸에 간직한다.	유아가 원인을 알 수 없이 밤중에 울거나 심히 보챌 때 하룻밤 몸에 간직했다가 태워 먹는다.	5귀살이 있는 것으로 잘못 이사하여 우환·질고가 가축에 이상이 생길 때 집 4방에 묻는다.
사골투태살부(死骨投胎煞符)	주도살부(走跳煞符)	경안살부(硬眼煞符)
선조의 묘, 또는 객사귀 의원인으로 난산·낙태·사산하는 자가 임신초부터 출산시까지 가진다.	가족 중 가출하였거나 자주 가출하는 사람이 있으면 내실 문 위에 붙이면 가출자는 쉽게 귀가하고 빈출자는 가출하지 않는다 함.	이사를 잘못하여 중병에 걸릴 때 1장은 문 위에 붙이고 1장은 태워 먹는다.

비재성살부(飛財星煞符)	비렴성살부(飛廉星煞符)	삼형육해살부(三刑六害煞符)
이유없이 재산이 모여지지않고 재수가 없을 때 1장은 몸에 지니고 1장은 사업장에 붙인다.	의외로 재물손재가 많을 때 집 4방에 붙인다.	4주에 3형 6해살(관재·구설·자살 등)이 있는 자가 지니고 문 위에 붙인다.
육친불화부(六親不和符)	진만신부(鎭輓神符)	악귀불침부(惡鬼不侵符)
친지 불화하고 가축 사육이 뜻대로 안될 때 내실 문 위나 가축장에 붙인다.	차량 교통사고를 예방하고 운수사업을 성취하게 하는 부적. 차나 배·비행기 등에 붙이고 몸에 지닌다.	항상 불안하고 꿈이 많을 때 문 위에 붙인다.

삼재제살부(三災諸煞符)	효신탈식부(梟神奪食符)	현양살부(懸梁煞符)
3재가 들 때 내실 문 위나 대문 위에 붙인다.	계절마다 집안에 우환 질고가 있고 자다가 놀래기를 자주하는 자는 내실 문 위에 붙인다.	도난 재패가 많을 때 이 부적은 담 안 네 귀퉁이에 묻는다.
투생살부(偸生煞符)	장군살부(將軍煞符)	유귀살부(游鬼煞符)
5세 이내의 어린아이가 발육부진하고, 질병이 심할 때 계절마다 1장씩 태워 먹는다.	12세 미만의 어린이로 장군살이 있는 자가 태워 먹는다.	성년에 가까운 사람들이 본의 아니게 남의 유혹에 빠지는 자가 몸에 지니고 문 위에 붙이는 부적.

말두살부(抹頭煞符)	현태성부(硯台星符)	오귀화태부(五鬼化胎符)
남녀 상충살이 끼어 매사에 풍파가 일 때 각각 몸에 지닌다.	공부하는 사람이 가지면 머리가 총명해지고 명확하게 된다 함.	5귀화태살(난산·유산·양자난)이 있는 자가 예방으로 가지는 부적.
관부살부(官符煞符)	기노살부(氣勞煞符)	백사동토부(百事動土符)
구설이 많은 사람이 상대방과 함께 가지는 부적.	원인 모르게 몸이 허약해지면 이 부적을 1장 간직하고 1장은 태워 먹은 뒤 약을 먹으면 효과를 본다 함.	동토로 인한 가환 재난이 있을 때 집 네 귀퉁이에 1장씩 붙인다.

가화지난부(家禍之難符)	매아살부(埋兒煞符)	암해살부(暗害煞符)
집안에 여러 가지 불화가 있을 때 내실 문 위에 붙인다.	묘를 잘못 써 가환이 있다고 할 때 2장을 써서 전후에 묻는다.	재패·도난이 심할 때 집 네 귀퉁이에 붙인다.

화개성살부(華蓋星煞符)	투정살부(投井煞符)	치백병부(治百病符)
집안에 외인 방문으로 부정·우환이 있을 때 내실 문 위에 붙인다.	투정살(물에 빠져 죽거나 목매달아 죽는 것)이 있는 사람이 몸에 지닌다.	내외과 환자가 약효가 없을 때 하루 동안 가졌다가 불에 태워 먹는다.

투애살부(投崖煞符)	암시살부(暗示煞符)	투하살부(投河煞符)
등산 험로를 갈 때 위험을 느끼는 사람이 가지는 부적.	타인의 원한으로 뜻하지 않은 우려가 발생될 우려가 있을 때 가진다.	투하살(자기혐오·자살)이 있는 자가 가지는 부적.
소아야제부(小兒夜啼符)	치백병부(治百病符)	삼족일두부(三足一頭符)
소아가 밤에 심히 보채고 젖을 잘 먹지 않을 때 하룻밤 몸에 간직했다가 태워 먹는다.	장병에 효과가 없고 사업에 거듭 실패할 때 이 부적을 갖는다. (환자는 태워 먹음)	고구려 고분에서 나온 3족일두조(三足一頭鳥) 삼재부적의 원형

(4) 태을경(太乙經)의 태을부(太乙符)

태을(太乙)은 하늘 북쪽에 있어 병난, 재앙, 생사를 다스린다는 신성한 별로 일찍이 동양인의 뇌리 속에 깊이 박혀 신앙해 온 신성(神星)이다.

태을경은 이 별의 운행을 천지 만물의 변화에 부처 이루어진 것인데, 곧 그것을 읽으므로 일체의 귀난으로부터 피할 수 있다는 것이다. 태을부는 이 경을 도록으로 표시한 것인데, 태을본부(太乙本符)와 팔부신장부(八部神將符)를 합하면 도합 10부(符)가 된다. (부적은 본론 중 (13) 벽사부 ④ 태을부와 ⑤ 팔문신장부를 참고)

(5) 기타 제참(諸讖)의 몽부(夢符)와 병부(病符)

동양에 있어서 모든 참결사상(讖訣思想)은 서양에 있어서 기독교 이상으로 위대한 잠재의식을 가지고 있다. 하늘의 별이 운행되는 것, 땅의 모든 만물이 생성 발전하는 것, 이것은 하나의 역(易)의 원리에 의존하고 있지만, 그 역은 귀신 술수의 조화 속에 변화하고 있기 때문에 그것을 알아 인생의 길흉화복을 점쳐 예방하는 것이 이 참결이다.

하늘에 있는 아홉 개의 별(九宮)을 관찰, 신격화하여 인간이 부릴 수 있도록 한 것이 팔문신장부(八門神將符)이고, 태을신성의 변화를 점쳐 인간의 길흉화복을 면하고자 한 것이 태을경의 태을부이며, 인간의 꿈을 12지에 맞추어 점치고 매일의 병세를 음양오행 12지에 맞추어 점친 것이 몽장(夢藏) 병장(病藏)인데, 이것을 부록으로 도록에 놓은 것이 몽부이고 병부이다. (부적은 본문 중 병부와 몽부를 참고)

Ⅲ. 결 어

1. 부적의 가치와 효력

(1) 부적은 마음의 의지가 된다

그러면 부적은 얼마만큼 가치가 있는 것인가. 과연 그것은 효력이 있는 것인가. 있다면 얼마만큼 효력이 있는 것인가. 믿는 것만큼 효력이 있다. 그러므로 만일 부적을 가진 사람이 그에 대한 신앙심이 없다면 그것은 전혀 효력을 내지 않을 수도 있다.

나는 지난 여름 '불교영험설화'를 쓰면서 다음과 같은 실화를 소개한 일이 있다.

지금으로부터 250여년 전 일본 다까나(高田) 지장사라는 절에서 있었던 일이다.

스스가(鍾木) 부인 요시꼬(吉子)가 병이 난 지 10년이 넘도록 신약이 무효라 오직 죽음만을 기다리고 있었다. 하루는 여자가 말했다.

"여보, 죽거든 절에 가서 49제나 잘 지내주십시오. 나쁜 곳에나 떨어지지 않게…"

"당신도 별 소릴 다 합니다. 이제 나이 겨우 30밖에 안된 사람이 죽기는 왜 죽어요. 걱정 말아요, 당신은 꼭 살아날 것입니다."

"아닙니다. 우리 집안(친정)에는 지금까지 30살을 넘긴 사람이 없습니다. 들은 말에 의하면 우리 집안에 조상 때부터 내려오는 원령악귀가 있어서 사람을 잡아간다 하였습니다."

"그렇다면 내 좋은 수가 있습니다. 절에 가서 천도재를 지내면 원령악귀가 다 극락세계로 왕생한다 하였으니 내 가서 천도재를 지내고 오겠습니다."

하고 그 길로 지장사를 찾아가 천도재를 지냈다. 그러나 아직도 마음에 미적지근한 바가 있어 그는 집에 돌아와서 방 윗목에 단을 차려놓고 3·7일(21일) 동안 지장기도를 드렸다. 그런데 그날 밤 꿈에 어떤 거룩한 이가 찾아와,

"너의 정성이 지극하여 내가 너를 찾아왔으니 소망을 말하라."

스스가는 이미 마음 먹고 있던 터라 전후 사정을 다 이야기 하고,

"어떻게든 원혼귀를 몽땅 천도하고 요시꼬를 낫게 해주십시오."

하고 애원하였다. 거룩한 이는 고개를 끄덕이더니 지장보살상이 그려진 부적판 하나를 주면서,

"이 부적을 수백 장 찍어 스미다가와(陽田川) 바닷물에 뿌리고 스님네를 청하여 수륙재를 지내라."

하였다. 스스가가 꿈을 깨고 나서 하도 신기하여 머리맡을 더듬어 보니 바로 그 꿈속에서 보았던 부적판이 놓여 있었다. 스스가는 신이 나서 바로 그 이튿날 부적을 찍어 스미다가와에 뿌리고 스님들을 청하여 수륙재를 지냈더니 그 날 밤 두 부부의 꿈에 수천 명의 원혼귀들이 굵은 새끼줄을 붙들고 하늘로 올라가며,

"진실로 감사합니다. 우리는 당신들의 위대한 신력에 힘입어 다생겁래에 맺힌 원한을 풀고 극락세계로 왕생합니다."

하였다. 요시꼬는 바로 그 이튿날부터 거짓말처럼 일어나 건강한 사람이 되었다. (불교영험설화 486쪽)

이것이 일본 지장부의 유래다.

또 어떤 학생은 실력은 있었으나 두 번씩이나 서울대 입학에 떨어졌다. 시험만 닥치면 괜히 가슴이 뛰고 머리가 화끈거려 시험을 제대로 보지 못한다는 것이다. 그런데 마침 그의 어머니가 친구에게 부적 이야기를 듣고 부적 1장을 가지고 와서 말했다.

"이것을 가지고 시험장에 들어가면 잘 보살펴 준다 하니 안심하고 시험 쳐라."

과연 그는 그 부적을 몸에 지니면서부터 마음이 편안하고 머리도 아프지 않아 시험을 잘 치러 수석으로 합격하였다.

또 어떤 운전수는 몇 차례 사고를 내고나서는 전혀 용기를 갖지 못하고 운전석에 앉기만 하면 다리가 후들거려 일을 할 수 없었는데 어떤 사람의 소개로 육자부(六字符, 육자대명왕진언)를 가지고 아침마다 '옴 마니 반메 훔'을 1천 번씩 하였는데, 그 뒤부터는 기분도 좋고 마음이 안정되어 20년 무사고 근정을 받았다고 한다.

그런데 어떤 사람은 첩을 떼기 위하여 20만원씩이나 하는 부적을 2장씩이나 사 가졌는데도 마침내 이혼을 당하고 패가망신만 하였다고 하니 이는 다 부적 자체에 위력이 있는 것보다 그것을 가지는 사람의 마음이 다르기 때문이다. 사람은 누구나 자신(법신)을 가지고 있다.

그러나 다생겁래에 쌓아온 많은 업력의 부폐(覆弊) 때문에 때로는 독립하지 못하고 의지를 구한다. 마치 한 다리를 부상한 환자가 목발를 의지하듯이 사람은 위급할 땐 지푸라기라도 의지하려 한다. 학생들이 시험기 때 마음을 안정하지 못한다든지 짙은 환자가 죽음을 목전에 놓고 허덕일 땐 신앙이 없는 사람이라면 이런 부적이라도 가지고 어느 정도 안심을 시킬 수 있다.

그렇다 하더라도 그것은 일시적인 방편은 될지언정 영원한 위안물은 되지 못한다. 생사를 해탈시킬 수 있는 것은 오직 자신의 수행 뿐이기 때문이다.

(2) 부적의 효과는 주사(朱砂)에게도 있다

부적의 효과는 그것을 믿는 사람의 마음에도 있지만, 그것을 만드는 자료인 주사에게도 있다. 본초학에 의하면 주사는 "진사(辰砂)·영사(靈砂)·주사(蛛砂)·폐사(肺砂)·토사(土砂)·파사(巴砂)·괴사(塊砂)·계사(階砂)·두사(豆砂)·월사(越砂)·침사(針砂)·신사(神砂)·말사(末砂)·계사(溪砂)·선사(宣砂)·진사(眞砂)·진주(眞朱)·과괴(顆塊)·녹련(鹿練)·토갱사(土坑砂)·백금사(白金砂)·백정사(白庭砂)·반면사(半面砂)·마아사(馬牙砂)·마치사(馬齒砂)·광명사(光明砂)·부용사(芙蓉砂)·조말사(曹末砂)·매백사(梅柏砂)·음성사(陰成砂)·징수사(澄水砂)·운모사(雲母砂)·금산사(金山砂)·금성사(金星砂)·옥좌사(玉座砂)·경면사(鏡面砂)·신갱사(新坑砂)·구갱사(舊坑砂)·신좌사(神座砂)·신말사(神末砂)·묘류사(妙流砂)·진금사(辰錦砂)·전족비(箭簇砒)이라고도 하는데 광물의 일종이다. 모양은 판상(板狀)·섬유상(纖維狀) 혹은 괴상(塊狀)으로 되고 색깔은 홍색, 갈홍색 또는 갈흑색을 띠고 있으며, 8% 수은과 14% 유황의 화합물이다.

맛은 달고 약성은 약간 차고 독이 없으며, 심경(心經)에 돌아가 정신을 안정하고 진정하여, 보기(補氣)·명목(明目)·번만(煩滿)·안혼백(安魂魄)·조심폐(調心肺)·익정신(益精神)·치당뇨(治糖尿)·구창(口瘡)·태독(胎毒) 등을 치료한다" 하였다.

또 요즈음 주사의 대용품으로 쓰고 있는 영사(靈砂)는 유화수은(硫化水銀)의 합성품으로 주성분이 Hg로서 맛은 달고 약성이 따뜻하며 독이 없다.

오장백병(五臟百病)의 안신요약(安神要藥)으로서 안혼백(安魂魄)·진정(鎭靜)·익기명목(益氣明目)·통혈맥(通血脈)·지번갈(止煩渴)·익정신(益精神)·구복통신명(久服通神明)·불노경신신선(不老輕身神仙)·담연옹성(痰延壅盛)·곽난반위(霍亂反胃)·심복냉통(心腹冷痛)·보오장약(補五臟藥)으로 쓰고 있으며, 원기후허(元氣虧虛)하고 기불승강(氣不昇降)하며 호흡부족과 혈압제병에 먹는 양정단(養正丹), 우황청심환 등을 만드는 중요한 재료로 쓰고 있다.

요컨대 부적의 재료인 주사(영사)는 만병통치약으로 이미 의약계에 널리 알려진 진경(鎭痙) 진통제의 일종이다. 그냥 먹어도 약이 되는데 그것으로 신비한 부적을 그려 일단 가지는 자의 마음을 최대한도로 안정시켜 놓고 먹으라 하니 어찌 효력이 나지 않겠는가. 그러나 과하면 도리어 병을 일으킬 수 있으니 주의하여야 한다.

(3) 철학적인 이미지

그러면 어찌하여 주사로 쓰는 종이는 괴황지(槐黃祗)를 쓰는가. 사람의 마음은 요망한 것이다. 무엇이고 한가지면 풍족하게 성취될 수 있는 것도 가능하면 여러 가지 색심을 조화하여 그 가운데 교묘한 의미를 부여한다.

대개 고대로 우리 동양인들은 색깔을 구분할 때 청·황·적·백·흑을 5정색이라 일러 왔다. 그런데 적색은 장부(臟腑)로 볼 때는 심장, 계절로 볼 때는 여름, 방향으로 볼 때는 남쪽에 속하지만, 5행으로 볼 때는 심성(心性)에 속하고, 황색은 비위(脾胃)·계하(季夏)·중앙·토성(土性)에 각각 속한다.

그러므로 중앙은 모든 방향의 중심으로 6방 8방에 다 통할 수 있고, 또 계사는 극양(極陽)으로 음(陰;邪氣)을 누르는 최상의 세력이 되기 때문이다.

또 훼나무(槐木)는 고래로 버드나무·복숭아나무·석류나무와 함께 귀신 쫓는 나무로 알려져 왔으며, 그의 열매(槐實)·잎(槐葉)·가지(槐枝)·뿌리(槐根)·껍질(槐皮)·속껍질(槐白皮)·진(槐膠)·버섯(槐茸) 등을 모두 양혈청혈요약(凉血淸血要藥)으로 쓰고 있다.

말하자면 약리상으로 볼 때는 양혈 청열시키는 약효가 있지만, 철학상으로 볼 때는 심장의 적색(주사)과 결합하여 토

화상생으로 동서 4방의 사기를 없애고 비위를 편하게 하니
여기에 바로 부적의 묘리가 있는 것이다.

2. 부적의 허실

이와같이 부적은 의약, 신앙상으로 볼 때 인간의 정신과 육
체에 미치는 바가 적지 않다. 그러나 부적은 절대적인 것이
아니다. 생존경쟁에 시달리는 모든 사람들이여, 냉정히 그 자
신을 한 번 돌아보라. 나의 걸어온 길이 누구의 지은 바였던
가를 냉정히 살펴보라. 인간의 운명은 누가 짓고 누가 받는
것이 아니다. 오직 스스로 짓고, 스스로 받고 있는 것이다. 더
욱이 이것은 조물주의 장난도 아니고, 선악과를 따먹은 죄과
도 아니다. 선을 생각하는 것도 내 마음이고, 악을 생각하는
것도 내 마음이다. 소리가 순하면 메아리가 순하고 물체가 곧
으면 그림자가 곧다. 깊은 바다는 흐려지지 않고 맑은 물엔 드
러나지(照現) 않는 것이 없다.

그러나 한 생각이 어두우면 천지가 현격하여 삼라만상이
오직 나 하나를 상대하여 도전해 오는 것 같다. 동으로 가도
편안치 않고, 서로 가도 편안치 않으니 어느 곳에 발을 내던
지고 분지일각(噴地一覺), 생사회로(生死廻路)를 벗어날 것인
가. 우선 머리가 아프니 아스피린이나 한 알 먹어보자 하는

것이 오늘 우리들의 사고방식이 아닐까.

그렇다. 현대인은 바야흐로 정신분열증에 걸려 있다. 언어를 상실하고 대화를 상실하고 시베리아의 찬 바람이 몰아치는 현실 속에 도전하며 전율하고 있다. 그러나 잎을 따고 가지를 끊는 일, 이것보다는 차라리 뿌리를 캐야 한다. 뿌리를 제거하지 않고는 가지가 마르지 않기 때문이다. 일시적인 진통을 위해 아스피린(부적)을 먹는 것 보다는 우리는 먼저 그러한 병에 걸리지 않도록 예방의학을 하여야 하겠다. 그러기 위해서는 먼저 마음을 바르게 써야 한다. 어떤 것이 바른 마음인가? 내 자신을 자신이 속이지 않는 마음, 거짓없이 주는 마음, 한결같이(眞如) 살아가는 마음, 진리에 순응하는 마음, 이 마음이 바른 마음이다. 이 마음만 있다면 몇만 원 몇 천만 원을 소비하여 첩을 떼는 부적을 만들지 않아도 그대의 남편은 스스로 그대에게 돌아올 것이고, 공무원은 때를 따라 진급하고, 학생은 시험에 합격할 것이며, 운전수는 사고를 미연에 방지하게 될 것이다. 설사 재앙이 남아 있다 하더라도 무거운 것은 가벼워지고 가벼운 것은 아주 없어질 것이다. 운명은 받는 것이 아니고 끊임 없이 창조되고 개척하는 것이기 때문이다.

끝으로 다시 한 번 결론 지어 말한다면 부적은 심리요법이다. 인간의 모든 병리(정신적 육체적)를 심리적으로 유인하여

〈 티베트 미륵보살 〉
유네스코 세계문화유산에 등재되어 있다.

치료코자 하는 것이고, 또 위험을 알리는 신호와 같다. 마치 건너 오지 못할 곳에 붉은 불이 켜지고 불조심을 해야 할 곳에 '불조심'이란 표어가 붙듯, 가정불화 화재예방 기타 모든 재화를 예방하는 하나의 신호로서 문지방이나 대문, 집 사방에 붙여놓고 외적 내적을 감시하는 것이다. 그러니 부적을 가지고 붙였다 해서 그것으로서 만족할 것이 아니라 그것에 대한 예방과 처방을 실질적으로 철저히 하여 생에 오류가 없도록 하여야 가히 부적 소지의 의의를 백 퍼센트 발휘할 수 있을 것이다.

이 마음 닥치는대로 굴러가건만
바꿔지는 곳 자기도 알지 못하나니
천만 번 굴러가도 하나인 줄만 알면
기쁨과 근심에 속지 않으리….

〈인디안들의 부적문자 그림1〉

〈인디안들의 부적문자 그림2〉

인디언들의 부적문자 그림1은 한 마리의 들소, 바다수달, 면양과 총으로 쏘아 잡은 30마리 비버(潮里)를 교환하자는 부적문자이고, 그림2는 인디안 부락에서 미국 대통령에게 보낸 편지다. 5호 지구로 옮겨가 살았으면 좋겠으니 허락해 달라는 말이다. 동물의 머리와 심장을 연결한 끈은 일곱 개 부락 사람들의 생각과 사상이 일치한다는 말이다.

〈중국인들의 갑골문자〉

거북 복갑(腹甲(左))과 소 어깨뼈(右)에 새긴 갑골문(甲骨門). 이러한 문자 그림 속에서 부적이 생겼다.

제3편 공덕이야기(功德說話)

1. 선덕여왕의 고질병과 김양도의 귀신병

선덕왕 덕만이 병환을 얻어 오랫동안 낫지 않았다. 흥륜사(興輪寺)스님 법척(法惕)이 임금에게 불려가 병을 치료했으나 오래도록 효과가 없었다.

이때 밀본법사(密本法師)는 덕행으로 온 나라에 명성(名聲)이 알려져 있었으므로, 좌우의 신하들이 법척을 밀본 법사와 바꾸기를 청했다. 왕이 그를 궁안으로 불러들여 맞이하니 밀본은 왕의 자리 옆에서 약사경(藥師經)을 읽었다. 경을 다 읽자마자 가졌던 육환장(六環杖)이 침실 안으로 날아 들어가서, 늙은 여우 한 마리와 중 법척(法惕)을 찔러 뜰 아래에 거꾸로 내던지니 왕의 병환이 그만 나았다. 이때 밀본의 이마 위에 신비스런 빛이 비치니 보는 사람은 모두 놀랐다.

또, 승상 김양도(金良圖)가 어렸을 때, 갑자기 입이 붙고 몸이 굳어져 말도 못하고 몸도 쓰지 못했다.

언제나 보니, 하나의 큰 귀신이 작은 귀신들을 거느리고 와서 집안에 있는 모든 음식을 다 맛보는데, 무당이 와서 제사를 지내면 귀신이 많이 모여서 다투어 모욕했다. 양도는 비록 귀신들을 물러가도록 명령하려 했으나 입이 붙어 말을 할 수 없었다. 양도의 아버지가 법류사(法流寺)의 스님을 청해다 경을 전독(轉讀)했더니 큰 귀신이 작은 귀신에게 명령하여 쇠몽둥이로 스님의 머리를 때려서 스님이 땅에 넘어져 피를 토하고 죽었다.

며칠 후에 사자를 보내어 밀본을 맞아오게 하니 사자는 돌아와 말했다.

"밀본법사께서 우리 청을 받아들여 오실 것입니다."

여러 귀신들은 그 소리를 듣고 모두 얼굴빛이 변했다. 작은 귀신이 말했다.

"법사가 오면 우리에게 이롭지 못할 것이니 피하는 것이 좋겠습니다."

큰 귀신은 거만을 부리면서 말했다.

"무엇이 해 될 것이 있으랴."

조금 후에 사방에서 쇠 갑옷과 긴 창으로 무장한 대력신(大力神)이 와서 귀신들을 잡아 묶어가고 그 다음에는 한없이 많은 천신들이 둘러서서 기다렸다. 잠깐 후에 밀본이 왔는데, 경을 펴기도 전에 그 병이 나아서 양도는 말도 통하고 몸도 풀려서 사실을 자세히 말했다. 양도는 이로 말미암아 불교를 독실히 믿어 한평생 게을리 하지 않았다.

흥륜사(興輪寺) 오당(吳堂)의 주불(主佛)인 미륵존상과 좌우보살을 소상으로 만들고 아울러 금색으로 벽화를 그 당(堂)에 그렸다.

밀본은 일직이 금곡사(金谷寺)에 산 적이 있다.

또 김유신은 일찍이 한 늙은 거사와 교분이 두터웠는데, 세상 사람들은 그가 누구인지 알지 못했다. 그때 유신공의 친척 수천(秀天)이 오랫동안 악질에 걸려 있었으므로 공은 거사를 보내어 병을 진찰하게 했다. 때마침 수천의 친구 인혜사(因惠師)가 중악(中岳)에서 찾아와 있다가 거사를 보고 모욕해 말했다.

"그대의 형상과 태도를 보니 간사하고 아첨한 사람인데 어떻게 남의 병을 고치겠소?"

거사는 말했다.

"나는 공의 명령을 받고 마지 못해서 왔을 뿐이오."

인혜는 말했다.

"내 신통력을 좀 보아라."

이에 향로를 받들어 향을 피워서 주문을 외우니 조금 후에 오색구름이 이마 위를 둘러싸고 천화(天花)가 흩어져 떨어졌다.

거사는 말했다.

"스님의 신통력은 정말 불가사의합니다. 제자에게도 또한 변변치 못한 재주가 있으므로 한 번 시험해 보고 싶습니다. 부디 스님은 제 앞에 잠깐만 서 계십시오."

인혜는 그의 말에 따랐다. 거사가 손가락으로 퉁기는 한 소리에 인혜는 공중으로 거꾸로 올라가는데 높이 한 길 가량이나 되었으며, 한참만에 천천히 거꾸로 내려와 머리가 땅에 박혀 말뚝처럼 우뚝 섰다.

옆에 있던 사람들이 밀고 잡아당겨도 움직이지 않았다. 거사는 그곳을 나가서 가버렸으며, 인혜는 거꾸로 박힌 채 밤을 새웠다. 그 이튿날 수천이 사람을 시켜 김공에게 알리니 김공은 거사에게 가서 풀어주게 했다. 그 후 인혜는 다시는 재주를 자랑하지 않았다.

붉은색 자주색이 분분히 주색에 섞이니
아, 고기눈이 어리석은 백성을 속였구나.
거사가 손가락을 가벼이 퉁기지 않았다면,
얼마나 상자 속에 무부(碔砆)를 담았으리.

2. 혜통스님이 용을 항복시키다

혜통(惠通)스님은 그 씨족을 자세히 알 수 없다. 그의 집은 남산(南山)의 서쪽 기슭 은천동(銀川洞)의 동구밖에 있었다. 하루는 집 동쪽 시내 위에서 놀다가 한 마리의 수달을 잡아 죽여 그 뼈를 동산 안에 버렸다.

그 이튿날 새벽에 그 뼈가 없어졌으므로 핏자국을 따라 찾아가 보았더니 뼈가 예전에 살던 구멍으로 되돌아가 새끼 다섯 마리를 안고 앉아 있었다. 낭(혜통)은 그것을 바라보고 한참동안 놀라워하고 이상히 여겼다. 감탄하고 망설이다가 문득 속가를 버리고 스님이 되어 이름을 혜통이라고 고쳤다.

당나라로 가서 무외삼장(無畏三藏)을 찾아보고 배우기를 청했더니 삼장(三藏)은 말했다.

"신라 사람이 어찌 법기(法器)가 되겠소."

하고, 마침내 가르쳐 주지 않았다. 혜통은 쉽사리 물러가지 않고 3년이나 섬기었으나 그래도 허락하지 않았다. 혜통은 이에 분하고 애가 타서 뜰에 서서 머리에 불담긴 동이를 이고 있었더니 조금 후에 정수리가 터졌는데 우레 같은 소리가 났다. 삼장이 이 소리를 듣고 와서 보고는 불담긴 동이를 치우고 손가락으로 터진 곳을 만지며 신주(神咒)를 외우니 상처가 아물어 그전처럼 되었다.

그러나 흉터가 생겨 왕(王)자 무늬와 같았으므로, 이로 말미암아 왕스님이라 불렀으며, 재기(才器)를 깊이 인정했으므로 인결(印訣 ; 心法)을 삼장은 그에게 전해 주었다.

이때 당나라 황실에서 공주가 병이 나서 고종(高宗)은 삼장에게 치료해 주기를 청했더니 삼장은 혜통을 자기 대신으로 천거했다. 혜통은 명령을 받고 따로 거처하며 흰 콩 한 말을 은그릇 속에 넣고 주문을 외우니 그것이 변해서 흰 갑옷 입은 신병(神兵)이 되어 병마를 쫓았으나 이기지 못했다. 다시 검은 콩 한말을 금그릇에 넣고 주문을 외우니 그것이 변해서 검은 갑옷 입은 신병이 되었다. 두 색의 신병을 합하여 병마를 쫓으니 문득 교룡(蛟龍)이 달아나고 병이 드디어 나았다.

용은 혜통이 자기를 쫓았음을 원망하여 본국(신라) 문잉림(文仍林)으로 가서 인명을 너무 심하게 해쳤다. 그때 정공(鄭恭)이 사신으로 당나라에 갔다가 혜통을 보고 말했다.
"스님이 쫓은 독룡이 본국에 와서 그 해가 심하니 속히 가서 그것을 없애주십시오."

혜통은 이에 정공과 함께 인덕(麟德) 2년 을축(665)에 본국으로 돌아와서 용을 쫓아버렸다. 용은 또 정공을 원망하여 이에 버드나무로 태어나 정공의 문밖에 나 있었다. 정공은 그것을 알지 못하고 다만 그 무성한 것만 좋아하고 매우 사랑했다. 신문왕이 세상을 떠나고 효소왕이 왕위에 오르자, 산

릉을 만들고 장례길을 닦는데, 정씨 집의 버드나무가 길에 가로막고 서 있었으므로 유사(有司)가 그것을 베려 했다. 정공은 노했다.

"차라리 내 머리를 베었으면 베었지 이 나무는 베지 말라."

유사가 이 말을 위에 알렸더니 왕은 크게 노하여 법관에게 명령했다.

"정공이 왕화상의 신술을 믿고 장차 불손한 일을 도모하려 하여 왕명을 거슬러 제 머리를 베라고 하니 마땅히 제 좋을 대로 해 주어야겠다."

이에 그를 베어 죽이고 그 집을 묻어버렸다. 조정에서 논의했다.

"왕화상이 정공과 매우 교분이 두터웠으므로 반드시 꺼리고 싫어함이 있을 것이니 마땅히 먼저 그를 도모해야 할 것입니다."

이에 갑옷 입은 병사를 시켜 잡게 했다.

혜통은 왕망사(王望寺)에 있다가 갑옷 입은 병사가 오는 것을 보고 지붕에 올라가 사기 병과 붉은 먹을 묻힌 붓을 가지고 그들에게 외쳤다.

"내가 하는 것을 보라."

곧 사기병 목에 한 획을 칠하면서 말했다.

"너희들은 각기 너희 목을 보라."

그들이 목을 보니 모두 붉은 획이 그어져 있었으므로 서로 쳐다보고 놀랐다. 혜통은 또 외쳤다.

"만약 병 목을 자르면 너희 목도 잘라질 것인데 어쩌려느냐?"

그 병사들은 달아나 붉은 획이 그어진 목을 왕에게 보이니 왕이 말했다.

"화상의 신통력을 어찌 사람의 힘으로 도모하겠느냐."

하며 그를 내버려 두었다.

왕녀에게 문득 병이 나서 왕이 혜통을 불러 치료케 했더니 병이 나았으므로 왕은 크게 기뻐했다. 혜통은 말했다.

"정공은 독룡의 해를 입어 애매하게 나라의 형을 받았습니다."

왕은 그 말을 듣고 마음 속으로 뉘우쳐서 이에 정공의 처자에게 죄를 면해주고, 혜통은 국사로 삼았다.

용은 이미 정공에게 원수를 갚자 기장산(機張山)에 가서 웅신(熊神)이 되어 해독을 끼침이 더욱 심하니 백성들이 많이 괴로워했다. 혜통은 그 산중으로 가서 용을 달래어 불살계(不殺戒)를 가르쳤다. 웅신의 해가 그제야 그쳤다.

처음에 신문왕이 등창이 나서 혜통에게 치료해 주기를 청하므로, 혜통이 와서 주문을 외우니 즉시 나았다.

혜통은 이에 말했다.

"폐하께서는 전생에 재상의 몸이 되어 양민 신충(信忠)을 그릇 판결하여 종으로 삼았으므로 신충에게는 원망이 있어 윤회(輪廻) 환생할 때마다 보복하게 됩니다. 지금 이 등창도 또한 신충의 탈입니다. 마땅히 신충을 위해 절을 세워 명복을 빌어 원한을 풀게 해야 될 것입니다."

왕은 그 말을 옳게 여겨 절을 세워 이름을 '신충 봉성사(信忠奉聖寺)'라 했다. 절이 낙성되자 하늘에서 외쳤다.

"왕이 절을 세워주셨으므로 괴로움에서 벗어나 하늘에 태어났으니 원망은 이미 풀렸습니다."

3. 천지를 감동시킨 월명사

경덕왕 19년 경자(760) 4월2일에 두 해가 나란히 나타나서 열흘 동안이나 사라지지 않았다. 일관(日官)이 아뢰었다.

"인연 있는 스님을 청해서 꽃 뿌리는 공덕을 지으면 재앙을 물리칠 수 있을 것입니다."

이에 조원전(朝元殿)에 단을 깨끗이 만들고 임금이 청양루(靑陽樓)에 행차하여 인연 있는 스님을 기다렸다.

그때 월명사(月明師)가 밭두둑의 남쪽 길을 가고 있었다. 왕은 사람을 보내어 그를 불러서 단을 쌓고 기도문을 짓게 했다. 월명사는 (왕께) 아뢰었다.

"빈도(貧道)는 그저 국선(國仙)의 무리에 속해있으므로 향가만 알 뿐이오며 범성(梵聲)에는 익숙하지 못합니다."

왕은 말했다.

"이미 인연있는 스님으로 뽑혔으니 향가만 하더라도 좋소."

월명은 이에 도솔가(兜率歌)를 지어 사실을 진술했는데, 그 가사는 이렇다.

오늘 이에 산화가(散花歌)를 불러,

뿌린 꽃아 너는

곧은 마음의 명령을 부림이니,

미륵좌주(彌勒座主)를 모셔라.

풀이하면 이렇다.

용루(龍樓)에서 오늘 산화가를 불러

청운(靑雲)에 한조각 꽃을 뿌려 보낸다.

은근·정중한 곧은 마음이 시킴이니,

멀리 도솔천의 부처님을 맞이하라.

지금 세간에서는 이것을 산화가라고 하나, 잘못이다. 마땅히 도솔가라고 해야 할 것이다. 산화가는 달리 있는데 그 글이 번거로워 싣지 않는다. 조금 후에 괴변이 즉시 사라졌다.

왕은 이것을 가상히 여겨 품차(品茶)한 봉과 수정염주(水精念珠) 108개를 내주었다.

그런데 문득 동자가 나타났는데 외양이 곱고 깨끗했다. 그는 공손히 차와 염주를 받아 궁전 서쪽의 작은 문으로 나가 버렸다. 월명은 이것을 내궁(內宮)의 사자라 했고, 왕은 스님의 종자라 했으나 서로 알아보니 모두 잘못이었다.

　　왕은 심히 이상히 여겨 사람을 시켜 그 뒤를 쫓게 했더니 동자는 내원의 탑 속으로 들어가 숨어버렸다. 차와 염주는 남벽의 벽화 미륵상 옆에 있었다. 이와같이 월명의 지극한 덕과 지극한 정성이 지성(至聖 ; 미륵보살)을 감동시킬 수 있었다.
　　조정과 민간에서 이 일을 모르는 이가 없었다. 왕은 더욱 그를 공경하여 다시 명주 100필을 주어 큰 정성을 나타내었다.

　　월명은 또 일찍이 죽은 누이동생을 위해서 재를 올릴 때 향가를 지어 그녀를 제사 지냈더니 문득 광풍이 일어나 종이돈을 날려 서쪽으로 날리어 없어졌다.
　　향가는 이렇다.

　　생사의 길은
　　여기 있으매 두려워지고
　　나는 간다 말도
　　못 다 이르고 갔느냐?
　　어느 가을 이른 바람에
　　여기저기 떨어지는 잎처럼

한 가지에 나서
가는 곳을 모르는구나.
아, 미타찰(彌陀刹)에서 너를 만나볼 나는
도를 닦아 기다리련다.

월명은 늘 사천왕사(四天王寺)에 살았는데 피리를 잘 불었
다. 일찍이 달밤에 피리를 불면서 문 앞의 큰 길을 지나가니
달이 그를 위해 가기를 멈추었다.

이로 말미암아 그 길을 월명리(月明里)라 했다. 월명사도 또
한 이로써 이름을 나타냈다. 월명사는 곧 능준대사(能俊大師)
의 제자였다. 신라 사람들이 향가를 숭상함은 오래되었는데
대개 시송(詩頌)과 같은 것이었다. 그러므로 자주 천지와 귀
신을 감동시킨 것이 한두 가지가 아니었다.

기린다.

바람은 종이돈을 날려 죽은 누이동생의 노비를 삼게 했고,
피리는 밝은 달을 흔들어 항아가 발을 멈추었다.
도솔천이 하늘처럼 멀다고 말라,
만덕화(萬德花) 한 곡조로 즐겨 맞았다.

4. 귀신의 한을 풀어준 선율스님

망덕사(望德寺)의 선율스님은 보시받은 돈으로 6백부 반야경을 이루려 하다가 공이 아직 끝나기 전에 갑자기 염라국의 사자에게 잡혀 명부에 이르렀다. 명관(冥官)이 물었다.

"너는 인간 세상에 있을 때 무슨 일을 하였는가?"

"빈도는 만년에 대품반야경을 이루려 하다가 공을 아직 이루지 못하고 왔습니다."

"너의 수명부에는 비록 목숨이 끝났으나, 좋은 소원을 마치지 못했으니 다시 인간세상으로 돌아가서 보전(寶典 ; 반야경)을 준공시켜라."

하고 이에 놓아 주었다. 돌아오는 도중에 한 여자가 나타나 울면서 앞에 와 절하였다.

"나도 또한 남염주(南閻州)의 신라 사람이었는데, 우리 부모가 금강사(金剛寺)의 논 1묘(畝)를 몰래 뺏은 일에 죄를 얻어 명부에 잡혀와서 오랫동안 심한 고통을 받고 있습니다. 지금 법사께서 고향에 돌아가시거든 우리 부모에게 알리어서 그 논을 빨리 돌려주도록 해주십시오. 그리고 제가 세상에 있을 때 참기름을 상 밑에 묻어 두었고 또 곱게 짠 베를 침구 사이에 감추어 두었으니 부디 법사께서 그 기름을 가져다 불등(佛燈)에 불을 켜고 그 베를 팔아 경폭(經幅)을 삼아주십시오. 그러면 황천에서라도 또한 은혜를 입어 제 고뇌를 거의 벗어날 수 있을 것입니다."

선율은 말했다.

"네 집은 어디 있느냐?"

"사량부(沙梁部) 구원사(久遠寺)의 서남쪽 마을에 있습니다."

선율은 이 말을 듣고 막 떠나려 하자 곧 되살아났다.

그때는 선율이 죽고 벌써 10일이나 되어 남산 동쪽 기슭에 장사지냈으므로 무덤 속에서 3일 동안이나 외쳤다. 목동이 이 소리를 듣고 절에 가서 알리니 절의 스님들이 와서 무덤을 헤치고 그를 꺼내었다. 선율은 앞의 사실을 자세히 말했다.

또 그 여자의 집을 찾아가니 여자는 죽고 15년이 지났는데, 그 기름과 베만은 또렷이 그대로 있었다. 선율은 그 여자의 시킨대로 명복을 빌었다. 그러자 여자의 혼이 찾아 왔다.

"법사의 은혜를 입어 저는 이미 고뇌를 벗어났습니다."

그때 사람들은 이 말을 듣고 놀라고 감동하지 않는 이가 없었으며, 그 보전(반야경)을 도와서 이루게 했다. 그 경질(經帙)은 지금 경주의 승사서고(僧司書庫) 안에 있는데, 해마다 봄·가을이면 그것을 펴서 전독하여 재앙을 물리치기도 한다.

기린다.

부럽구나, 스님은 승연(勝緣)에 따라,

혼이 되살아 고향으로 왔구나.

부모님이 저의 안부 물으시거든,

빨리 1묘전(畝田) 돌려주라 하소서.

5. 호랑이를 감동시킨 김현

신라 풍속에 해마다 2월이 되면, 초8일로부터 15일까지 서울의 남자와 여자들은 흥륜사의 전탑을 다투어 돌므로써 그것을 복회(福會)로 삼았다.

원성왕 때 낭군 김현(金現)이 밤이 깊도록 홀로 탑을 돌면서 쉬지 않았다.

그때 한 처녀가 또한 염불을 하면서 따라 돌았으므로 서로 정이 움직여 눈길을 주었다. 돌기를 마치자 그는 처녀를 구석진 곳으로 이끌고 가서 관계했다. 처녀가 돌아가려 하자 김현이 따라가니 처녀는 사양하고 거절했으나 김현은 억지로 따라갔다. 가서 서산 기슭에 이르러 한 초가에 들어가니 늙은 할미가 그 처녀에게 물었다.

"함께 온 이가 누구냐?"

처녀가 사실대로 말했다.

늙은 할미는 말했다.

"비록 좋은 일이지만 안 한 것보다 못하다. 그러나 이미 저지른 일이니 나무랄 수도 없다. 구석진 곳에 숨겨 두어라. 네 형제가 나쁜 짓을 할까 두렵다."

처녀는 김현을 이끌고 가서 구석진 곳에 숨겼다.

조금 뒤에 세 마리의 범이 으르렁거리면서 오더니 사람의 말을 지어 말했다.

"집 안에 비린내가 나는구나! 요깃거리가 생겼으니 어찌 다행이 아닐꼬?"

늙은 할미와 처녀는 꾸짖었다.

"너희 코가 잘못이지 무슨 미친 소리냐?"

그때 하늘에서 외쳤다.

"너희들이 생명을 즐겨 해침이 너무 많다. 마땅히 한 놈을 죽여서 악을 징계하겠다."

세 짐승은 그 소리를 듣자 모두 근심하는 기색이 있었다. 처녀는 말했다.

"세 분 오빠가 멀리 피해 가서 스스로 징계하겠다면 제가 그 벌을 대신 받겠습니다."

모두 기뻐하며 고개를 숙이고 꼬리를 치면서 도망쳐 가버렸다. 처녀는 들어와 김현에게 말했다.

"처음에 저는 낭군이 우리 집에 오시는 것이 부끄러워 짐짓 사양하고 거절했으나 이제는 숨김 없이 감히 진심을 말하겠습니다. 또한 저와 낭군은 비록 같은 유는 아니지만 하룻저녁의 즐거움을 같이 했으니 부부의 의를 맺은 것입니다. 이제 세 오빠의 악은 하늘이 이미 미워하시니 우리 집안의 재앙을 제가 혼자 당하려 하는데, 보통 사람의 손에 죽는 것이 어찌 낭군의 칼날에 죽어서 은덕을 갚는 것과 같겠습니까. 제가 내일 시가에 들어가 심히 사람들을 해치면 나라 사람이 나를 어찌할 수 없으므로, 임금께서 반드시 높은 벼슬로써 사람을 모집하여 나를 잡게 할 것입니다. 그때 낭군은 겁내지 말고 나를 쫓아 성 북쪽의 숲속까지 오시면 나는 낭군을 기다리고 있겠습니다."

"사람과 사람끼리 관계함은 인류의 도리지만 다른 유와 관계함은 대개 떳떳한 일이 아니오. 그러나 이미 잘 지냈으니 진실로 하늘이 준 다행이 많은데 어찌 차마 배필의 죽음을 팔아서 한 세상의 벼슬을 바랄 수 있겠소."

"낭군께서는 그런 말을 하지 마십시오. 이제 제가 일찍 죽음은 대개 하늘의 명령이며, 또한 제 소원입니다. 낭군의 경사요, 우리 일족의 복이며, 나라 백성들의 기쁨입니다. 제가 한 번 죽음으로써 다섯 가지 이익이 갖추어지는데 어찌 그것을 어길 수 있겠습니까. 다만 저를 위하여 절을 지어 불경을 강하여 좋은 과보를 얻는데 도움이 되게 해 주신다면 낭군의 은혜는 이보다 더 큰 것이 없겠습니다."

마침내 서로 울면서 작별했다.

다음날 과연 사나운 범이 성 안으로 들어와서 사람들을 해침이 심하니, 감히 당해낼 수 없었다. 원성왕이 이 소식을 듣고 영을 내려 말했다.

"범을 잡는 사람에겐 2급의 벼슬을 주겠다."

김현이 대궐로 나아가 아뢰었다.

"소신이 그 일을 해내겠습니다."

"왕은 이에 벼슬부터 먼저 주어 그를 격려했다.

김현이 칼을 쥐고 숲속으로 들어가니 범은 사람으로 변하여 낭자가 되어 반가이 웃으면서 말했다.

"어젯밤에 낭군과 정이 서로 결합된 일을 낭군은 잊지 마십시오. 오늘 내 발톱에 상처를 입은 사람은 모두 흥륜사의 장을 그 상처에 바르고 그 절의 나발소리를 들으면 나을 것입니다."

낭자는 김현이 찼던 칼을 뽑아 스스로 목을 찔러 쓰러지니 곧 범이 되었다.

김현은 숲에서 나와 거짓 핑계로 말했다.

"내가 지금 범을 쉽사리 잡았다."

그러나 그 사유는 숨기고 말하지 않았다. 다만 시키는대로 상처를 치료하니 그 상처가 모두 나았다. 지금도 민간에서는 범에게 입은 상처에는 또한 그 방법을 쓴다.

김현은 벼슬하자 서천(西川)가에 절을 지어 호원사(虎願寺)라 이름하고, 상시 범망경(梵網經)을 강하여 범의 저승길을 인도하고 또한 범이 제 몸을 죽여 자기를 성공하게 한 은혜에 보답했다. 김현이 죽을 때 지나간 일의 이상함을 깊이 감동하여 이에 붓으로 적어 전기를 만들었으므로 세상에서는 그때에야 비로소 듣고 알게 되었다. 그래서 그 글 이름을 논호림(論虎林)이라 했는데 지금까지 일컬어 온다.

6. 중국 호랑이 이야기

정원(貞元) 9년(793)의 일이다. 중국 당나라 신도징(申屠澄)이 야인으로서 한주 습방현위(漢州什邡縣尉)에 임명되었다. 진부현(振符縣)의 동쪽 십 리 가량 되는 곳에 갔을 때 눈보라와 심한 추위를 만나 말이 앞을 나가지 못했다. 길 옆에 초가가 있는데 들어가니 그 속에 불이 피어 있어서 몹시 따뜻했다. 등불을 비추어 나아가 보니 늙은 부모와 처녀가 화로를 둘러싸고 앉아 있었다. 그 처녀는 나이 바야흐로 14, 15세쯤 되어 보였다. 비록 헝클어진 머리와 때묻은 옷을 입었으나 눈같은 살결에 꽃같은 얼굴로서 동작이 얌전했다. 그 부모는 신도징이 온 것을 보자 급히 일어나서 말했다.

"손님은 차가운 눈을 무릅쓰고 오셨으니 앞에 와서 불을 쪼이시오."

신도징이 한참 앉아 있으니 날은 이미 저물었는데 눈보라는 그치지 않았다. 신도징은 청했다.

"서쪽으로 현에 가려면 아직 멉니다. 부디 여기 좀 재워 주십시오."

그 부모는 말했다.

"초가집을 누추하다고 여기지만 않으신다면 감히 명령대로 하겠습니다."

신도징은 마침내 안장을 풀고 침구를 펴니 그 처녀는 손님이 유숙하는 것을 보자 얼굴을 닦고 곱게 단장해서 장막 사이에서 나오는데, 그 한아(閑雅)한 자태가 오히려 처음보다 나았다.

신도징은 말했다.

"소랑자(小娘子)는 총명하고 슬기로움이 남보다 훨씬 뛰어납니다. 아직 미혼이면 감히 저와 중매를 청하오니 어떠십니까?"

그 아버지는 말했다.

"뜻밖에 귀한 손님께서 거두어 주신다면 어찌 정한 연분이 아니겠습니까?"

신도징은 마침내 사위의 예를 행했다.

신도징은 타고 온 말에 처녀를 태워 갔다. 이미 임지에 와 보니 봉록이 너무 적었으나 아내는 힘써 집안 살림살이를 돌보았으므로, 모두 마음에 즐거운 일 뿐이었다. 후에 임기가 차서 돌아가려 할 때 벌써 1남 1녀를 낳았는데 또한 매우 총명하고 슬기로웠으므로 신도징은 아내를 더욱 공경하고 사랑했다.

그는 일찍이 아내에게 주는 시를 지었는데 이러했다.

한 번 벼슬하니 매복(梅福)에게 부끄럽고,
3년이 지나니, 맹광(孟光)에게 부끄럽다.
이 정을 내 어디에다 비유할까.
냇물 위에 원앙새가 있구나.

그러나 그의 아내는 종일 그 시를 읊으며 잠잠히 회답할 듯
하면서도 입 밖에 꺼내지는 않았다. 신도징이 벼슬을 그만두
고 가족을 데리고 본집에 돌아가려 하니 그 아내는 문득 슬
퍼하면서 신도징에게 말했다.

　　"지난 번에 주신 시에 이어서 화답시를 지었습니다."

　　하고 이에 읊었다.

　　부부의 정도 중하기야 하지만
　　산림의 뜻이 스스로 깊어졌소.
　　시절이 변할 것을 늘 근심했소
　　행여 백년해로 저버릴까 싶어서.

　　드디어 함께 아내의 집에 갔더니 사람이라고는 없었다. 아
내는 친정식구를 그리워하며 종일 울고 있더니, 문득 벽 모퉁
이에 1장의 호피(虎皮)가 있는 것을 보자 그녀는 크게 웃으면
서 말했다.

　　"이 물건이 아직도 여기 있구나."

　　마침내 집어서 그것을 덮어 쓰니 곧 범으로 변하여 으르렁
거리며 할퀴더니 문을 박차고 나가버렸다.

　　신도징은 놀라 피했다가 두 아들을 데리고 그녀가 떠난 그
길을 찾아 다니며 산림을 바라보고 며칠을 크게 울었으나 끝
내 간 곳을 알지 못했다.

7. 융천사의 혜성가

제5 거렬랑(居烈郞), 제6 실처랑(實處朗)―혹 돌처랑(突處郞)이라고도 쓴다―제7 보동랑(寶同郞) 등, 화랑의 무리 세 사람이 풍악(風岳)에 놀러가려는데 혜성이 심대성(心大星)을 범했다. 그래서 낭도들은 이를 의아히 여겨 그 여행을 중지하려 했다.

그때 융천사(融天師)가 노래를 지어서 그것을 불렀더니 별의 괴변은 즉시 없어지고 일본병이 제 나라로 돌아감으로써 도리어 경사가 되었다. 임금은 기뻐하여 낭도들을 보내어 금강산에서 놀게 했다. 노래는 이렇다.

옛날, 동해 가의
건달바(乾達婆)가 논성을 바라보고
"왜군도 왔다"고 봉화를 든 변방이 있다.
세 화랑이 산구경 오심을 듣고
달도 부지런히 켜려 하는데,
길 쓸 별을 바라보고
"혜성이여!" 하고 사뢴 사람이 있구나,
아아 달도 저 아래로 떠가고 있다.
이봐 무슨 혜성이 있을꼬?

8. 진정법사의 효행

　법사 진정(眞定)은 신라 사람이다. 속인으로 있을 때 군대에 예속했는데, 집이 가난해서 장가를 들지 못했다. 군대 보역의 여가에는 품을 팔아 곡식을 얻어서 그 홀어머니를 봉양했다. 집안의 재산이라고는 오직 다리 부러진 솥 하나가 있을 뿐이었다.

　하루는 어떤 중이 문간에 와서 절 지을 쇠붙이의 보시를 구했더니, 어머니가 그에게 솥을 주었다. 이윽고 진정이 밖으로부터 돌아오자 그 어머니는 사실을 말하고 또한 아들의 의사가 어떠한가를 살펴보았다. 진정은 기쁨을 낯빛에 나타내면서 말했다.

　"불교에 관한 행사에 보시함은 얼마나 좋은 일입니까. 솥은 없더라도 무엇이 걱정이 되겠습니까?"

　이에 화분(瓦盆)을 솥으로 삼아 음식을 익혀 어머니께 봉양했다.

　그는 일찍이 군대에 있을 때 남들이 의상대사가 태백산에서 불법을 풀이하여 사람을 이롭게 한다는 말을 들었는데 이제 즉시 그리워하는 마음이 생겨 그 어머니에게 말했다.

　"효도를 다 마친 후에는 의상 법사에게 가서 머리를 깎고 불도를 배우겠습니다."

　어머니는 말했다.

　"불법은 만나기 어렵고 인생은 너무도 빠른데 효도를 다 마친 후면 또한 늦지 않겠느냐. 어찌 내 생전에 불도를 알았다고 돌려주는 것만 같겠느냐. 머뭇거리지 말고 빨리 하는 것이 좋겠다."

"어머님 말년에 오직 제가 옆에 있을 뿐이온데, 어머님을 버리고 어찌 차마 출가할 수 있겠습니까?"

"아…, 나 때문에 출가를 못한다면 나를 곧 지옥에 떨어지게 하는 것이다. 비록 생전에 풍성한 음식으로써 나를 봉양하더라도 어찌 효도가 되겠느냐. 나는 남의 집 문간에서 옷과 밥을 얻어 생활하더라도 또한 타고난 수명은 누릴 수 있을 것이니, 내게 효도를 하려거든 네 말을 고집하지 말라."

진정은 오랫동안 깊이 생각했다. 그 어머니는 곧 일어나서 쌀자루를 모두 털어 보니 쌀이 일곱 되가 있었으므로 그것으로 그 날 밥을 다 짓고서 말했다.

"네가 밥을 지어 먹으면서 가면 더딜까 염려되니 내 눈 앞에서 그 한 되 몫은 먹고 그 나머지 여섯 되 몫은 싸 가지고 빨리 떠나거라."

진정은 흐느껴 울면서 굳이 사양했다.

"어머님을 버리고 출가하는 것도 자식된 자로 차마 하지 못할 일인데, 하물며 며칠 동안의 미음거리까지 모두 싸 가지고 떠난다면 하늘이 나를 어떻게 생각하겠습니까?"

이리하여 세 번 사양했으나 세 번 권고했다. 진정은 그 어머니의 뜻을 어기기가 어려워 길을 떠나 밤낮으로 갔다. 3일 만에 태백산에 이르러 의상에게 귀의했다. 머리를 깎고 제자가 되어 이름을 진정이라 했다.

그곳에 있은 지 3년 만에 어머니의 부고가 이르렀다. 진정은 가부좌를 하고 선정에 들어가 7일 만에 일어났다.

설명하는 이는 "추모와 슬픔이 지극하여 거의 견딜 수 없었으므로 정수(定水 ; 定心)로써 슬픔을 씻은 것이다."했다. 어떤 이는 "선정으로써 그 어머니의 환생하는 곳을 관찰했다."고 했으며, 또 어떤 이는 "이것은 실리(實理)와 같이 하여 명복을 빈 것이다."고 했다. 선정에서 나오자 뒷일로써 의상에게 아뢰니 의상은 그의 어머니를 위해 문도를 거느리고 소백산의 추동(錐洞)에 가서 초가를 짓고 제자의 무리 3천 명을 모아 90일 동안 화엄 대전(華嚴大典)을 강했다. 문인 지통(智通)이 강하는데 따라 그 요지를 뽑아 책 두 권을 만들고 이름을 추동기(錐洞記)라 하여 세상에 널리 폈다. 강(講)을 다 마치자 그 어머니가 꿈에 나타나서 말했다.

"나는 벌써 하늘에 환생했다."

9. 불국사와 김대성

모량리(牟梁里)－혹 부운촌(浮雲村)이라 쓴다－의 가난한 여인 경조(慶祖)에게 아이가 있었는데 머리가 크고 이마가 평평하여 성과 같았으므로 때문에 대성(大城)이라 이름하였다.

그는 집이 가난해서 생활할 수 없었으므로 부자 복안(福安)의 집에 가서 품팔이를 했더니 그 집에서 약간의 밭을 주었으므로, 그 밭을 일궈 근근히 먹고 살았다.

　　그때 개사(開土;고승) 점개(漸開)가 육륜회(六輪會)를 흥륜사(興輪寺)에서 베풀려고 하여 보시를 얻고자 복안의 집에 오니 복안이 베 50필을 주었다. 점개는 주문을 읽어 시주의 복을 빌었다.

　　"시주가 보시를 좋아하니 천신이 늘 보호하고 지켜주실 것이오. 한 가지 물건을 보시하면 만 배를 얻게 되니 안락하고 장수하게 될 것입니다."

　　대성은 이를 듣고 뛰어 들어가서 그의 어머니에게 말했다.

　　"제가 문간에 온 스님이 외우는 소리를 들으니 한 가지 물건을 보시하면 만 배를 얻는다고 합니다. 저는 전생의 선업이 없었으므로 지금에 와서 곤궁하니 지금 또 보시하지 않으면 내세에는 더욱 곤란할 것입니다. 제가 고용살이로 얻은 밭을 법회(法會)에 보시해서 뒷날의 응보(應報)를 도모함이 어떻겠습니까?"

　　어머니는 좋다고 했다.

　　이에 점개에게 밭을 보시했다. 얼마 후 대성은 죽었는데, 이 날 밤 국상 김문량(金文亮)의 집에 하늘에서 외쳤다.

　　"모량리 대성이란 아이가 지금 네 집안에 태어날 것이다."

　　집사람들은 매우 놀라서 사람을 시켜 모량리에 가서 알아

보니, 대성이 과연 죽었는데 죽은 날이 하늘에서 외치던 날과 같은 시각이었다.

그 후 임신하여 아이를 낳으니 왼쪽 손을 꼭 쥐고 펴지 않았다. 7일만에야 폈다. 손 안에 금간자(金簡子)가 있는데 대성이란 두 글자가 새겨져 있었으므로 또 대성이라고 이름을 지었다. 그 어머니(전생의 어머니)를 집에 모셔와 함께 봉양했다.

그는 장성하자 사냥을 좋아했다. 하루는 토함산에 올라가서 곰 한 마리를 잡고서 산밑 마을에 와서 유숙했다. 그날 밤 꿈에 곰이 변해 귀신이 되어서 시비를 걸었다.

"네가 어째서 나를 죽였느냐? 내가 도리어 너를 잡아먹겠다."

대성은 두려워서 용서해 주기를 청하니 귀신은 말했다.

"네가 나를 위해 절을 세워 주겠느냐?"

대성은 맹세했다.

"좋습니다."

꿈을 깨자 땀이 흘러 자리를 적시었다. 그 후로는 벌판의 사냥을 금하고 곰을 위해 그 잡았던 자리에 장수사(長壽寺)를 세웠다. 그로 인해 마음에 감동되는 바 있어 자비의 원이 더욱 더해 갔다.

이에 이승의 양친을 위해 불국사를 세우고, 전생의 부모를 위해 석불사(石佛寺)를 세우고, 신림(神琳)·표훈(表訓) 두 성사를 청해서 각각 거주하게 했다. 굉장히 불상을 설치하여 양육한 수고를 갚았으니 한 몸으로써 전세와 현세의 부모에게 효도한 것은 옛적에도 또한 드문 일이었다. 착한 보시의 응험(應驗)을 어찌 믿지 않겠는가.

장차 석불을 조각하려 하여 큰 돌 한 개를 다듬어 감개(龕蓋)를 만들다가 돌이 문득 세 조각으로 갈라졌다. 대성이 분노했다가 그 자리에 잠들었더니 밤중에 천신이 내려와서 다 만들어 놓고 돌아갔다. 대성이 일어나 남쪽 고개에 급히 올라가서 향나무를 태워 천신을 공양했다. 이로써 그곳을 향령(香嶺)이라고 한다.

불국사의 운제(雲梯)와 석탑은 그 나무와 돌에 조각한 것이다. 기공(技工)이 동도(東都 ; 경주)의 여러 절 중에서도 이보다 나은 것은 없다.

옛 향전(鄕傳)에 기재된 것은 이상과 같으나, 절 안의 기록에는 이렇다.

"경덕왕 때 대상(大相) 대성(大城)이 천보(天寶) 10년 신묘(751)에 불국사를 세우다가 혜공왕 때를 지나 대력(大歷) 9년 갑인(774) 12월 2일에 대성은 죽고 국가에서 이를 완성시켰다. 처음에 유가(瑜伽)의 고승 항마(降魔)를 청해 이 절에 거주하게 했으며 그를 계승하여 지금까지 이르렀다."

그러니 고전과 같지 않으므로 어느 것이 옳은지 자세히 알 수 없다.

기린다.

모량(牟梁) 봄철에 3묘전(畝田)을 보시하여,
향령(香嶺) 가을에 만금을 거두었다.
훤실(萱室)은 백 년을 가난하다가 부귀했고,
괴정(槐庭)은 한 꿈 사이에 2세를 오갔구나.

10. 외로운 귀신들

(1) 노중객귀와 야광귀

훈련원 가까이에 살고 있었던 채모라는 한 유생이 어느 날 저녁 무렵 산책을 나갔다. 해는 서산에 기울고 달빛이 뿌옇게 동쪽 구름 사이로 비치고 있었다. 그러므로 눈 앞의 정경도 분명하지 않은 저녁 무렵이었는데, 저 편에 웬 부인이 홀로 서 있었다.

그는 잠시 그 부인을 주시했는데 여자도 이 쪽을 바라보고 있는 것 같아 서서히 걸음을 그 여인에게로 다가갔다. 가까이서 보니 한 눈에 반해버릴 만큼 절세미녀였다. 남자는 온갖 추파를 보내면서 떨리는 손으로 소매자락을 당겨 보았다. 그러자 여자는 별로 싫은 기색이 아닌 모양이었다. 여기에 용기를 얻은 남자는 손을 여자의 어깨에 올려놓으며 말했다.

"오늘밤은 정말 좋은 밤이오. 이렇게 좋은 밤에 꽃과 같은 당신을 만나 나는 정말 기쁘기 그지 없소. 처음 만나는 사람에게 이렇게 실례하는 나의 마음을 부디 헤아려 주기를 바라오."

이 말을 들은 여인은 약간 얼굴을 붉히면서 수줍은 듯 목소리도 나지막하게

"어떤 분인지는 모르오나 그와 같은 정중한 말씀을 들어서 저도 기쁘기 한량없습니다. 만일 신첩과 같은 불초한 자를 거두어주실 의향이 계시면 저의 집으로 오시지 않겠습니까?"

남자는 기쁜 마음으로 대꾸했다.

"그대의 말을 정말 따르고 싶소마는 당신을 보니 어느 집안의 따님인지는 자세히 모르지만 분명 훌륭한 가문의 규수일 것 같은데 저와 같은 미천한 자에게는 과분한 상대이오. 만약 그대가 나를 받아주면 정말 더 바랄 것이 없겠소."

"천만의 말씀입니다. 그러한 심려는 필요없습니다. 오히려 제가 황공하올 뿐입니다. 자, 그럼 다른 사람들의 눈도 있고 하니 어서 저의 집으로 가십시다."

하고 앞장섰다.

이와 같이 두 사람은 어깨를 나란히 하고 잠시 걸어 대궐과 같은 큰 집 대문에 당도했다. 여인이 먼저 들어가더니 잠시 있다 한 소녀가 문 앞으로 나타나 남자를 안내하여 어느 안방으로 데리고 갔다. 그곳에는 먼저 들어간 여인이 함박웃음을 머금으면서 남자를 맞이했다.

이윽고 산해진미와 향기가 그윽한 술이 들어왔고 음식을 들고 술을 마시기를 몇 차례나 했을 때 여인은 조용히 자신의 신상에 관한 이야기를 했다.

그녀는 일찍이 부모를 여읜데다가 남편마저 잃어버린 과부에다 날마다 춘하추동 눈물로 긴 밤을 지샌다는 것이었다. 그런데 오늘 몸종 하나를 데리고 외출을 하였는데 도중에 미처 날뛰는 마차를 만나 그것을 피하려고 길 옆으로 숨었는데 어찌된 셈인지 몸종이 보이지 않는 것이었다. 아무리 몸종이 오기를 기다려 보았으나 오지 않아 만약 해가 저물어 가서 길을 잃어버리면 어떻게 하나 하고 안절부절하고 있었을 때 선생님을 만나 따뜻한 말을 듣고 굉장히 감동을 했다는 것이었다. 그리고 선생님도 싫은 기색이 없는 것 같아 측실로 있으면 어떨까 생각했다는 것이다.

이 같은 이야기를 들은 선생은 꿈이라도 꾸는 듯이 느껴졌고 자기와 같이 복 받은 사람도 없을 것이라고 생각했다. 밤도 서서히 깊어갔다. 몸종이 선생의 의관을 받아 가지런히 챙겨놓고 이불을 깔고 등불을 켜놓은 다음 방에서 나갔다. 그리고 드디어 선생과 부인은 규방에서 호젓하게 부부의 정을 나눌 수가 있었다. 새벽녘의 종소리가 멀리 들리고 새벽이었지만 지난 밤의 달콤한 사랑은 아직 끝이 나지 않았다.

그때였다. 갑자기 천둥번개가 무섭게 내리쳐 선생의 귀가 멀어질 듯했다. 벌떡 일어나 머리를 들어보니 지금까지 절세미

인과 함께 누워 있어야 할 그는 다리 밑에서 돌을 베개로 삼고 거적을 이불로 덮고 누워 있는 것이 아닌가! 깜짝 놀라 살펴보니 그 주위에는 악취가 코를 찌를 듯이 더러운 오물들이 가득 담겨져 있었다. 천둥번개 소리는 지금 막 다리 위를 장작을 싣고 지나가는 두 대의 수레 소리였다. 선생은 당황하여 몸을 떨면서 서둘러 집으로 돌아갔다. 그 후 그는 아연자실하였고 그와 마주 손을 잡고 운우의 정을 나누었던 미녀의 생각이 그 머리에서 떠나지 않았다. 그리고 심신이 점차 허약해져 갔다. 이는 필시 요귀의 장난이라는 것을 알고 백방으로 수소문해 의원과 약으로 치료를 하고 또 기도도 해보았지만 별다른 효험이 없었다. 나중에는 제문을 바치고 기도를 드림으로써 잠시 그 재앙으로부터 벗어날 수가 있었다.

황해도 개성으로부터 남쪽으로 조금 가면 그곳에 덕적산이라는 산이 나타난다. 그 산 위에 최영을 모시는 사당이 있는데, 그 이름을 최영사(崔瑩祠)라 하였다.

이 사당은 옛날부터 영험이 있다 하여 지역민들로부터 숭상되었던 유일한 기도장소였다.

이 사당의 옆에는 침실이 있다. 이는 최영의 혼백이 은밀한 정을 즐기는 곳으로 그곳에는 언제나 지역사람들로부터 바쳐진 처녀가 거주하며 봉사하는 것이다. 그 처녀가 늙거나 병이 들면 다시 묘령의 처녀로 바꾸는 것으로 되어 있다. 시녀가 말하는 것에 의하면 밤이 되면 언제나 최영 장군의 영(靈)이

내려와 그녀와 교혼을 한다는 것이다. 지역 사람들이 어떠한 사정으로 인해 처녀 봉사를 하지 않았을 경우에는 신의 노여움을 사 큰 재앙을 입는다 한다. 그러므로 지역민들은 무슨 일이 있더라도 처녀 제물만은 빠뜨리지 않았다. 이 같은 풍습은 조선시대 초기부터 약 300년간이나 계속되어 왔으나 그 후 점차 그 영험이 없어졌다.

또 야광귀라는 귀신은 밤이 되면 사람이 사는 집의 대문을 기웃거리며 들여다보고 짚신을 훔치는 취미를 가진 귀신이다. 그런데 만약 이 귀신에게 짚신을 도둑맞으면 그 사람은 재앙을 맞게 된다는 것이다. 그리하여 어린 아이들은 이를 무서워하여 저녁이 되면 자기의 짚신을 모두 방안에 두고 등불도 일찍 끄고 잔다.

그리고 이러한 재앙으로부터 벗어나기 위해서는 문 바깥에다 커다란 키를 걸어두면 좋다고 한다. 왜냐하면 야광귀가 그 키를 보면 키의 눈(구멍)을 헤아리는데, 그 눈이 너무나도 많기 때문에 그 수를 헤아리는 동안에 잊어버리고 또다시 처음부터 헤아리기를 몇 차례 반복한다. 그러는 동안에 날이 새고 닭이 울고 마는 것이다. 이 닭 우는 소리를 들으면 야광귀들은 도망가기 때문에 방 안을 들여다 볼 시간적 여유가 없는 것이다.

(2) 거듭 태어난 아버지와 몸을 바꾸어 가지고 온 아버지

이 이야기는 전라도에서 전해진 것이다. 어느 집에서 부친이 사망하여 가족들은 비탄에 잠겨 슬픔의 눈물로 날을 지새우고 있었다. 그러던 어느 날 밤이었다. 상주의 꿈에 죽은 부친이 나타나 이렇게 말하는 것이었다.

"그다지 슬퍼하지 말라. 나는 하늘의 뜻에 따라 다시 이 세상에 태어나게 되었다. 모처의 아무개의 자식으로 태어날 것이다."

상주는 깜짝 놀라 잠에서 깨어났다. 그 후 장례식을 정성으로 치른 다음 꿈에서 들은 그 집을 찾아 나섰다. 그때까지 꿈에 나타난 부친의 말에 반신반의하고 있었으나 그 동네 사람들에게 그 집을 물어 당도하여 보니 과연 그 집 대문에는 아이의 출산을 알리는 금줄이 쳐져있었다. 그는 마음속으로 매우 놀랐다. 분명히 꿈에서 들은 그대로였다. 마음은 그 집을 금방이라도 들어가고 싶었으나 상주의 입장이기 때문에 금줄이 쳐진 대문 안으로 들어갈 수가 없었다. 하는 수 없이 그는 이웃사람들에게 그 집의 출산 날짜를 물어본 다음 집으로 돌아갔다. 상 기간(喪其間)이 끝나자 그는 기다렸다는 듯이 그 집으로 달려가 자신은 어디에 사는 누구누구라고 밝힌 다음 태어난 아이의 성과 태어난 시간을 확인해 보니, 그 아이는 잘 생긴 남자아이였으며 게다가 태어난 시간이 그의 부친 사망시간과 1초도 차이 없이 똑같았다. 그가 놀란 것은 두말할 나위도 없었으며 이 이야기를 들은 아이의 가족들도 괴이하게 생각하여 특히 그 아이를 소중히 키웠다 한다.

이 이야기는 경기도에서 채록된 설화에도 있다. 김씨 성을 가진 자가 어느 날 죽었기 때문에 그 자녀들은 슬퍼하면서 정성껏 장례를 치렀다. 산소를 만들고 난 후 며칠이 지난 어느 날이었다. 어떤 사람이 나타나 집으로 서슴지 않고 들어와 너무나도 친숙하게 말을 걸 뿐 아니라 거동도 집 사정을 잘 아는 사람과 같았다.

가족들이 기이하게 여겨 누구냐고 묻자,

"나는 이 집의 주인으로 너희들의 아버지이다."

그러나 자녀들은 이상하게 생각했다. 목소리는 생전의 자신들의 부친과 다를 바 없었으나 이미 산에 묻은 뒤이며, 또 지금 그 사람의 모습이 부친과는 너무나 틀렸기 때문이다. 그러자 그 사람이 말하기를,

"내가 그동안 있었던 일을 자세히 이야기를 하지 않았기 때문에 너희들이 믿지 않는 것 같은데 어쩌면 당연한 일이다. 나는 분명히 죽었다. 그러나 수명이 아직 남아 있었기 때문에 이 세상으로 다시 돌아올 수 있었다. 돌아와 보니 너희들은 내 시신을 땅 속에 묻어버린 후였기 때문에 그 시체로 다시 살아날 수 없었다. 그래서 길에서 우연히 만난 이 사람의 모습을 빌려 온 것이다. 따라서 용모는 비록 다르지만 이전의 사정은 누구보다도 잘 아는 너희들의 아버지다."

이 말을 듣고 보니 과연 살아 있었던 때의 부친과 다르지

않았다. 자녀들은 죽은 아버지가 살아 돌아왔기 때문에 매우 기뻐했다.

그러나 그곳에서 얼마 떨어지지 않은 어느 마을의 박씨 성을 가진 자가 행방불명이 되었다. 자녀들은 물론 친척 친지들도 서로 힘을 합하여 열심히 찾았다. 그러기를 며칠 지나고 어느 마을의 김씨 집에 낯선 사람이 나타나 살고 있다는 소문을 듣고 그 집을 찾아가보니 틀림없는 박씨의 부친이었다. 그리하여 박씨의 자녀들은 같이 집으로 가자고 그의 부친에게 말을 했다. 이를 본 김씨의 자녀들은 모습은 박씨이나 실제로 그 사람은 자신들의 부친이기 때문에 박씨 집으로 돌아간다는 것은 어림도 없는 일이라 하여 이를 거절했다. 이 일로 인하여 한 아버지를 두고 김씨와 박씨의 자식들 간에 갈등이 생겨 스스로 해결할 수가 없어 관가에 소송하게 되었다. 이러한 사정을 들은 군수는 살아 있었을 때는 김씨의 부친이고, 죽어서는 박씨의 부친이라는 판결을 내려 문제를 해결했다 한다.

(3) 처녀귀신과 사랑한 양생

전라도 남원에 사는 양생(梁生)은 일찍이 부모를 여의고 홀로 만복사(萬福寺 ; 고려 문종 때 지어진 남원에 있던 절) 동편 방 한 켠을 얻어 외롭게 살고 있었다. 그의 방 앞에 한 그루 배나무가 서 있는데 봄이 되어 꽃이 활짝 피면 온 뜰안이 찬

란하여 은세계를 이루었다. 그는 무시로 답답하고 외로울 때
면 달밤에 배나무 밑을 거닐면서 시를 즐겨 읊었다. 하루는,

한 그루 배꽃나무 외로움을 벗삼으니
시름도 한많은 달 밝은 이 밤에
외로운 창가에 홀로이 누웠으니
어느 곳 고운 님이 퉁소를 불어오나

비취(翡翠)는 외로운 것 짝 잃고 날아가고
원앙새 한 마리가 맑은 물에 노니는데
뉘 집에 마음 붙여 바둑이나 둘거나
등불은 가물가물 이 내 신세 점치는 듯

이렇게 시를 읊고 나니 문득 공중에서 소리가 났다.
"그대가 정말 고운 배필을 만나려 한다면, 어찌하여 부처님
께 기도드리지 않는가?"
이 소리를 듣고 양생은 크게 기뻐하며 이튿날 곧 3월 24
일(매년 이 날은 고을 사람들이 만복사를 찾아 향불을 피우
고 저마다 소원을 비는 풍습이 있었다.) 저녁 예불이 끝나기
를 기다려 법당으로 들어가 자기 소매 속에 깊숙이 간직해 가
지고 갔던 저포(樗蒲 ; 중국 사람들이 점칠 때 쓰는 점대 같은
것)를 꺼내 들고,
"오늘 제가 부처님을 모시면서 저포놀이를 해 볼까 합니다.

만약 소생이 지면 법연(法涎 ; 대중을 모아 설법하는 좌석)을 베풀어 부처님께 보답하겠거니와 만일 부처님께서 지신다면 반드시 저에게 아름다운 여인을 배필로 점지하여 주시옵기 바랍니다."

하고 곧 저포를 던졌다. 과연 저포는 양생의 승리로 돌아 갔다.

양생은 다시 부처님께

"저의 아름다운 인연은 이미 정하여졌사오니 자비하신 부처 님께서는 소생을 저버리지 마옵소서."

하고 부처님 탁자 밑으로 들어가 동정을 살피고 있었다. 얼마 안 되어 꽃같이 아름다운 아가씨가 들어왔다. 나이는 열대 여섯 밖에 안되어 보이는데 검은 머리에 깨끗한 단장을 하고 곱게 채운을 하고 내려 온 월궁의 선녀와 같았다. 가만히 바라보니 그 아름답고 고운 모습은 이루 형용하기 어려웠다. 흰 손으로 등잔에 기름을 따라 켜고 향로에 향을 꽂은 뒤에 세 번 절하고 꿇어 엎드려 탄식하며 이르되,

"인생이 박명하기 어찌 이와 같을 수가 있사올까?"

하고, 품 속에 간직하였던 축원문을 꺼내어 부처님 탁자 위 에 놓으니 그 글에,

"아무 고을 아무 동네에 사는 소녀 아무개는 외람됨을 무릅 쓰고 부처님 앞에 사뢰옵니다. 요즈음 변방이 허물어져 왜적 들이 쳐들어 와서 마음이 편할 날이 없사와 봉화불이 해마다 그칠 날이 없습니다. 그리하여 건물이 파괴되고 백성을 노략

하오매 친척과 종들이 동서 사방으로 피난하여 정처 없이 유리걸식하였나이다. 수양버들과 비슷한 가냘픈 소녀의 몸이오라 먼 길에 피난이 여의치 않사와 깊은 안방에 들어 엎디어 금석 같은 굳센 정절을 더럽힘이 없었건만 야속하온 우리 부모, 이 여식의 수절하옴이 마땅치 않다 하여 궁벽한 곳에 옮겨 두어 초야에 묻혀 살게 된 지 아마 속절없이 3년이나 되었는지라 또 밝은 가을밤과 꽃피는 봄 아침에 고단한 영혼 어이 위무할 길 있사오리까? 흐르는 흰 구름의 박명함을 탄식하오며 홀로 공규(空閨)를 지키어 기막힌 밤을 보내오니 님 그리운 이내 정이 채란(彩鸞)의 외로운 춤을 홀로 슬퍼하였더니 세월이 흐르고 흘러 서러운 영혼 맘 둘 곳 없사옵고, 그렇게 날은 가고 밤은 와서 구곡간장 다 녹아 없어지나이다. 어지신 부처님이시여! 자비와 연민함을 베푸시옵서서. 인간의 한 평생이 이미 정해져 있사옵고, 부부의 백년가약 또한 피할 길 없사오니 바라옵건대, 하루바삐 꽃다운 인연과 배필을 점지해 주옵소서."

여인은 축원문을 마치고 흐느껴 우는데 어찌나 슬피 우는지 이루 말로 형용할 수 없었다. 한편, 부처님 좌복 밑에 숨어서 이 광경을 보고 있던 양생이 그 아름다움에 황홀하여 스스로 그 정을 가누기 어려워 문득 뛰어나와 그 글을 한 번 읽어보고,

"그대는 누구이기에 이곳에 홀로 와 있습니까?"

여인은 아무런 놀라움과 두려움도 없이,

"저도 사람임은 분명하오니 의심을 푸시기 바랍니다. 당신은 아름다운 배필을 구하고 있는 중이지요. 굳이 성명은 알아 무엇하겠습니까?"

이때 만복사는 이미 퇴락하여 스님들은 절 한 모퉁이에 옮겨 살고 있었는데 법당 앞에 다만 쓸쓸한 행랑채가 남아 있었다. 양생은 여인을 눈짓하여 옆에 끼고 그 행랑채 끝 판자방으로 들어가니 여인도 이를 거절치 않고 따라갔다. 이에 양인은 운우(雲雨;남녀의 즐거움)의 즐거움을 누리었다. 이윽고 밤이 깊어 달이 동산에 솟아오르며 그 황홀한 그림자가 창가에 비치는데 문득 어디서인지 사람의 발자국 소리가 들려왔다. 여인이 먼저 놀래어

"누가 왔느뇨? 아무개 아니냐?"

하니, 여아가 대답하되

"그렇습니다. 낭자께서 문 밖에 일보도 나가지 아니하시더니 어찌 이런 곳에 와 계십니까?"

"오늘의 가연(佳緣)은 실로 우연한 일이 아니다. 높으신 하느님과 자비로우신 부처님께서 고운 님을 점지해 주신 덕택으로 백년해로를 하게 되었으니 이만 다행한 일이 어디 있겠느냐? 비록 어버이께 말씀드리지 못하였음은 예의에 어그러진 일이나 이렇듯 아름다운 인연을 맺게 되었으니 한평생의 기쁨이 아닐 수 없다. 너는 빨리 집으로 돌아가 주안상을 차려오너라."

시녀가 명을 받고 물러간 뒤 얼마 후에 다시 돌아와 뜰아래서 합환(合歡)의 잔치를 베푸니 때가 이미 사경(새벽 2시 전후)에 임박하였다. 양생이 가만히 그 주안상 그릇들을 보살펴 보니 기명(器皿)에는 아무런 무늬가 없으나 술잔에는 기이한 향내가 진동하여 결코 인간의 것이 아닌 성 싶었다. 양생은 속으로 은근히 의심해 마지 않았으나 그 아가씨의 밝고 고운 음성과 몸가짐이 아무래도 어느 명문집 따님이 한때의 정을 걷잡을 길 없어 이 어두움 속에서 담을 넘어 뛰어나옴이 틀림없으리라 생각하고 별달리 생각지 아니하였다. 아가씨는 양생에게 술잔을 권하며 시녀를 시켜 굳이 한 가락을 부르게 한 뒤에 양생에게 말하기를,

　　"애는 옛 곡조 밖에 알지 못한답니다. 청컨대 당신께서는 저를 위하여 한 수의 노래를 지어 불러 주도록 하십시오."

　　양생은 쾌히 승낙하고 곧 만감홍 가락으로 한 곡조 지어 시녀에게 부르게 하였다.

　　　봄 추위 잔잔한 바람에 명주적삼 팔랑이고
　　　애닯다 몇 번이나 향로에 불이 꺼졌던고
　　　저문 뫼 눈썹인양 가물거리고
　　　저녁구름 양산처럼 피었는데
　　　비단 장막 원앙 이불에 뉘로 더불어 노닐런고
　　　금비녀 반쯤 꽂은 채 퉁소 한 가락 불어본다.
　　　덧없는 저 세월 어이 흘러만 가느뇨

봄밤 깊은 수심 둘 곳 한이 없는데

타오르는 등불은 가물거리고 병풍 나즈막히 둘러

한갓 헛되이 흐르는 눈물 뉘로 더불어 위로받으랴.

기쁠시고 오늘 이 밤 봄바람이 소식 전하여

첩첩 쌓인 정한 봄눈 녹듯 녹았어라

금루곡 한 가락을 술잔에 기울여서

한 많은 옛일 느꺼워 하노매라.

　노래를 마치자 여인은 슬픈 빛을 띠고 말하였다.

"그대를 진작 만나지 못하였음을 못내 한스럽게 생각합니다. 그러나 오늘의 이 가연을 어찌 천행이라 이르지 않겠습니까. 신께서 만일 소첩을 버리지 않으신다면 종생토록 당신의 건즐(巾櫛；수건과 빗)을 받들겠습니다. 만일 당신께서 저를 버리신다면 저는 영원히 이 세상에서 사라지겠습니다."

　양생이 한편 놀랍고 또 한편 고마운 생각이 들어서,

"그대의 사랑을 내 어찌 저버릴 수 있겠소."

　그러나 아가씨의 일거일동이 아무래도 이상하여 그는 유심히 그의 동정을 살폈다. 그때 마침 서쪽 봉우리에 지는 달리 걸리고 먼 마을에서 닭의 홰 소리가 들려오는데 절간에선 새벽 종소리가 울려 퍼져 먼동이 희끄무레 트기 시작하였다. 여인이 말하였다.

"너는 그만 술상을 거두어 돌아가거라."

　시녀는 곧 안개가 사라지듯 어디로인지 없어졌다.

여인이 말을 이었다.

"아름다운 인연이 이미 이루어진지라 낭군을 모시고 저의 집으로 돌아갈까 합니다."

양생은 기꺼이 승낙하고 아가씨의 한 손을 잡고 앞길을 향해 걸어가는데 마을을 지날 때마다 울타리 밑에서 개들이 짖고 한길에 사람이 보이기 시작하였다. 그러나 자못 이상한 것은 누구든지 양생이 여인과 함께 가는 것을 본 이가 없다는 사실이다. 어떤 사람은 양총각에게

"양 총각, 식전 이른 새벽에 어디를 다녀오는 것이요?"

하고 의아히 물었다. 양생은

"어제 저녁에 크게 취하여 만복사에서 잠들었다가 방금 옛 친구를 찾아가는 길입니다."

하고 대답하였다. 양생은 그 아가씨를 따라 깊은 숲을 헤치고 가는데 이슬이 길을 적시고 초로(樵路)가 막막하였다. 양생이 의아스럽게 생각하여,

"당신 사시는 곳이 어찌 이렇게 황량합니까?"

"말씀 마시오. 노처녀의 거처는 항상 이러하옵니다."

하고는 글 한 수를 외어 농을 걸었다.

"이슬 내리는 오솔길을 저물기 전에 가고싶건만 어인 이슬 길가에 차 내 소원 막히느뇨."

양생도 그냥 있지 못하고,

"엉거주춤 저 여우는 다리 위로 건너가는데 정든 아가씨 노리는 마음 미친 놈 멋 없이 설렁대네."

둘이는 함께 웃으며 또 읊기도 하면서 개령동(開寧洞)으로 들어갔다. 한 곳에 당도하니 쑥밭이 들에 가득한데 한 채의 아담하고 고운 집이 수려하게 서 있었다. 여인은 양생을 데리고 그리로 들어갔다. 방안에는 침구와 휘장이 드리워져 있고 곧바로 밥상이 들여왔는데 어제 저녁의 만복사에서의 상차림새와 조금도 다른 것이 없었다. 그는 기쁨과 환락으로 연 사흘을 즐기었다. 그 즐거움은 한 평생의 아름다운 추억됨에 손색이 없었다. 그리고 시녀도 얼굴이 아름답고 고우나 교활한 모습은 볼 수 없으며, 좌우에 벌려놓은 그릇들과 가구들은 무늬가 없으니 필경은 인간세상의 것이 아닌 듯하였다. 그는 가끔 의아한 마음을 금치 못하였으나 아가씨의 은근하고 정다운 접대에 그만 그런 생각들을 봄눈 녹듯 사라지는 것이었다. 그러는 동안에도 시간은 흘렀다. 어느 날 아가씨가 이렇게 말했다.

"이 곳의 사흘이 인간세상 3년에 해당하는데 이제는 그만 그대의 돌아갈 때가 되었으니 그만 인간 세계로 돌아가시어 옛일의 생업을 돌보심이 어떠하겠습니까?"

양생은 슬픔이 갑자기 밀려오며,

"대체 이게 웬 말이오?"

"오늘의 미진한 연분은 다시금 내생에 기필하리라고 굳이 믿는 바입니다."

하고 다음과 같이 시를 읊었다.

개령동 깊은 골짜기 봄의 수심 안은 채로
꽃은 지고 피고 일백 근심 더할세라.
아득한 초협(중국 땅 이름) 구름 속에 님을 여의고는
소상강(舜의 두 부인, 娥皇과 崙英이 놀던 곳)
대밭 속에 눈물 어린 눈동자야

맑은 강 따뜻한 날씨 원앙새는 짝을 찾고
푸른 하늘 구름 걷히자 비취새 노니는구나.
님이여, 맺사이다 굳고 굳은
동심쌍관(부부의 두 마음이 불변키로 맹세하며 맺는 실)
비단부채(사랑 잃은 여자를 비유함) 가지고
맑은 가을 원망 마라.

하고 은잔 한 벌을 내어 양생에게 주면서,
"내일은 저의 부모님께서 저를 위하여 보련사(寶蓮寺 ; 남원
서쪽 40리 보련산에 있는 절)에서 음식을 베풀 것이니 청컨
대 보련사 가는 도중에 기다리시다가 부모님을 함께 뵙는 것
이 어떠하겠습니까?"
"그것 좋은 말씀이오."
하고 양생은 다음날 아가씨가 이르는 곳에 은잔을 들고 기
다리고 있었다. 과연 얼마 있다가 어떤 명가집 행차가 따님의
대상을 치르려고 수레와 말이 잇따라 보련사로 향하는 것이
보였다. 그런데 그 때 그 집 종자인 듯한 사람이 길가에 은잔

을 들고 서 있는 양생을 보고 그의 주인에게 여쭙기를,

"마님 나리! 우리 집 아가씨 장례 때 관 속에 넣었던 은잔을 누가 꺼내었나 봅니다."

"뭐, 그게 무슨 말이냐?"

"네, 길가에 한 서생이 가지고 있는 것을 보니 틀림없이 그것입니다."

주인은 그것을 보고 곧 말을 멈추고 양생에게 가만히 다가가 은잔을 얻은 유래를 물었다. 양생은 사실대로 말하였다. 주인은 한참이나 멍청히 섰다가,

"내 일찍 팔자가 불행하여 슬하에 여식 하나 있었는데 왜구의 난리통에 죽어 정식으로 장례도 치르지 못하고 개녕사 곁에 묻어두고 머뭇머뭇 하다가 지금에 이르렀다. 그러다 보니 오늘이 하마 대상날이 되어 부모 된 마음에 어이가 없어 보련사에서 시식이나 베풀까 해서 가는 길일세. 자네가 정말 그약속대로 하려거든 조금도 의심치 말고 기다렸다가 여식과 함께 오게."

하고 먼저 보련사로 향했다. 양생이 한참 기다리고 있으니 과연 약속한 시간에 아가씨가 시녀를 데리고 왔다. 서로 기쁘게 맞이하며 손을 잡고 보련사로 올라갔다. 절문에 이르러 아가씨가 먼저 들어가려 하다가

"나는 양심에 가책을 받아 부처님을 뵈올 수 없습니다."

하니 양생이 어르신께 이야기 하여 법당 밖에 욕실(浴室)을 설치 목욕시킨 뒤 부처님께 예불하고 곧 천 장막 안으로 들어

갔다. 스님들과 친척들 중 그를 본 사람은 아무도 없고 오직 양생이 그 뒤를 따를 뿐이었다. 아가씨가 양생에게,

"함께 진지 잡수시지요."

하여 양생이 그의 말을 그의 부모에게 전했더니 부모도 이상히 여겨 이를 엿보고 있다가,

"그럼 함께 밥이나 들게."

하였다. 아가씨의 형상은 보이지 아니하고 수저 소리만 달그락거리는 것이었다. 그것은 마치 인간이 하는 것과 흡사하였다. 그들은 크게 놀라 드디어 장 속에 신방을 마련하고 양생으로 하여금 함께 자게 하였는데 밤중쯤 되어 낭랑한 음성이 들려왔다.

"이제부터 자세한 신세 타령을 여쭙겠나이다. 제가 예법에 어그러지는 일을 하고 있다는 것도 잘 알고 있습니다. 시경에 말한 건상(褰裳；남녀의 非禮를 풍자했음)과 상서(相鼠；건상과 같은 내용임)의 두서의 뜻도 모르는 것은 아니옵니다. 하도 오래 들판 다북 속에 묻혀 있어 풍정이 한 번 발하매 마침내 능히 이를 이기지 못하였습니다. 뜻밖에도 삼세의 인연을 만나 그대의 동정을 얻게 되어 백 년의 높은 절개를 바쳐 술을 빚고 옷을 기워 평생 지어미의 길을 닦으려 하였나이다. 그러나 아깝게도 숙명적인 이별을 어찌할 수가 없어 한시 바삐 저승길을 떠나야겠습니다. 운우는 양대(陽臺；중국 종양왕이 미인을 꿈꾸던 곳)에 개고 오작은 은하에 흩어지매, 임이여 이 서럽고 아득한 정회를 무엇으로 말씀 드려야겠나이까?"

이런 말을 하고 아가씨는 슬피 울었다. 이윽고 스님과 사람들이 혼백을 전송하니 영혼은 문 밖으로 나가는 것인지 알 수 없으나 여인은 보이지 아니하고 슬피 우는 소리만 은은히 들려왔다.

저승길이 바쁜고로 괴로운 이별하건마는
비옵건대 내 님이여 저버리지 마옵소서.
애닯도다 어머니여 슬프도다 아버지여.
내 신세를 어이하나 고운 님을 여의도다.
아득하다 저승길이 이 원한을 어이하나.

사라져 가는 가느다란 목소리는 점점 멀어져 그 소리를 확실히 분별할 수 없게 되었다. 부모도 아가씨의 일이 정말임을 깨닫게 되었고 양생 역시 그가 사람이 아니고 귀신임을 그제야 뚜렷이 깨달았다. 그리하여 그의 슬픔은 더욱 고조되어 그의 부모와 함께 크게 통곡하였다. 이때 그의 부모는 양생을 향하여,

"은잔은 자네의 소용에 맡기네. 그리고 내 딸이 지니고 있던 밭 두 이랑과 여비(女婢) 몇 사람이 있으니 자네는 이로써 내 여식을 잊지 말아주게."

하였다. 이튿날 양생은 고기와 술을 가지고 아가씨와 만난 자리를 찾아가 보니 과연 하나의 빈장(殯葬)이었다. 양생은 음식을 차려놓고 지전을 불사르며 조문을 지어 읽었다.

"오오, 그리운 님이시여. 님은 어릴 적부터 천품이 온순하고 커서는 자태가 아름답기로는 서시(西施;월나라 미인 이름)와 같으며, 문장은 숙진(叔眞;선녀의 이름)을 능가하여 규문 밖에 나가지 않았으며, 항상 어머니의 교훈을 잘 받았었소. 난리를 겪어도 굳은 정조를 온전히 하더니 그만 왜적을 만나 목숨을 잃었구료. 황량한 쑥밭에 몸을 의지하고 피는 꽃 돋는 날에 마음만 슬펐소. 봄 바람에 귀촉도 구슬피 우니 가을철의 비단부채 무엇에 쓰리까. 지나간 밤에 님을 만나 기쁨을 얻었으니 비록 유명이 다르다 할 것이나 운우의 즐거움을 님과 함께 하였구려. 장차 백 년을 해로하려 하였더니 어찌 하루 저녁의 기쁨으로 이별이 닥칠 줄을 뉘 알았겠습니까. 고운 님이시여, 그대는 응당 달나라의 난새를 타시옵고 익산에 비가 되오리다. 당이 암암하여 돌아올 길 바이 없고 하늘이 아득하여 그대 뵐 길 끊겼세라. 다만 묘묘막막한 중에 그대 뵈올 길 가만히 기리며 님의 영혼 말 들어 내 구슬피 울었고 장을 헤칠 때마다 마음 찢기오이다. 총명한 그대시여, 고운 그대시여, 그 음성 귓가에 쟁쟁합니다. 아아, 이 설움 내 어이하리이까. 그대의 삼혼이 없어졌다 하여도 하나의 영혼 길이 남을지니 여기 잠시 고운 모습 나타낼지어다. 비록 나고 죽음이 다르다 하여도 하나 그대의 총명으로 나의 글월에 어찌 느낌이 없으리오."

그 뒤 양생은 이내 슬픔에 이기지 못하여 집과 농토를 전부 매각하여 저녁마다 재와 시식을 하였더니 하루는 그 아가씨가 공중으로부터 양생을 불러 말하였다.

"당신의 은덕을 입어 이 몸은 이미 딴 나라의 남자의 몸을 받아 태어나게 되었나이다. 유명의 한계는 더욱 더 멀어졌다 하나 당신의 두터우신 은정을 어찌 잊을 길 있사오리까. 그대도 마땅히 다시 정업(淨業)을 맞아 저와 더불어 함께 영원한 윤회를 해탈케 하여 주십시오."

양생은 그 후 다시 장가들지 아니하고 지리산에 들어가 약을 캐면서 살았는데, 그가 어떻게 죽었는지 그 뒷일을 아는 사람이 없다.

(4) 처형당한 외사촌 귀신과 이사문의 고모

기유(奇裕)라는 사람의 조부는 당대에 있어서 명재상이었다. 그런데 그의 조부가 죽고 난 다음부터 그 집에 이상한 일들이 계속 일어나 훌륭한 저택도 어느덧 아무도 살지 않는 폐가가 되고 말았다. 그 이상한 일이란 다음과 같았다.

예를 들면 어떤 아이가 문밖에 서 있는데 문득 그 아이 등에 어떤 무거운 물건이 붙어 떨어지지 않아 깜짝 놀라 집안으로 달려 들어가 그 집사람에게 무엇이 붙어 있는지 보아 달라고 하였다. 그러나 그 등에는 아무것도 붙어 있지 않았다. 나중에는 무거운 것이 등에서 떨어져 나갔으나 그 어린 아이는 온몸에서 땀이 흘렀다. 그 뒤로는 괴상한 일이 자주 일어났다.

밥을 지으면 솥뚜껑은 그대로 있는데 그 속에 밥 대신 똥이 가득 들어 있곤 하는 것이다. 무언가 변괴를 부리는 귀신의 짓이라고 경계하면 어떤 때는 화분이나 책상이 공중으로 날아다니기도 하고, 또 큰 가마솥 뚜껑이 천정에 붙어 이상한 소리를 내기도 했다.

또 어떤 때는 앞뜰에 있는 채소가 시들어 있어 조사를 해보니 모두 거꾸로 심어져 있기도 했다. 또 농 안에 넣어둔 옷이 모두 나와 천정이나 대들보 위에 늘어져 있기도 했다. 그리고 어떤 때는 불이 없는 아궁이에서 불이 갑자기 일어나 그불을 끄면 불이 문간방에 옮겨 붙어 다 태워 버리는 것이다.

이와 같이 괴이한 일들이 계속 일어났기 때문에 그 집사람들은 모두 이를 두려워하여 다른 곳으로 옮겨가 버리고 말았다. 그런데 오직 한 사람이 분연히 말하기를,

"오년 동안 선조들이 살던 집을 빈 집으로 만들어 황폐하게 하는 것은 자손으로서는 할 일이 아니다. 귀신 따위를 무서워해서야 어찌 대장부라고 할 수 있겠는가?"

하며 굳게 마음을 먹고 그 집에 남아 살기로 했다. 그러나 괴이한 일은 계속 일어났다. 때로는 사람의 얼굴에 똥과 오물을 칠하는 일이 생겨났다. 기유가 화가 나 요괴를 꾸짖으면 공중에서

"너도 언제까지 버틸 수 있다고 생각하느냐?"

하는 소리가 들렸다. 요괴를 퇴치시키려고 있었던 기유는 처음에는 힘으로 버티어 나갔지만 결국 병을 얻어 죽고 말았다. 이 변괴는 기유의 외사촌 유계량(柳繼亮)이라는 자가 남

을 음모하다가 처형당하더니 그 귀신이 이 집에 붙어 이와 같은 일을 저질렀다 한다.

이사문(李斯文)이라는 자가 정 5품에 해당하는 호조정랑이 되었는데, 그 집에 문득 귀물이 들어와서 나쁜 짓을 하므로 그 말소리를 들어보니 틀림없이 죽은 지 10년이나 되는 그의 고모의 목소리였다. 얌전하게 있으면 좋을텐데 생산하는 작업을 일일이 간섭을 하고 지휘하는 것이었다. 그리고 아침 저녁 식사는 물론이고 먹고 싶은 것이 있으면 무엇이든지 달라고 하며, 만약 이를 들어주지 않으면 몹시 노여워하는 것이었다. 그 귀신이 음식을 먹을 때 수저를 잡는 것과 밥을 먹는 모습은 볼 수 없었으나 반찬과 밥은 저절로 없어졌다. 그 모습은 허리 위는 보이지 않으나 허리 아래는 종이로 치마를 삼았으되 두 다리는 여위어 마치 칠(漆)과 같이 시커멓고 살은 없고 뼈뿐이었다. 그러하여 사람들이

"어찌하여 다리가 그렇게 되었습니까?"

라고 물어보면

"죽어서 오랫동안 땅 속에 있었기 때문이다."

라고 대답하였다. 여러 가지로 그 귀신이 방해가 되고 간섭이 지나쳤기 때문에 사문은 이를 기도·부적 등 온갖 방법으로 물리치려고 하였으나 그 효험은 없었고 오히려 그가 병을 얻어 죽고 말았다.

(5) 극성의 원귀들과 망신당한 귀부녀

극성(棘城)은 원래 고려시대 때 종종 전투가 벌어졌던 곳이었으므로 백골이 무수히 들판에 널려져 있었다. 이러한 원귀들은 오랫동안 위로를 받을 수 없었다. 그리하여 그곳에는 비가 내리는 날이거나 날씨가 흐린 날이면 종종 그 원귀들이 한데 어울려 여귀(勵鬼)가 되어 또 이것이 사람들에게 해를 입히므로 그 지역인 황해도 일대는 요절하는 사람이 많았다. 그 때문에 고려조에서는 매년 봄 가을에 향축(香祝)을 내려 극성제단에서 제사를 지내게 했던 것이 보통이다. 조선시대에도 이를 계속하였다.

"이치는 순양(純陽)이 아니고 음(陰)도 있으며, 물(物)은 오래 살지 못하고 죽음이 있다. 오는 것이 있으면 반드시 가게 되고, 신(神)이 있으면 반드시 귀(鬼)가 있는 것으로서 이것은 원래 물에 의지하여 벗어날 수 없는 것이니 어찌 여귀(勵鬼)라고 주(主)가 없겠는가. 정(精)이 없는 것을 음양이라 하고, 정이 있는 것을 귀신이라 하는데, 정이 없는 것은 더불어 말할 수 없지만 정이 있는 것은 이치로 깨닫게 할 수 있다. 내가 생각하건대 물과 불은 사람에게 필요한 것이지만 때로는 사람을 죽이며, 귀신은 사람을 이롭게 하는 것이지만 때로는 사람을 해친다. 그러나 사람을 죽이는 것은 물과 불이 아니라 사람의 허물이며, 사람을 해치는 것은 귀신이 아니고 사람의 잘못이다.

그러므로 춥고 덥고, 비오고 개는 것, 그리고 오미(五味)의 음식은 천지가 사람을 살게 하는 것이나 사람들이 자기 스스로 그 조화를 잘못하여 병의 근원이 생기게 되는 것이다. 때문에 귀신의 덕이 성하여 그 이치가 천지와 하나가 됨을 알 수 있다. 지금의 여귀(厲鬼)는 실로 귀신의 장난이 아니고, 역시 사람들이 자기 스스로 지은 재앙인 것이다.

그러나 한 사람이 허물을 지음으로 인하여 전염병이 널리 번져서 여러 해가 되도록 그치지 않아 죄 없는 백성이 잘못 걸려서 생명을 잃는 이가 그 얼마인지 모르니 어찌 귀신이 지나쳐서 옥과 돌이 함께 불타는 것이 아니겠는가. 내가 덕이 모자라는 몸으로 욕되게 한 나라 신(神)과 사람의 주인이 되어서 항상 한 물건이라도 편안함을 얻지 못할까 두려워하는데 더군다나 우리 백성들이 잘못 걸려 요사하는 것을 차마 보고만 있을 수 있으랴. 이에 유사(有司)를 명하여 각기 그 소재지에서 정결한 땅을 택하여 단을 만들게 하고 조정 신하들을 나누어 보내어서 고기·술·밥·국으로 제사를 드리며, 다시 정중히 타일러 너희들로 하여금 깨닫게 하노니, 너희 귀신들은 선(善)으로 선을 이을 것을 생각하여 불평하고 분한 기운을 거두어 살아 있는 덕을 펼칠지어다."

이것은 나라 임금님께서 극성의 원귀들에게 제사하며 읽은 제문이다.

옛날 양주 땅 어느 정씨 집에 귀신이 내려 한 계집종에게 붙어 수 년 동안 떠나지 않았는데, 그녀는 화복과 길흉을 알 아맞히지 못한 적이 없었다. 사람들은 모두 이를 두려워하였 으나 누구 하나 믿지 않는 사람도 없었다. 그 계집종에게 붙 은 귀신은 목소리가 굉장히 맑아서 늙은 꾀꼬리 혀와 같은데, 낮이면 공중에 떠 있고 밤이면 대들보 위에 깃들었다.

정씨 집에 대하여는 아무런 해도 끼치지 않았다. 이웃에 대대로 명문의 집이 있었는데, 그 집의 매우 귀중한 비녀를 잃고 계집종을 의심하여 항상 그 종을 때리는 것이었다. 그 종이 괴로움에 이기지 못하여 정씨 집으로 데려와 신이 들린 아이에게 점을 쳤다. 그러자 귀신이 말했다.

"있는 곳을 알고 있으나 너에게는 말하기 거북하니, 너의 안주인이 오면 말하겠다."

그리하여 종이 안주인에게 가서 알리니, 안주인이 친히 좁 쌀을 가지고 점을 쳤다. 귀신이 그 안주인에게

"있는 곳은 알고는 있으나 차마 말하지 못하겠다. 내가 한 번 말하면 그대는 몹시 무안하리라."

하고 귀신이 망설이자 그녀는 노하여 꾸짖었다. 그러자 귀 신이 말하였다.

"그렇다면 하는 수 없다. 아무 날 저녁에 그대가 이웃 아무 개와 같이 닥나무 밭으로 들어가지 않았느냐. 비녀는 그 나뭇 가지에 걸려 있다."

안주인은 꼼짝없이 망신을 당하고 말았다.

(6) 손칠휴가 만난 정포은과 수나라 조양상

포은 정몽주(鄭夢周)의 사당은 영천에 있다. 손칠휴(孫七休)가 경상도 안찰사로 있었을 때의 일이었다. 그가 지역을 순시하는 도중 영천군의 경계를 막 넘어가려고 하였을 때 몹시 졸려 견딜 수 없었다. 그리하여 말에서 내려 잠시 잠을 청했다. 그러자 꿈에 흰 수염을 흩날리면서 웬 노인이 나타나

"나는 포은이다. 그런데 내가 있는 곳이 몹시 퇴락하여 비도 새고 바람도 세차게 들어와서 몹시 괴롭다."

고 하면서 마치 부탁하는 것과 같은 말씨였다. 칠휴는 깜짝 놀라 일어나 그 지역의 노인들에게 물어보니 그곳에 사당의 흔적이 있었음을 알았다. 그리하여 고을의 수령에게 명하여 사당을 짓게 하였으며, 완공 후 칠휴가 스스로 자신이 그곳에 가서 제전(祭奠)을 올렸으며, 글을 지어 사당의 벽에 붙여 이러한 사실을 알렸다.

수나라 대주(代州)의 조양상(趙良相)은 재산이 갑부요 두 아들이 있으니, 맡이는 영(盈)이요 둘째는 맹(孟)인데 영은 강하고 맹은 좋은 땅을 차지하였더니, 양상이 죽은 뒤에 맹의 몫까지 영이 빼앗아 가지고 맹에게는 밭 한 뙈기와 집 한 칸만을 주었다. 맹은 품을 팔아 살아갈 수밖에 없었다.

몇 해 후에 영이 죽어서 맹의 아들로 태어났는데 이름이 환(環)이요, 그 뒤에 맹이 죽어서는 영의 손자로 태어나서 이름을 선(先)이라 하였다. 두 사람이 장성하니 맹의 집은 더욱 가난하고 영의 집은 더욱 부자가 되어서 환은 선의 머슴이 되

어 살고 있었다. 하루는 어머니가 환에게 말하였다.

"당초에 너의 조부가 재산을 반분하여 두 아들에게 똑같이 나누어 주었는데, 영이 우리의 재산까지 빼앗아서 가난하게 되었고, 지금은 네가 그 집 머슴이 되었으니 수치스럽고 개탄할 일이다."

환은 이 말을 듣자 원한을 품고 선을 죽이려 하였다.

개황(開皇) 초년(581)에 환이 선을 따라 오대산에 갔다가 깊은 골짜기에 들어가니 인적이 없었다. 환이 칼을 뽑아 들고 선을 겨누면서 말하였다.

"너의 조부와 나의 아버지는 형제간인데 네 조부가 내 집 재산까지 빼앗아서 우리 집이 가난하여지고, 오늘날은 네 집 머슴이 되었으니 네 마음이 편안하냐? 이제 나는 너를 죽여 분을 풀겠다."

선은 이 말을 듣고 재빨리 달아나는데 환은 그 뒤를 쫓아 갔다. 쫓고 쫓기고 하면서 숲 속으로 들어가니 조그만 암자가 있었다. 두 사람이 암자로 들어가니, 한 노승이 있다가 까닭을 물으니 선이 대답하였다.

"원수를 죽이려 하노라."

그러자 노인은 웃으면서 말했다.

"그대는 잠깐만 참으라. 그대로 하여금 내력을 알게 하리라."

하면서 환약을 내어 두 사람에게 먹으라고 했다. 약을 먹었더니 지나간 일이 꿈같이 생각나서 슬프기 짝이 없었다.

노승이 말했다.

"영은 환의 전신이니, 남의 재산을 빼앗았으나 그것이 곧 자기의 재산을 버린 것이오, 선은 맹이 다시 와서 전세의 재산을 찾은 것이니, 아버지의 유명(遺命)을 받은 것이니라."

두 사람은 집을 버리고 출가하여 도를 닦다가 미타암에서 목숨을 마치었다.

(7) 원망 속에 미쳐버린 김점례

서울 한복판 세종로 네거리에서 서북쪽으로 10km를 걸어가면, 삼각산 중턱에 승가사(僧伽寺)라는 절이 있다.

당년 19세의 젊은 나이에 부모에 굶주리고 또 사람에 굶주린 처녀행자가 있었다. 머리는 깎지 않았어도 먹물 옷을 입고 스님의 후보자로서 특별히 주지스님의 자비 속에 갓 20 고개를 넘으려는 김점례라는 어여쁜 아가씨였다. 그러나 그에겐 너무나도 가혹한 사바의 시련이 채 맛도 보기 전에 다가오고 있었다.

장안 부호 사장님의 어머니가 7대 독자의 규수감을 구하고자 부처님께 발원하러 오는 길에 바로 그 어머님의 눈에 뜨인 것이다.

어머니께서 주지스님께 호소하였다.

"스님, 우리 집안에 영광을 들어주시옵소서."

"그 애는 매우 외로운 처녀입니다."

"그렇다면 더욱 좋습니다. 우리 애는 두 번 장가를 들었지만 자식을 낳지 못하여 모두 실패하였습니다."

이 이야기를 밖에서 듣고 있던 점례는 매우 흥분했다.
"내가 시집을 간다. 부잣집의 규수가 되어 자식을 낳으면 얼마나 행복할까."
젖먹는 아이가 어머니를 만난 것 같은 기분이고, 목마른 사람이 물을 얻은 것만 같은 기분이었다.
숲속에서는 종달새가 지지배배하고, 꾀꼬리가 요란하게 울어댄다. 그러나 소리는 들리면서도 새는 볼 수 없었다. 소리를 따라 숲속을 헤매고, 높은 하늘을 우러러 바라보았으나 끝내 새는 보지 못했다.
불길한 생각이 들었다. 한 번은 자기가 오늘 낮에 부처님께 마지를 가지고 갔다가 예배 도중 꿈을 꾸는데 부처님의 상호가 이상스럽게 도깨비로 변하고, 나한님들과 부처님 탱화가 마귀처럼 보였다. 점례는 비지땀을 흘리며 깨고 보니 한낱 꿈이었다.
그러나 아직 세상 경험이 없는 점례로서는 그것이 무엇을 의미한 것인지 전혀 알 길이 없었다. 그저 부잣집으로 시집을 가게 된다는 사실, 가서 자식 하나만 잘 낳아주면 그대로 귀인이 되어 그동안의 외로움을 모두 다 잊고 행복하게 살 수 있다는 그 생각 밖에 다른 생각이 없었다.
"점례야, 너의 생각은 어떠하냐?"

이미 마음을 훤히 들여다보신 스님이 물었다. 대답은 하지 아니했으나, 이미 부푼 가슴에서 흘러나오는 붉은 핏줄이 점례의 안면을 불그스레 물들였다.

　혼인은 쉽게 이루어졌다. 그러나 그 혼인은 신랑이 마음 속에서 우러나서 취한 결혼이 아니오, 어머니의 요구를 이기지 못하여 세 번째 단행된 결혼이었다.
　첫날밤은 매우 서먹서먹하였으나 점례는 성심껏 남편과 시부모를 모셨다.
　결혼 후 얼마 되지 않아 몸에 이상이 생기는 것 같아 진찰했더니 희비쌍곡의 이상한 결과가 나왔다.
　"임신 3개월이 틀림없으나 모체의 자궁에 혹이 자라나고 있습니다."
　"그러면 어떻게 하여야 됩니까?"
　"애를 제거하지 아니하면 어머니가 죽습니다."
　"수술을 하면 다음에 또 아이를 가질 수 있습니까?"
　"안 됩니다. 자궁 전체를 들어내야 하기 때문에…."
　이 말을 들은 시어머니는 아들과 의사와 짜고
　"살려달라."
　고 애원하는 점례의 소망을 송두리째 뿌리치고 수술을 거부했다.
　누구에게도 호소할 수 없는 처지였다.
　"나는 아이만 낳으면 죽습니다. 부처님, 살려주십시오."

하고 매일 북한산을 향하여 애원하며 몸부림쳤다. 그러나 세월은 흘러 어느덧 태아의 분만기가 다가왔다. 병원에서는 아이와 산모를 함께 살려보려고 온갖 노력을 다 했으나, 아이를 분만하고 다른 수술을 시작하기도 전에 점례는 이미 세상을 떠나고 말았다.

점례는 수술을 임하기 전에 남편을 불러 애절하게 호소하였다.

"여보, 나는 수술하면 그대로 죽습니다. 아이나 잘 기르셔서 가문의 뒤를 잇도록 하시고, 나는 승가사 뒷산 양지 바른 쪽에 묻어주세요. 부탁합니다. 꼭 부탁합니다."

과연 수술 결과는 점례의 말과 똑같았다. 그러나 남편과 시어머니는 점례의 죽음보다는 손자의 탄생에 가슴이 벅차 점례의 시신을 회사 간부 두 사람에게 맡기고 장지까지도 가지 않았다. 외로운 시체는 회사차에 실려 북한산에 오르다가, 마침 쏟아지는 소낙비 관계로 중간에 쉬고 있었는데 간부 한 사람이

"북한산은 저기 저 산 아니야. 거기까지 30리가 넘는데 어떻게 하지?"

"글쎄…."

함께 간 일꾼이 걱정을 하자,

"자, 좋은 수가 있어. 사장님께서 호텔 지으려고 사 놓으신 산이 있지 않아. 얼마 안 있으면 공사가 시작되겠지만 거기까

지 차가 들어가니 거기다 묻읍시다."

일꾼들은 그것이 좋겠다 하여 그곳으로 싣고 가서 묻고 말았다.

그 후 15년, 아이는 자라 성인이 되고, 또 회사일도 잘 되어 호텔까지 짓게 되었다. 그런데 하루는 남편이 자고 있는데 이상한 소리가 들려왔다.

"아이 추워, 아이 추워, 아이 추워 죽겠어요."

분명 점례의 소리였다. 너무나도 오랜 세월 까마득히 잊어버리고 있던 사실이라 꿈이거니 생각하고 그냥 지나쳤다. 이튿날도 또 그 이튿날도 계속해서 똑같은 소리가 들려왔다. 의심이 난 남편은 그때 간부를 불러 물었다. 당황한 간부는

"틀림없이 승가사 뒷산에 묻었습니다."

거짓말을 해놓고, 그 무덤을 찾아가 보았다. 그러나 때는 이미 늦었다. 호텔부지는 다이너마이트에 의하여 만신창이가 되어 있었고, 매일 굴삭기로 그 흙을 실어내어 터를 고르고 있었다. 이리 헤매고 저리 헤매고 남은 뼈라도 찾아보려고 사방으로 돌아다니다가 그 간부도 다이너마이트 폭발 사고로 산산조각이 나고 말았다.

늦게야 이 사실을 알게 된 사장님은 그 때 같이 갔던 간부를 찾아 현장을 헤매다가 간부의 시체 조각을 발견하고 화가 나서 동행자를 칼창을 들고 치려 하자, 주춤주춤 뒤로 물러서던 동행자가 낭떠러지에 떨어져 그대로 죽고 말았다. 사장은 그대로 미쳐버렸다. 집안은 일시에 불구덩이가 되었다.

현장에서는 흙을 실어 나르던 덤프트럭이 점례의 시체조각을 싣고(실어진 줄도 모르고) 가다가 거리에서 귀녀(鬼女)를 보고 놀라 사고를 내니, 차는 강 속으로 들어가고 운전수는 그대로 물귀신이 되고 말았다.

이렇게 연일 계속해서 사고가 나고 사람이 피해를 입으니 회사는 마침내 폐허가 되고 그의 할아버지까지 앓아 눕게 되었다. 당황한 시어머니는 무당을 불러다가 굿을 했다.

굿을 보고 있던 사장은 갑자기 발작을 일으켜 무당 판수를 내려치니 모두 도망치고 말았다. 이젠 정신이 아주 없어져 부모와 자식도 구분하기 어렵게 되었다.

한편 전일 점례를 수술했던 병원에서도 기괴한 사건이 일어났다. 당시 점례의 병을 간호하던 간호원이 점례의 혼백을 본 것이다.

"귀신 나왔어요, 귀신…."

그러나 누구도 곧이 듣는 사람이 없었다. 얼마 후 두번째 나타난 점례의 혼신은 병원 원장의 가슴 속에 깊이깊이 사무쳐 간호원과 함께 죽는 비극을 일으켰다.

그동안 세월이 흘러 수술을 통해 태어난 그 아들이 이제 결혼식을 올리고 여행을 가기에 이르렀다. 신방이 꾸며진 호텔방에 난데없는 휘파람 소리가 새 며느리 귀에 들렸다. 그는 귀신처럼 호텔 방을 나와 사방으로 돌아다니다가 어느 초상집에 이르러 초혼 밥을 훔쳐 먹고 들어왔으나 남편은 그것을 모르고 있었다. 여행이 끝나고 집에 돌아와 아버님께 인사드렸으나 아버지는 영영 자식을 알아보지 못하고 그 며느리를 오히려 옛 점례로 착각하여 발작을 일으키려 하였다.

그 때 승가사 주지스님께서 내려왔다. 방에 누워 계신 시아버지를 뵙자 그는 눈물을 흘리며 하소연 하였다.

"대사님, 어떻게든 우리를 살려 주십시오. 참으로 잘못했습니다. 세상에 이럴 수가 있습니까?"

"깊은 뉘우침은 아무리 무서운 원한도 다 녹여낼 수 있습니다. 염불을 하십시오."

할아버지느 주지스님이 시키는대로 불단을 차리고 염불을 하기 시작하였다. 집안은 점점 활기를 되찾게 되었다. 우선 할아버지가 건강이 회복되었고 아들(옛 점례의 남편)의 정신이 되살아났다.

그런데 이제 점례의 혼령은 새 며느리에게 붙어 칼을 들고 그의 어머니를 저주하였다. 밤중에 이상한 소리를 듣고 손자 며느리 방 근처에 나왔다가 칼 든 며느리에게 쫓기기 시작하였다. 주지스님이 또 나타났다.

"점례야, 원한을 원한으로 갚으면 원한 속에 죽게 된다."

그러나 점례의 혼령은 아랑곳없이 달려들어 스님에게 칼을 들이댔다. 스님이 염주로 그의 안면을 치자 칼을 던져버린 점례의 혼령이 붙은 새 며느리는 도망치듯 천정에 올라붙었다가 다시 내려와 스님의 목을 졸랐다.

스님은 가졌던 큰 염주를 벗어서 그 목에 걸어주고 염불을 하였다. 발광하던 며느리가 그대로 땅에 쓰러졌다.

점례의 혼령은 부처님의 가피력으로 극락세계 환생하고, 손자며느리도 다시 정상을 되찾았다.

이것이 망령의 곡이다. 어떤 사람들은

"절에 있던 사람이 저렇게 되어서야…."

하고 혀를 찬다. 하지만 번뇌 망상이 적은 수도인들의 집착은 오히려 더 집념이 강하다. 그래서

"순수한 수도인을 저주한 죄는 무간지옥의 과보를 받는다."

한 것이다. 오로지 한 생각으로 사랑하는 사람, 오로지 한 길로 나아가는 사람에겐 사랑도 저주도 강할 수밖에 없다. 한 자손을 위해서 뭇 생명을 헌신짝같이 여기는 어리석은 생각, 돈이면 인륜도 도덕도 다 살 수 있다는 배금주의 속에 진실한 애정을 망각한 현대인의 배륜(排倫)사상이 여기 잘 나타나 있다.

사람들아, 거짓말을 하지 말라. 굳게 약속한 것은 굳게 지키라. 더구나 마지막 한 순간의 유언을 소홀히 내 생각대로 변경하지 말라. 변경할 때는 그 영혼의 심중에 이해가 생길 때까지 고유(告鍮)하라. 그리하면 마침내 곤액(困厄)을 맛보지 않을 것이다.

(8) 생거진천(生居鎭川) 사거용인(死居龍仁)

진천 사는 추천석(秋千石)이 한밤중에 자다가 갑자기 죽었다. 아들 마누라가 붙들어 잡고 우는 것을 보고 염라국에 불려가니 염라대왕이 물었다.

"어디서 왔는가?"

"진천서 왔습니다."

"누가 데려왔는가?"

"옥졸들과 함께 왔습니다."

"그놈들 이리 데려오너라."

하여 옥졸들이 나오니

"너 이놈들아. 용인 땅에 사는 추천석을 데려오라 했지 누가 진천 사람을 데려 오라고 했느냐?"

"무술년 7월 7일생이기 때문에 똑같아서 착각했습니다."

염라대왕은 야단을 치고 진천의 추천석을 돌려 보내주었다.

그러나 진천에 와서 보니 자기 몸은 이미 땅 속에 묻혀지고 위패만 덩그렇게 놓여 있는데 아들 마누라에게

"내가 살아왔다."

하여도 누구 하나 거들떠보는 사람이 없었다. 그래 혼자 생각하였다.

"내 몸은 이미 없어졌으니 용인 땅의 추천석이 몸으로 들어가는 수밖에 없다."

하고 올라가니 그 집 또한 초상이 나서 울고불고 야단이

났다. 어제 저녁 일이기 때문에 몸은 아직 성해 있는지라 속으로 들어가 점점 살아나니 집안식구들이 모두 기뻐 어찌할 바를 몰랐다. 기가 막혀 말을 하지 못하고 있다가 사실적으로 이야기하니

"죽었다 살아나서 아직 제 정신이 들지 않아서 헛소리를 하는 것 같다."

고 하면서 갖가지로 달래보았다. 그러나 진천의 추천석은 몸은 달라도 마음은 분명 진천 사람이므로 진천집으로 가니 자기의 부인과 자식들은 인정을 하지 아니했다. 하는 수 없이 재판에 붙여 판결을 받게 되니 '살아서는 진천에 살다가 죽어서는 용인으로 가라'는 판단을 받아 '생거진천(生居鎭川) 사거용인(死居龍仁)'이라는 말이 생기게 되었다.

(9) 명두점쟁이 이야기

한말 대원군이 쇄국정책을 쓰다보니 외국 사람들에게 쫓겨 중국으로 귀양가게 되었다. 항상 옆에서 가까이 모시던 국무대신 윤경열은 전라도로 귀양가게 되었다. 날마다 높은 궁궐에서 호령하고 살던 사람이 바닷가에 팽개쳐져 감시원들 사이에서 살다보니 차라리 죽는 것만 같지 못했다.

하루는 바닷가에 이르러

"빠져 죽어버릴까."

생각하고 있을 때 한 친위병이 말했다.

"대장님. 비관하지 마시고 언제 나갈 수 있는지 한 번 물어

보시지 그러세요."

"누가 그것을 안다더냐?"

"요즘 명두점쟁이가 이 섬에 들어와 섬 전체가 떠들썩합니다."

"점쟁이가 무엇을 알겠느냐. 제 점도 칠 줄 모르는데!"

"점은 점쟁이가 치는 것이 아니고 귀신이 치는 것이니 무시하면 안됩니다."

"그럴까?"

그 길로 두 사람은 점쟁이 집으로 갔다. 돈 꾸러미 하나를 턱 던지면서 말했다.

"네가 사람들 일을 잘 알아 맞춘다 하던데 내가 언제 이 섬에서 나갈 수 있을지 알아 맞추어 보아라."

점쟁이는 묵묵부답 말이 없었다.

"왜 말이 없느냐?"

"이런 점은 안 칩니다. 당신이 진짜 자기 일을 물으려 왔으면 아이가 되었든지 어른이 되었든지 스승이 아닙니까. 그런데 스승에게 돈 꾸러미를 내던지며 이래라 저래라 해보세요. 스승이 제자에게 답변하겠습니까. 당신은 그 자만하는 마음 때문에 여기까지 귀양 와 있는 것입니다."

듣고 보니 그 말이 옳았다. 윤경렬은 그 길로 무릎을 꿇고 돈 꾸러미를 주워 점상 위에 올려놓고 참회하였다.

"잘못하였습니다, 선생님. 그동안 잘못된 습관 때문에 아기 점쟁이 그 가운데서도 처녀 점쟁이라 업신여겼는데, 대단히 잘못되었습니다. 용서하시고 제 앞길에 대하여 말해주십시오."

점쟁이는 한참 침묵하고 있다가 휘파람을 불었다.

"휘이…"

"보름 있으면 연락이 올 것이니 낙심하지 말고 준비하세요."

"말만 들어도 고맙습니다. 그런데 한 가지 더 묻겠습니다."

"무엇입니까?"

"제 아들 치호를 신부님들께 딸려서 일본으로 유학보냈는데 소식이 없습니다."

"조금 기다리십시오."

한참 있다가

"쉬휘-"

하고 휘파람을 불더니

"미국 서울에 가 있습니다."

"아니 일본으로 갔는데 어찌하여 미국까지 갔습니까?"

"대동아전쟁이 일어날 것 같아 신부가 안전지대로 모시느라고 미국 워싱턴으로 갔습니다. 거기서 청국 여자를 만나 사귀고 있으니 내년 8월에는 홍콩에서 결혼식을 올릴 것입니다."

참으로 상상할 수 없는 일이었다.

"한 가지만 더 물어 보겠습니다."

"나는 어찌하여 국무대신을 지내다가 이렇게 귀양살이를 하게 되었습니까?"

"그거야 당신이 자세히 관찰해 보면 알 것 아니오. 전생에는 석왕사에서 해파 여순이란 이름으로 중노릇 하여 선방수좌를 지냈는데 그 공부 덕택에 중국에 태어나서도 좋은 관직을 지내고, 다시 한국의 인연을 만나 국무대신이 된 것입니다. 그때 석왕사 계실 때 형님은 그 절 주지로 살았는데 절 돈을 마음대로 쓰다보니 지금은 강원도 통천에 태어나 조막손 외꾸눈을 가지고 술장사를 하고 있습니다."

"아니 중 노릇을 하던 사람이 조박손 외꾸눈이 되다니요."

"아무리 중노릇을 했어도 계를 지키지 않고 부처님 돈을 오른손으로 집어 왼쪽으로 쓰면서 눈을 살짝 감고 했기 때문에 그렇게 된 것입니다. 그때 절에 왕래하던 선비들에게 술고기를 많이 얻어 먹어 지금은 그 은혜를 갚느라고 푸줏간 술도가를 겸하고 있습니다."

"감사합니다. 만일 선생님 말씀대로만 된다면 반드시 은혜를 잊지 않고 갚겠습니다."

과연 15일 후 윤경렬은 귀양살이에서 풀려났고 관청에 복귀하여 석 달 동안 일을 본 뒤 시간을 내어 석왕사를 찾아갔다.

"여기 옛날 해파 여순이란 스님이 산 일이 있습니까?"

"유생들이 떼로 몰려와서 책이고 무엇이고 다 갔다 불질러버렸기 때문에 역사를 찾을 수 없습니다."

종일토록 돌아다니다가 저녁 때 한가한 바위에 누워 한숨 자고 내려다보니 칡덩쿨 사이에 작은 부도(浮圖) 서넛이 보여 내려가 보니 "해파여순지탑"이라는 말이 새겨져 있었다.

"아, 이것이 전생의 내 몸의 묘로구나."

하고 주지스님께 거금 300원을 주어 석왕사를 새롭게 중수하게 하였다.

그 뒤 사람을 보내 강원도 통천에 조막손에 외눈박이가 술집 장사하는 사람이 있는가 찾아보라 하여 찾아가니 벌벌 떨면서 말했다.

"나는 잘못된 것이 없는데 국무대신이 나를 잡아오라 합니까?"

하고 따라왔다.

안국동 네거리 99칸 집에 당도하니 경렬은 버선발로 뛰어나가 주막집 주인을 맞으며

"형님."

하고 소리 치니 모두가 놀랐다.

"우리가 중노릇을 할 때 마음을 바르게 쓰고 살았으면 이렇게 생사윤회에 허덕이지 않게 되었을 텐데 세속명리를 생각하고 쾌락적인 욕망에 끄달리다 보니 이렇게 되었습니다. 늦었지만 정신차려 공부하고 과거를 뉘우치도록 하십시다."

하여 춘천 이부사를 통해 300원을 보내 가게를 정리하고 작은 절을 지어 공부하도록 하였다.

그때만 해도 강원도와 경기도는 천리길이라 강원도 세금을 형님에게 돌리고 자신이 그 돈을 서울에서 대납했기 때문에 춘천부사를 이용한 것이다. 춘천부사는 그 뒤로도 여러 가지 편리를 도모하여 형님 하는 일을 복되게 회향하였으므로 춘천부사를 강릉부사로 올려 발령하게 되었다.

그 뒤 윤경렬은 아들의 결혼식을 참석하고 나서 전라도에

내려가 명두점쟁이를 만나니 18세 묘령의 아가씨가 길가에서 옷을 벗고 있었다.

"왜 옷을 입지 않고 있습니까?"

"내가 딴 생각을 하였다 하여 명두귀신이 나를 망신주기 위해서 이렇게 옷을 벗겼습니다. 선생님의 모든 소원이 달성되었다면 나의 주인 명두점쟁이를 천도해 주십시오."

"어떻게 천도합니까?"

"백련사·대흥사·송광사 3대 사찰에서 49일간 49등을 켜고 특별기도하여 천도하면 됩니다."

하여 천도하고 그를 서울로 불러 혜화동 노타리 전 은석초등학교 자리에 99칸 집을 지어 살게 하였으므로 그로 인하여 아리랑고개 미아리고개 일대에 점쟁이들이 모여들게 되었다.

이것은 석왕사 사기의 일부이며, 윤씨 가문의 역사 가운데 일부분이다.

(10) 주술(呪術)의 신통(神通)

귀(鬼)와 신(神)이 가장 좋아하면서도 두려워 하는 것이 주술이다. 자기도 모르는 사이에 깜짝 속고 말기 때문이다.

신라 때 한 여자 임금님이 사람의 눈을 피해 탑돌이를 가기로 하였다. 소문을 들은 천노(賤奴)귀신이 초저녁부터 가서 기다리고 있다가 왼쪽으로 꼰 금줄을 보고 이상하게 생각하여 그것을 헤아리다가 그만 잠이 들어 임금님을 보지 못하고 떠난 일이 있다.

또 원나라 공주가 상사뱀에 물려 꼭 죽게 되었는데, 우리나라 강원도 청평사에 왔다가 가사 불사하는 것을 보고 상사뱀이 떨어져 청평사를 복원하고 중수한 일이 있다. 귀신도 진실하면 감동하고 협조한다. 그러나 억지로 쫓아내려하면 거역하고 반항하나니 어여삐 여기고 불쌍히 생각하면서 바른 생각으로 주문과 신장님들의 이름을 부르라. 두려운 신도 사귀면 곧 다정하게 되고, 다정한 신도 깨달으면 곧 본지환처(本地還處)하게 되어 있다.

귀신과 사람은 생리가 다르기 때문에 사람을 이용하여 자기 욕구를 만족시킨다 하더라도 목마른 사랑이나 감각적 쾌락만 가지고는 해결될 수 없기 때문이다.

모든 것은 바로 보고 바로 생각하고 바른 행동에 달려있다. 사람이 귀신을 응용할 만한 생각이 없으면 귀신 또한 사람을 이용하지 않는다. 얼마나 한이 맺혔으면 죽은 귀신이 사람을 이용하여 한풀이를 하겠는가.

그러므로 이 경전을 읽고 외우는 사람은 먼저 그 마음을 청정히 하여,

① 모든 생명을 사랑하고 보호하라.

② 그리고 주지 않는 물건은 무엇이고 갖지 말고 보시하라.

③ 청정히 정조를 지키라. 여자나 남자나 방탕하는 것을 좋아하는 사람은 없다.

④ 그리고 거짓말 하지 말라. 아는 것을 안다 하고, 모르는 것을 모른다 하라.

⑤ 술이나 마 같은 음매물을 통해 정신을 흐리게 하지 말라. 귀신은 그 시간을 노린다.

그러나 귀신도 귀신을 섬기는 사람의 몸과 입과 뜻이 깨끗하면 자신도 몸과 입과 뜻이 청정해져 자기자리에 돌아가기 때문에 둘 다 평온해진다.

가정의 평화, 자신의 안락이 이 경을 읽는 최대의 목적이고, 신을 통해 세상을 시끄럽게 하지 않기 위해서 읽는 것이니 이 글을 지은 사람들의 노고를 생각하라. 사람이 미치면 세상도 미치고, 부모가 신들리면 자손들도 따라서 신이 들리게 되어 있다.

티베트 성자 미라래빠는 집안의 원수를 갚기 위해 악마주를 외워 30여 가구를 완전 몰살시켰다. 그것이 도리어 마장이 되어 공부하기 어려웠으므로 출가 수행하여 완전 무소유로 성자가 되었으며, 중국의 오달국사는 자비수참을 통해 다겁의 업장을 닦았다.

이 세상의 모든 병을 대지도론에서는 4대 5온병, 귀신병(정신병)·업보병, 셋으로 나누고 각각 치료하였으니, 스스로 자신의 병상을 잘 살펴 적지적소에 알맞는 방문을 사용하기 바란다.

발문(發文)

    부적은 무색 종교의 대표적 성전이다. 교주 교전도 없으면서 거의 모든 종교에 다 통해 있고, 마치 그것은 카페인과 같아 사람들의 영혼을 휘어잡는 묘한 마력을 가지고 있다.

    사람은 이 세상 모든 만물 중에서 가장 위대한 존재이면서도 가장 무능한 존재이다. 사람의 머리속에서 나온 비행기가 달나라를 갔다 오고, 사람의 손끝에서 정비된 잠수함이 바닷속을 헤엄쳐 다니는데 사람은 한방울의 물도 이기지 못하고 철환하나도 이기지 못하여 총알 하나 비상 한 방울로도 생명을 잃고 만다.

    더욱이 모든 사무가 전문화 되고 기계화된 현대인은 자기 영역 이외의 부분에 대해서는 너무나도 무능하다. 가정과 국가, 민족과 민족, 사회 속에서 대자연의 위대한 섭리를 받아 가면서 영과 육을 운전해 가고 있는 인간은 생노병사의 필연

법칙에 지배되고 살아 있는 동안 먹고 입고 살아야 하기 때문에 의식주에 대한 온갖 노력과 투쟁을 거듭 하여야 한다. 정신적으로는 희노애락이 교차되고 육체적으로는 우환·공포·불안·번민 등 온갖 번뇌에 뒤얽히고 자연적으로는 춘하추동 풍운한서와 물과 불의 재앙을 반복하며, 사회적으로는 매일 같이 일어나는 권력투쟁과 외우내환 등 이루 헤아릴 수 없는 핍박과 고통을 겪고 있다.

철학은 철학대로 학문의 권위에만 몰두하고, 과학은 과학대로 살인무기의 생산을 제한하는 데도 힘이 미치지 못하고 있으며, 종교는 종교대로 교권쟁탈에 여념이 없으니 오늘 현대인은 어느 무엇에 의지하여 해탈을 구할 수 있겠는가. 그러기에 과학만능의 시대에 점치는 사람들이 판을 치고, 천문 의학이 고도로 발달한 현대에도 굿하는 도사들이 대접을 받고 있다.

그래서 현대인은 그 근본 처방 보다도 말초신경을 자극하는 섹스교나 아니면 차라리 모든 것을 잊어버릴 수 있는 마리화나나 대마초 같은 것을 원하고 있다.

사실 부적도 알고 보면 그러한 종류에 지나지 않는다. 그러나 현대인은 우선 실망과 공포·불안·초조를 면하기 위하여 그것을 갖지 않을 수 없게 되어 있다.

나는 1972년 봄부터 불교토착신앙에 대한 연구를 시작하여 1974년 가을 신장(神將)에 대한 연구를 발표하였고, 1975년에는 부적에 대해 손을 대게 되어 지금까지 연구해오고 있는데, 원인은 부적의 일부가 절에서 생산되고 있다는 사실을 발견한 까닭이다. 무신론인 불교에 무슨 신이 그렇게 많고, 바른 견해, 바른 생각을 가르치는 불교에 무슨 잡신앙이 그렇게도 많은지 생각만 하여도 머리가 아팠다. 사람이 가는 길에 바로 가는 길도 있고, 돌아가는 길도 있다고는 하지만 물이 과하면 질이 변한다는 말과 같이 진실을 위한 방편으로 일체를 포섭한 불교가 지금와서는 방편을 진실로 오인하여 스승과 제자가 함께 막막한 대해에서 나침판도 없이 방황하고 있는 현실이다.

어떻든 나는 이러한 데서 부적신앙에 대한 연구를 시작했고, 불교 뿐 아니라 도교, 유교는 물론 국가에서까지 부적을 권장한 시대가 있었음을 발견하고 새삼 연구의 방향이 국가적인 차원으로 발전하였음을 고백한다. 비록 보잘 것 없는 작은 책자이지만 이것을 계기로 더 깊은 연구가 촉진되고 부적에 대한 신앙을 올바로 이해하여 자타가 함께 대각의 바다에 유희하게 된다면 더 이상 바랄 것이 없겠다.

2015년 6월 10일
활안 정섭 씀

귀신 떼는 신비한 경전과 부적

관정복마경과
灌頂伏魔經
한국부적신앙연구

印 刷 日 ㅣ 2015년 6월 10일
發 行 日 ㅣ 2015년 6월 15일

著　　者 ㅣ 활안 · 일무
發 行 人 ㅣ 불교정신문화원
發 行 處 ㅣ 불교통신교육원
　　　　ㅣ 477-810 경기도 가평군 외서면 대성리 산 185번지
電　　話 ㅣ 031-584-0657, 02-969-2410
등록번호 ㅣ 76.10.20. 경기 제6호
印　　刷 ㅣ 이화문화출판사
　　　　　02-738-9880(대표전화)
I S B N ㅣ 978-89-6438-142-7 03220

定價　35,000원